演劇の過去と現在

日本近代演劇史研究会50周年記念論集

日本近代演劇史研究会 編

論創社

目次

Ⅰ 演劇の過去を見なおす

Ⅱ　演劇の現在

I 演劇の過去を見なおす

二世左団次と小山内薫の実験演劇　自由劇場

井上　理恵

はじめに

〈新劇〉という現代劇が登場したのは、明治維新後の一八八〇年代である。川上音二郎たち素人の書生芝居（壮士芝居）がそれで、彼らが登場すると旧劇・旧派・旧演劇の〈かぶき〉に対して、素人演劇集団は新劇・新派・新演劇と称された。つまりは新しい芝居という意味だ。明治近代社会に初めて出現した同時代現代劇新劇は、時事ネタ・政治批判・事件・流行小説や外国戯曲の脚色……などを題材にして自然な演技の現代劇として同時代人に提供し、大好評で迎えられたのである。(1)

この自然な演技は近代の証と考えることができる。ヨーロッパを席捲したゾラの自然主義演劇論が、既存のウエル・メイド・プレイという大衆の喜ぶ芝居作りや現実離れした大仰な演技（わざとらしいそれ）を否定して現実を直視する重要性を告げ、フランスにアントワーヌの自由劇場（一八八七年）、ドイツにブラームの自由舞台（一八八九年）、イギリスにグラインの独立劇場（一八九一年）、ロシアにモスクワ芸術座（一八九八年）が登場し、自然な演技で舞台を作ったのと類似している。もちろん日本の素人新劇集団には理論的裏付けはなかったが、それでも現実を映す〈演技〉が彼らの意図するとしないとにかかわらず、近代の到来を告げていたのである。

新旧の歌舞音曲付きの芝居が主流の近代社会に、歌や踊りの入らないヨーロッパ流対話劇（セリフ劇）が初めて登場したのは一九〇三年、川上音二郎が明治座の舞台に上げた正劇《ドラマ》「オセロ」だった。以来、セリフ劇「スピイキ劇」(2)は現代劇新劇として生き、歌舞音曲付き新演劇は旧劇歌舞伎と新劇の中間に位置する新派になって生きることになる。

二世市川左団次は、川上音二郎に影響されて新劇に参入した旧劇歌舞伎の若手役者だった。父の初代左団次が一九〇四年八月に亡くなると明治座と遺産（負債も）と名跡を相続し（一九〇六年九月）、襲名披露後川上から聞いていた欧米の演劇を観に一年間世界一周した（一九〇六年冬～七年八月、同行者は松居松葉）。左団次はロンドンに四月から二か月間滞在したというから、この間に後述するStage Societyの舞台を観たと推測される。

帰国後に旧知の文士小山内薫と再会して新劇を始める（一九〇九年）。これをわたくしは玄人役者の〈道楽仕事〉とみる。少し前に始まった早稲田の坪内逍遥や島村抱月の文芸協会運動（一八九〇年）は、学者の道楽だ。つまり新時代に始まる新劇は、川上音二郎たちの職業として成り立った演劇以外、その後に新劇に参入する人々の多くは〈身銭を切る〉仕事であって「職業としての演劇」には遠かった。川上音二郎の演劇集団が職業的に成り立ったのは、自身が興行主であり、俳優であり、演出家でもあったこと、さらには資本主義社会に誕生する興行主が未だ不完全であったからである。興行主が巨大資本家になる前に川上は黄泉の国へ旅立った（一九一一年）。ちなみに大興行主になる松竹合名会社は一九〇二年に設立、まず静間小次郎一座と契約して京都の主だった劇場を買い取り、次に大阪の六劇場、最後に東京の新富座と本郷座を一〇年の間に手に入れる。明治期に生まれた新演劇は興行主が先導する思想や企画を受け入れ商業演劇の枠組みに入らなければ生きていかれなくなったのである。そして新劇は、〈新思想と舞台表現〉に芸術性を求める演劇、しかもメジャーの興行主や劇場と手を組まない上演（試演）であったから、旧劇のように興行主と契約し芸術性の中心に存在するスターとその演技の〈型と美〉が絶賛される芝居とは異なり、観客に受け入れられるにはかなりな時間を要せざるを得なかった。そして興行主と手を切る〈それ〉の「職業としての演劇」は、日本国では未だ達成されていない。

言うまでもないがここでいう〈道楽〉は巷間に流布するお遊び、趣味・遊蕩の類ではない。対象に真剣に向かい、新しい芸術の高みを目指す〈道楽〉であった。自由劇場は一九〇九年（明治四二）一一月二七・二八の二日間に始まり、翌一〇年五月二八・二九日、一二月二・三日、一一年六月一・二日、一〇月二六・二七日、一二年四月二七・二八日まで三年間わずか六回の公演を持った集団で、まさに身銭を切った左団次の道楽であった。この試みが演劇状況に一石を投じるものになったか否かは、当時の彼らには未だ明確に把握されていなかった。ただ左団次が「私共の仕事は劇界と云ふ大きなくらい室《へや》の片隅に立つて居る蠟燭の火のやうなものです。（略）この小さいものを世間の方々は大変大きなものに見てくださいました。」と序に記した二人の共編著『自由劇場』[3]を三年後に上梓してこの演劇実験に一区切り附ける。

三年間の〈道楽〉その他で経済的苦境に陥った左団次は、新劇に見切りをつけざるを得なくなり、明治座を新派の伊井蓉峰に売却、一門を引き連れて松竹と契約を交わす。劇作家との出会いもあって新劇上演で得た経験を歌舞伎の新しい局面に生かす意欲を持つようになる。他方小山内も初めて外遊し（一九一二年一二月〜一三年八月）、世界の演劇を身をもって体験する。

一年後に自由劇場は一九一三年一〇月、一九一四年一〇月、一九一九年九月と三度公演を持つが左団次も小山内も状況が変わり当初の三年間の舞台とは向かう姿勢が自ずと異なって来る。初めの三年間が新劇に向かう彼らの初々しい実験的試みであったといっていい。

左団次と小山内の自由劇場とは、いかなるものであったのか、三年間の記録を残した二人の共編著『自由劇場』から紙幅の許す限り真の姿を浮上させたい。

1

まず名称についてだ。これまで演劇史では左団次と小山内の自由劇場はフランスのアントワーヌが始めた自由劇場（一八八七年三月）に倣って名付けたと根拠なく理解されていた。

すでにわたくしは「演劇の１００年」（前掲注1）で、彼らはアントワーヌを範にしたのではない。「自由劇場という名に拘り過ぎて必要以上にアントワーヌと結びつけて考えてきたが、これは誤りで改めなければならない」（二二頁）と記した。が、今もって誤解は続いている。彼らは世界レベルの新しい時代の風（自然主義文芸の流行）を背に受けて川上音二郎が開けた扉の奥へと進み現実を見つめる劇を同時代人に提供しようとした。すでに河竹登志夫は次のように記していた。

「二世左団次がロンドンで見て感動した、ステージ・ソサエティという小劇場運動を模範にして生れた。」（『近代演劇の展開』新ＮＨＫ市民大学叢書11　一九八二年一八三頁）

当事者の小山内薫は『自由劇場』で「この小冊子は私共が三年間にやつてきた小事業の記録である。（略）私共の踏んで来た道を一度立ち留まつて振り返つて見て、さうして更に新らしい道に進み入りたいと思ふ」と述べて「この小冊子には態《わざ》と私共がこの計画を立てる前に発表した知識のみを収めて置いた」と記した（一頁）。つまりこれは実験的な演劇を始める前に彼らがどのように考えていたか、どの程度の最新の知識を入手していたかがわかる本ということである。それを知りたいと思う。

小冊子には、「西洋の自由劇場」「自由劇場の計画」「第一回試演」「第二回試演」「第三回試演」「第四回試演」「第

五回試演」「第六回試演」「付録」（プログラム）等に、左団次と小山内の若々しい写真、公演舞台写真が各回一枚、が収められている。小山内は「西洋の自由劇場」で、現存する大劇場で上演されている演劇とは異なる未だ劇場に上場されない新しい演劇を始めたいと述べる。そして既存の「『商業』演劇」ではない「無形劇場」の演劇を求めた。それには「参考品が要る」として西洋のことを調べた結果、「グラインの『独立劇場』」（一八九一～九七年）、「ステエジ・ソサイエチイ」（一八九九～執筆時現在）、「エドレン・バアカア合名演劇」（『楽屋年報』の情報）、「『ゼ、コオト、シアタア』の事業」（『ゼ・コオトシアタ、一九〇四－一九〇七』の情報）、「独逸の自由劇場」（『十九世紀のドイツ劇』の情報）、等々のヨーロッパで既に展開された新集団について触れていく。文章を読むと分かるが、前者二つを比較的明確に把握していたと推測される。河竹が指摘したごとく、実際にステージ・ソサエティの舞台を見て来た左団次の主張が計画の発端と考えていい。

興味深いのは、小山内が歌舞伎座や明治座の芝居を「商業」演劇と呼んでいることで、伊井蓉峰の幕内に籍を置き実際に「商業」演劇に触れた体験から出た言説であると同時に「西洋の自由劇場」主宰者たちの発言にも大いに影響されたものであることがわかる。

計画時から興行師抜き、「商業」演劇ではない演劇「無形劇場」（未だ登場しない演劇）をめざす小山内は、まず「英吉利に於ける無形劇場の歴史」が「劇評家のグラインJ. T. Greinが興した独立劇場」（Independent Theater）にはじまると記す。小山内の文章を読むと、グラインも自腹を切っていて、新しい冒険は洋の東西を問わず〈道楽仕事〉で始めざるを得ないことがわかる。グライン（一八六二～一九三五）は「商業」演劇の作者以外に「作者を求め」第一回にイプセンの「亡霊（幽霊）」を上演した（一八九一年三月）[4]。

この作品はイギリスで上演禁止になっていてこれが初演であった。それゆえイギリスにおけるイプセンの紹介者・劇評家で劇作家のウイリアム・アーチャー（一八五六～一九二四、）やバーナード・ショー（一八五六～一九五〇）がグラインの運動を支持したと言われているのもうなずけるし、同じ年ショーは「人形の家」の新しさを「議論劇」として紹介している（毛利三彌『人形の家』解説　論創社二〇二〇年）。

一八七九年に「人形の家」を発表したイプセン（一八二八〜一九〇六）は世界の有名劇作家にすでになっていた。日本では坪内逍遥がイプセンを一八九二年（明治二五）に紹介している。イプセンは、九一年には「ヘッダ・ガブラー」を発表し長い外国生活から故国ノルウェーに戻る年で、グラインが各地で非難轟轟の「亡霊（幽霊）」を取り上げたのは、イプセン熱の盛んなイギリスの知識層の見えない欲求を察知し、同時に商業演劇では決して上場しない作品への熱い想いがあったのだろう。「亡霊（幽霊）」は遺伝や梅毒を取り上げている作でもありどこの国でも評判が悪く、この会の試演後の批評も同様に良くない。結局、集団の会員制観客は「百七十五人を越える事はなかった」という。

第二回の試演はゾラの「テレエズ・ラカン」で「これも又非常な攻撃を受け」た。が、試演を続けられたのは、数人の「補助金」（寄付）のおかげで、芸術を愛する有産階級が提供している。この辺が日本とは異なる所だろう。新しい芸術に手を差し伸べる存在が必ずいる。

集団が大成功を収めた試演はショオとアーチャーの合作『貧民長屋』（一八九三年初演「男やもめの家」）で、グラインはイギリス劇界に劇作家バーナード・ショーの存在を知らせたといわれている。その後独立劇場は株式会社組織になり一八九七年迄二六作の新作とヨーロッパの戯曲を試演することができた。

小山内は、自分たちの試みに「補助金」を提供する存在を期待したのかもしれないが、残念ながら日本には演劇芸術に資金を出す存在は現われなかった。

2

「独逸の自由劇場」(自由舞台Freie Bühne、一八八九〜九一)はオットー・ブラーム(一八五六〜一九一二)がベルリンで立ち上げた集団。小山内は自由劇場と訳したが自由舞台が原語にかなう訳だ。独立劇場より早くにイプセン「亡霊」(「幽霊」)を取り上げる。会員は七〇〇名、会員制だからもちろん非難轟轟の「幽霊」も検閲はされない。小山内がここであげている作品を幾つか挙げると、ゴンクール兄弟「アンリエッタ・マレシャル」、ビョルソン「手袋」、トルストイ「暗黒の力」、キイルランド「家路」、フイットゲル「神の恵みにて」、ハウプトマン「寂しき人々」、ストリンドベルク「伯爵令嬢ユリエ」等々で、文章から見ると当時この集団に関する小山内の理解はほとんどなかったとみていい。

管見の限り加筆すれば、ブラームはドイツで「幽霊」(一八八一年イプセン発表作)の価値を初めて見出した存在という(大林のり子「マックス・ラインハルトの協働による舞台創造」大阪大学博士学位請求論文二〇二四年)。この作品のドイツ初演は一八八六年(ミュンヘン作家友好協会)で、翌八七年にベルリンの一日だけの公演(レジデンツテアター、アントン・アノ演出)があり、ついでブラーム演出の自由舞台上演になった。イプセン作品がヨーロッパで評価されるようになるのは毛利三彌によれば一八九〇年代だというから、ドイツのブラームもイギリスのアーチャーやグライン、そしてショーも新しい戯曲を発見する感性が抜群に秀でていたとしか言いようがない。

ブラームには「現代生活のための自由舞台――創刊の辞」(フイッシャーとブラームが創刊した週刊誌『現代生活のための自由舞台』一八九〇年、)と「自然主義と演劇」(『ヴェスターマン月刊ドイツ画報』一八九一年、二本とも本田雅也訳(5))

の論がある。前者を要約するとブラームは〈かつてあった芸術は目の前の現実から目をそらし、いにしえの薄暮の中にポエジーを求め現実逃避し、遥かな理想の地を追い求めるものだった。時代の精神的指導者たちが黄金の文字で旗印に掲げる新たな芸術のスローガンは、ただ一言、真実だ。闘う者の目に映らぬ客観的な真実ではなく、心の底からの確信より自由の産み出され表現される、個的な真実。何も美化せず隠蔽しない、自主独立した精神の、真実。そのような精神が知る不倶戴天の敵は、あらゆる姿をとった嘘である〉と述べた。

そして演劇に特化した後者では、演劇には〈真摯な演劇と楽しい演劇〉があり、前者「真摯な演劇」つまりは娯楽ではない演劇をベルリン自由舞台で実践したい。アントワーヌの自由劇場は商業的な性格も持っていたが、自由舞台は収益を考慮せず、検閲を逃れるために協会員だけに見せる。そしてドイツで上演禁止の「幽霊」を自由舞台は上演し、ハウプトマン「日の出前」（一八八九年一〇月二〇日）も上演したと記す。

ブラームの姿勢もグラインと似通っている。つまりはウエル・メイド・プレイ全盛のヨーロッパの楽しいだけで現実に目をつぶる商業演劇の状況を変革し、一九世紀末に生きる人々の〈真の姿〉を映し出したいということに尽きる。ゾラの「演劇における自然主義」の影響は発表から一〇年の間にヨーロッパ各地で開花し、情報不足ではあったものの海外を知らない日本の小山内も左団次の話を聞いて二〇年遅れで世界の潮流に追いつこうとしていた事が理解されるのである。

さて、左団次が目指したというイギリスの「ステエジ・ソサイエチイ」（Stage Society）に移ろう。小山内は次のように記していた。

「一千八百九十九年の夏に、倫敦の一部の熱心な好劇家が一つの小さな私営の演劇会を興した。その会の目的は一般の興行師や又俳優興行主が夢にも舞台へ上せようなどとは思はない真面目な芸術的な劇を実演する事であつた。」

第一回試演の場所を探している時、Soho の小劇場 Royalty Theatre を日曜日の昼に使っていいという女優が現れて

第一回試演「ユウ、ネヴァー、カン、テル」（ショー作 *"You Never Can Tell"*）ができた（一八八九年一〇月二六日）[6]。以降、劇場はそのつどかわり、出演する俳優たちは「何れも無給」で、時に「素人俳優」を加えた。

興味深い記述は、この集団のイギリス劇団への貢献についてで、「ショオの作を盛んに世の中に紹介し、グランヴル・バアカアだのオオブリイ・スミスだのヒルダ・トレウルヤンだのといふやうな俳優を作り上げた事」「従来興行師が危ながつてやらなかつた新作物だの、外国物だのをどし〲やつて見せた」「外国物を忠実に翻訳して何等の改作をも加へずに演じた事」等々である。興行師が新作物をやりたがらないというのは現在も同じで一〇〇年以上も変わっていないことが分かる。日本では欧米の再演もの、特にミュージカルばかりが商業演劇の舞台に乗っている。

ロンドンの商業劇場では当時外国物は「乱暴に改作を施し」て、検閲官の眼を逃れていた。これはイギリス演劇界だけではない。著作権が問題にされない時代だったこともあるが、政府の検閲との対応が商業演劇にとっては最重要課題であったからだ。そのいい例が各国のイプセンの「人形の家」上演や「幽霊」の上演禁止に見いだされる。

毛利三彌によればコペンハーゲンの出版社から一八七九年に初版が出た「人形の家」は、初版後すぐ一二月にコペンハーゲンで初演され、その後北欧各地で上演されるようになる。ノーラの自立を扱ったこの作は「女権運動家たち」からは歓迎された（上演だったが）他方、母親が子どもを残して家を出るなど前代未聞だとして非難の的」になった。ドイツ初演時に「ノーラの最後の家出を変えて上演しようとした。（略）イプセンは、他人が書き換えるくらいなら自分が直したほうがいい」と「ノーラが家を出ない結末に変えたものを与えた」という。それは以下のようなものであった。

ノーラが出て行こうとするとヘルメルが彼女を隣の部屋のドアまで連れて行き子どもの寝顔を見せる。

ヘルメル　「あした目を覚ますと、お母さんと呼ぶだろう。そのときあの子たちはもう――母なし子なんだ。おまえがそうだったように。」（ノーラは心の中で闘い、ついに旅行カバンが落ちる）

ノーラ「ああ、わたし自身に対する罪を犯すことになっても、この子たちを見捨てることはできない」（ドアの前で膝をつく。ヘルメルは喜んで、しかし低く「ノーラ」と声を上げ、幕となる。）[7]

日本でも文芸協会がズーダーマン作「故郷」（マグダ）上演時（一九一一年、島村抱月訳・演出）に検閲で上演不可とされ抱月は最終場面を変更し、かなり批判された。これについては既に「序論　島村抱月」[8]で触れたからそれにゆずるが、当時の日本はStage Societyの主張のごとく翻訳通りに上演することが外国戯曲へ向かう姿勢として支持される現実があった。これについては次節で記す。

今少し『自由劇場』を見ていくと、左団次と小山内の新しい試みに向かう姿勢は、「自由劇場の計画」でも伺える。「俳優D君へ」（一九〇八年師走記）は、市川団子に当てた文面の形をとっているが、左団次と相談が進んでいる様子の分かるものだ。いくつか引くと、名前について「『独立劇場』としようと思つている」こと、悩みは必要経費の捻出と支出を押さえること、劇場については「当分M座を借りる事」「今度出来たY座は、僕等の仕事を理想通りに行ふには、非常に便利な小屋」（M座は明治座、Y座は有楽座…井上注）だが、「ニチが大分費《かか》るさう」（使用料が高いの意…井上注）だ。小山内は左団次が所有しているから明治座を無料で使用できると考えていたと推測される。が、実際は有楽座を使用した。

「僕等の仕事は（略）劇場をもたない一個の小さな試演団体を組織して、志ある俳優の為にたとひ小さな路でも或一方に開きたい」「当分は西洋の近代劇の翻訳を主として試演したい」、日本の劇壇に「脚本に於いても演技に於いても、『真の翻訳時代』といふ者を興《ママ》したい（略）新時代の演劇的創作はそれから先の話」、「試演して見たいと思ふ日本の社会劇の新作だ。これが誠に数が少ない（略）秀でた作が多くない。これは当分レパアトリイには這入るまい」と記して翻訳劇中心で行く予定を語る。ここでも小山内は左団次との相談なしに方針を立てている様子が透けて見えてきて、築地小劇場開場前に〈当分は翻訳劇で行く、日本の戯曲に上演したいものがない〉と同人たちに相談することなく話して物議をかもした在り様と酷似している。が、この発言はこの時は問題にならなかった。

自由劇場では、二回目に一幕物を三作（「出発前半時間」「生田川」「犬」）上場する。「出発前半時間」は左団次が向うで観た作でやりたがったものだった。鷗外の訳を使うことになり、それで鷗外の新作「生田川」（現代語一九一〇年）を取上げたと思われる。築地が初めての日本戯曲上場に逍遥の「役の行者」を取り上げたのに似て、良く見れば小山内の先学への敬意をはらう態度、批判的に見ると権威主義的な側面が伺えるが、これは翻訳を使用させてもらう返礼で新作を初演したというのが本根のところかもしれない。

「僕が職業的俳優を守立ててゆくといふ説」は「役者を素人にする」ということで、ここで有名になった〈玄人を素人にする〉が語られていた。他方で逍遥と抱月の文芸協会は「素人を玄人にする」教育を始めている。小山内はこの二つを「今日の劇壇に於ける急務」とし、「決して相錯綜すべきものではないと思う」と述べていた。

快楽（喜び・楽しみ）には「娯楽的快楽と芸術的快楽」があり「演劇は娯楽的快楽を供給すべきものではない、芸術的快楽を供給すべきものだ」、ＴＳ氏（島崎藤村）がいうには「芝居が済んで、外へ出てから、何か重荷を卸したやうな謎を解いたやうな好い心持になるやうなものでなければいけない」そういう芸術……等々。小山内はそんな芝居を作りたいとここで語っていた。

アトランダムに上げたが、小山内がこれまで引いてきた外国の演劇運動者たちの言説に大きく影響されていることが理解される。同時に若い小山内の新しい劇に掛ける意気込みも知ることができる。

真山青果に応えた一文「先づ新しき土地を得よ」（一九〇九年三月記）では同志左団次について触れた。「この運動の実行は寧ろ彼から私に迫つてきた」こと、「今日の興行演劇に対して、救ふ可からざる絶望をした」左団次は、「今後生活の為には総て興行人の意の儘にならう（略）その代り『自由劇場』に於いては、徹頭徹尾真の芸術家たらうと決心した」、「自覚せる一人の見物と自覚せる一人の役者とが同盟して始めた自覚的運動（略）内から外へ爆発する運動です。（略）役者は、総て脚本の人形になる覚悟を持つ」……等々、小山内は自身と左団次の決意を告げる。次いで観客に話題を転じ「見物の趣味を堕落させまいとするには好い芝居を見せるより外ありません」、そして青果には「是非会員の一人におなり下さい」と結ぶ。小山内は一般の見物ばかりでなく見巧者や好劇家の変革も意図していたのかもしれない。

およそ一〇年後の築地小劇場でも小山内は翻訳劇の上場を語っている。自由劇場と築地小劇場との在り様を知ると築地小劇場への参加は小山内にとっては自由劇場で成しえなかった「商業」演劇批判、芸術的翻訳劇上演の最後の時間だったと考えることが可能かもしれない。けれどもこれがおそらく若い土方与志たちとの大きな乖離であったとわたくしには思われる。築地についてはここでは触れないが、小山内はイギリス劇壇同様の改変をする新派の翻案劇にある意味の〈堕落〉をみていた事が分かる。が、戯曲通りに上演することが翻訳劇舞台化の〈正解〉かどうかは、現時点で考えると異論のある所だ。

左団次も小山内も興行界に絶望していた。その上で真の芸術を生きながらえさせる根本に見物の意識の向上が重要とみたのは鋭い。つまりは思想の伝播であるが、会員制の範囲では到底広めることができないのも当然と言えば当然であった。結局は自己満足に終わる。それを可能にしたのは同時に出発した「素人を玄人に」する演劇教育をして会員制ではなく広範囲に観客を求めて演劇運動を継続させた逍遥の文芸協会であり島村抱月の芸術座であったのが、今から見るとよく分かる（注8参照）。

3

ここで川上をセリフ劇に挑ませ、左団次と小山内を新劇に参入させる原因を作った世界の潮流に目を向けてみたい。

自然主義文芸思潮を反映するイプセン劇が流行するのは、科学が飛躍的に進歩した時代の必然であった。大きな影響を与えたフランス文芸史一九世紀半過ぎの状況を見ると、フロベールに始まりゴンクール兄弟、ゾラ、ドーデと続く自然主義小説群がフランスの劇場に登場するのは、ゾラの戯曲「テレーズ・ラカン」の初演（一八七三年）だった。グラインが二回目の試演に取り上げた作品だ。ゾラ（一八四〇～一九〇二）は反ロマン主義を掲げ、クロード・ベルナール『実験医学研究序説』（一八六五年）に影響されて小説「テレーズ・ラカン」を一八六七年に上梓、その後これを四幕の戯曲にして上演した。つづいて「演劇における自然主義」（一八七九年一月雑誌『ヨーロッパ通報』）、「実験小説論」（同年九月同誌[9]）と論評を立て続けに発表し、自然主義は小説にも演劇にも浸透する。『実験小説論』の上梓は一八八〇年。

辰野隆は記す。かつて「小説は一つの技術に過ぎなかつた。依然として想像が小説家の主要機能であつた。（略）バルザックとフロオベエルとだけが真理を垣間見た。ゾラは主張する、小説は心理学を、（略）生理学を、其基礎とするとする時、極めて容易に一つの科学となるであろう。斯くて小説は観察科学の状態から実験科学の状態に移行するであらう。」（辰野注9、四八頁、実験小説の理論）。そして法則をあてはめるのだが、それが「環境の影響の法則」「感情や情緒の純粋に生理学的起源を断定する法則」「遺伝の法則」で、これらがあの壮大なルーゴン・マッカール叢書の執筆に向かう姿勢になった。

そしてこれを演劇にも当てはめて実験演劇になって戯曲・舞台という「実験室」で人生の実験を行うというところへ行きついたと思われる。

「小説において果たされた進化が演劇においても実現し、人々が現代の科学と芸術の源そのもの、すなわち自然の研究、人間の解剖、人生の絵図に戻ることを期待する。こうして、舞台の上ではまだ誰もあえてそれをやってみようとしなかっただけに、演劇はいっそう独創的で力強い正確な調書となるであろう。」（「演劇における自然主義」[10]）

「演劇における自然主義」でゾラは当時の演劇界に興味深い指摘をしている。小山内が「商業」演劇と評した劇場の現代劇に対して「長い間通俗劇と呼ばれてきたものは、（略）性格描写や感情の分析を犠牲にして、まさに行動の原則を誇張するところからうまれたものである。最初は真実に帰ろうとしていたのに、それを逸脱してしまったのである。規則を破壊したが、その代わりに別の規則を発明してしまった。それも、もっと偽りでもっと愚かしい規則を。うまくできた芝居《ピエス・ビャン・フェット》、つまり均斉と調和の備わったある種の型に基づいてつくられた戯曲は、奇妙で面白い玩具《おもちゃ》となり、我われフランス人とともに全ヨーロッパがそれを楽しんだ。」（46頁）

ウエルメイドプレイの流行と定着を皮肉り批判し、演劇における自然主義を主張したゾラは、『テレーズ・ラカン』の序文で「過去は死んだ。われわれは未来を見なければいけない。そうしてその未来は、リアリティーの枠のなかで研究された人間の諸問題をこそ、あつかわなければならない」（河竹『近代演劇の展開』前掲）と記したのだ。

劇が人間の真実や諸問題を取上げることについては、すでに一世紀前にデイドロが古典劇の悲劇でも喜劇でも悲喜劇でもない市民劇（drame bourgeois、一七五八年）、様々な職業の市民の出る劇を主張していたが、理論が先行していい戯曲が登場せず劇界に定着できずに終わっている。フランス革命を経て一〇〇年後にゾラは、社会主義的平等思想と科学の目覚ましい進展と共に歩いて世界に自然主義芸術を羽ばたかせることができた。[11] そこには新しい戯曲を書いた劇作家の登場があったからである。フランスにはアンリー・ベック（一八三七〜九九）がいたが彼の戯曲は無視され続けた。が、他国にいた。その筆頭が現実に起こった事件を題材に戯曲を書いたイプセンだった。イプセンは「人形の家」を書くおよそ三〇年前からすでに韻文で戯曲を書いていたが、彼を有名にした「人形の家」は口語体で、そして皮肉なことにイプセンはゾラをはじめ新劇運動を始めた人たちが否定した商業演劇のよくできた芝居（pièce bien faite、well-made play）の構造を取り入れながら〈めでたしめでたし〉で終わらずに問題提起をする芝居を書いて幕を下ろしたのである。

自然主義演劇は、現実直視が基本となり社会主義的平等思想が原点にあるから当然にもヨーロッパではカトリック系の保守的な人々やロマンティック派の人々、エリザベス朝の古典的思想を支持する人々からの批判が出る。それが自然主義演劇全盛後の新ロマン主義と呼ばれる人たちの登場で、メーテルリンク（メーテルランク一八六二～一九四九）など一九世紀末から二〇世紀初めに掛けて出現した劇作家たちであった。島村抱月が渡欧した時期（一九〇二～〇五年）は、そういうヨーロッパの時間が押寄せている時で、抱月は古典も自然主義的演劇もその後の演劇も、もちろんよくできた芝居も観て来たのである。帰国後、日本は自然主義小説が流行し全盛期になる。『早稲田文学』で抱月は自論を展開せざるを得なくなるが、ヨーロッパと日本との文化の落差に大きな衝撃を受けたのではないかと推測される。が、演劇体験では文芸協会や芸術座で抱月の海外体験はみごとに花開いた。

左団次と小山内の自由劇場は、上演作をみても自然主義戯曲に限っているわけではない。つまりは商業主義の劇場では取上げないような翻訳ものや新作を舞台に上げる事を目的とせざるを得なかったと考えていいのかもしれない。いいかえれば小山内は確たる演劇像を、この時期には未だつかめていなかったということだろう。小山内は、自由劇場を立ち上げて三年後に外遊して海外演劇体験という抱月と同じ条件を得る。小山内の演劇像はこの後に一つの相貌をもってきたとみている。その意味では、しばしば比較される小山内薫（一八八一年生）と島村抱月（一八七一年生）は、抱月の方が先に独自の演劇像を持ったと言っていい。

おわりに

最後に小山内が触れていないアントワーヌ（一八五八～一九四三）の小劇場（一八八七～九六）について記し小論を終わることにする。およそ一〇年の間に自由劇場は六二回興行をし、未上演作一二四編を観客に見せた（辰野）。[12]アントワーヌと同時代を生きた辰野隆は次のように述べている。「それらの作品の多くは今日では全然忘られて了っている。」「演劇に於ける自然主義との――極く一時的であつたにもしろ兎に角――勝利を確保したものは『自由劇場』である。（略）この劇場の創立は半ば奇蹟的な出来事であつて、それは、今日では、凡ゆる記録に拠つて之を証する事が出来るにも拘らず、ややもすれば伝説的になる恐れがある位である。」

この危惧の如く、私たちが編んできた演劇史でも「伝説的に」なっているのを感じる。アントワーヌの自由劇場については、「伝説的」な色眼鏡を外してかかる必要があるのだろう。

「アントワーヌが自由劇場をはじめるに当って、どんな演劇理論を抱いていたかは、彼自身のそれまでの経歴が語るように、系統だった演劇美学を抱懐していたとは言えない。彼はただ芝居が演りたいという情熱に燃えていたのだった。」と本庄桂輔[13]は記している。

注9で引いたベックの『烏のむれ』（「鴉の群れ」）はかつては「あらくれ劇」と呼称され、世の中の女性が男性中心の社会で差別され痛めつけられる姿、真実の姿を明らかにしたが故に、演劇に夢や美を求める観客には批判され嫌われてきた。自由劇場では第一回に四作（「ポンム嬢」「知事」「勲章」）上演し、総て観客の受けが悪く、最後の四作目ゾラ「ジャック・ダムール」（レオン・エニック脚色）が、アントワーヌと女主人公バルニーの演技が自然で観客に「万

雷の拍手」で迎えられた。第一回の成功は新聞批評によりさらに広がる。こうして自由劇場は自然の演技の写実主義的演劇を広めていくが、二回目には高踏派詩人ベルジュラの新作詩劇「ベルガモの夜」を上演するという曖昧さがあったことも記憶しておかなければならないだろう。

社会や人間の「真実」の在り様に目を向けて舞台がつくられるようになるには、時間がかかった。第一次大戦後に科学の成果が人間の能力や労働を奪う事に気づき、表現主義演劇が登場して以来、革命的演劇運動の世界的な展開へと進み、世界の人々の真の姿を表現する行為は演劇的に拡大する。

日本では世界と同じ時間を共有する演劇の登場は一九二〇年代末まで待たなければならなかった。築地小劇場や左翼劇場や新築地劇団が展開した非リアリズム演劇の時代を経て固有のリアリズム演劇と呼ばれる新築地劇団・新協劇団・築地座の演劇的時間が定着するのは、一九三〇年代半ば過ぎだ。特定の会員組織ではなく社会のさまざまな階層の広い観客層を獲得し、「新劇という現代劇」は、翻訳物や新作物を舞台に上げて一九七〇年代まで生き続けた。あたかも「明治」という時代に生きた人びと、川上音二郎や左団次や小山内、逍遥や抱月の夢を現実化したかのように、「新劇」の至福の時間は存在したのである。

［注］

（1）　本論に先立つ以下の論も参照されたい。井上著「回想の新劇――変貌する概念〈新劇〉」（『築地小劇場100年――新劇の20世紀』所収　早稲田大学坪内博士記念演劇博物館刊　二〇二四年一二月）、井上著『川上音二郎と貞奴　明治の演劇はじまる』（社会評論社二〇一五年）、井上著「演劇の100年」『20世紀の戯曲Ⅲ』所収序論（日本近代演劇史研究会編　社会評論社二〇〇五年）。

なお、二〇二四年は、築地小劇場一〇〇年ということで、様々な行事があった。わたくしたち日本近代演劇史研究会は、日本演劇学会全国大会（明治大学駿河台校舎で開催二〇二四年六月九日）で「築地一〇〇年」のパネルを持った。井上はここで築地小劇場という劇場について話した。他に阿部由香子・林廣親・熊谷知子が参加した。

（2）川上は、パリで音楽の入らないセリフだけの芝居を観た。それを「スピイキ劇即ち詞《コトバ》の芝居」と呼んだ。井上著『川上音二郎と貞奴Ⅲ　ストレートプレイ登場する』社会評論社　二〇一五年　五五頁

（3）市川左団次　小山内薫共編『自由劇場』郁文堂発売　一九一二年一一月。引用時旧字は新字に、送り仮名は原文通りとする。上演作は以下である。作家名表記は『自由劇場』による。①イブセン「ジョン・ガブリエル・ボルクマン」（有楽座）、②ヴェデキント「出発前半時間」・森鷗外「生田川」・チエホフ「犬」（有楽座）、③ゴルキイ「夜の宿」・吉井勇「夢介と僧と」（有楽座）、④長田秀雄「歓楽の鬼」・秋田雨雀「第一の暁」・マアテルリンク「奇蹟」（有楽座）、⑤ハウプトマン「寂しき人々」（帝劇）、⑥萱野二十一「道成寺」・マアテルリンク「タンタヂイルの死」（帝劇）。⑦ゴルキイ「夜の宿」（帝劇）、⑧アンドレーエフ「星の世界へ」（有楽座）、⑨ブリュウ「信仰」（帝劇）。

（4）グラインの独立劇場について岸田真が「変容期のウエストエンド」で記している（桜美林大学研究紀要『人文学研究』1号二〇二〇）。ここから幾つかのことが分かる。グラインは独立劇場を始める前に、フランスから来たアントワーヌが一八八九年二月に「アンガン公の死」をロイヤリティ劇場（六五七席）で上演し、それに感銘を受けていた。アチャーも同様であった。舞台のゾラ風自然主義表現に惹かれたと推測される。

アーチャーは既に「社会の柱」を翻訳していて一八八〇年にこれは上演されていた。その後グラインは「『検閲や慣習に束縛されず、経済的わずらわしさもない』劇団をたちあげるべきだ」（ウィークリー・コメディ誌11月30日号）と発表し、その後一八九一年三月一三日（金曜日）の夜「亡霊（幽霊）」をロイヤリティ劇場で初演した、という経緯が記述されている。

（5）早稲田大学・演劇映像学連携研究拠点「翻訳プロジェクト」第1弾『ヨーロッパ世紀末　転換期演劇論』早稲田大学演劇博物館　二〇一二年三月からアップロード開始。

http:kyodo.enpaku.waseda.ac.jp/trans/

この本邦初訳翻訳集は、無償でウエッブで読むことができる。書籍にはなっていない。

（6）第一回以降の試演作は小山内によると（上演順）、イプセン「青年同盟」、メーテルリンク「室内」「タンタジイルの死」、ハウプトマン「平和祭」、ショー「カンディド」「キャプテン、ブラスバウンドの改心」、ハウプトマン「寂しき人々」、イプセン「社

会の柱」、トマス・ハアディ「三人旅客」「マイケル」、ショー「ウオレン夫人の職業」、イプセン「海の夫人」、メーテルリンク「モンナ・ワンナ」、キュレル「新しき偶像」、バーカー「アン・リイトの結婚」、イプセン「吾等死者若し覚めなば」、ショー「ゼ、アドミラブル、パッシュヴィル」、ハイエルマンス「天祐丸」、ゴーリキー「どん底」、ブリュ「博愛家」、ブラウニング「一霊魂の悲劇」、イエエツ「ホエア、ゼア、イズ、ナッシング」、トルストイ「暗黒の力」、ブリュ「デュポン氏の三人令嬢」、ショー「凡人と超人」、コンラド「もう一日」、イプセン「エストロオトのインゲル夫人」、ブリュ「母」、ズゥデルマン「夏至の火」、ゴオゴリ「検察官」。

以下は左団次が見たと推測される演目、ハウプトマン「織匠」、ブリュ「黄金虫」、ヴェデキント「出発前半時間」、グランヴル・バーカー「Waste」。

（7）毛利三彌「人形の家」解説（『人形の家』近代古典劇翻訳 論創社二〇二〇年）から引き、分かりやすくするためセリフを分かち書きにした。

（8）井上理恵編著『島村抱月の世界　ヨーロッパ・文芸協会・芸術座』（社会評論社二〇二一年）。井上は「序論」と〈逍遥と抱月の演劇運動〉について記した。他の筆者は以下の通り。五十殿利治「滞欧中の島村抱月と美術生活」、岩井眞實「潜在するジレンマ――抱月の洋行をめぐって」、林廣親「小説家および劇作家としての抱月」、安宅りさ子「文芸協会と抱月の『人形の家』」、永田靖「トルストイとの交差――『闇の力』と『生ける屍』」

（9）辰野隆は、「一八七九年から一八八二年に掛けて行った新聞雑誌上の長期の論戦の間、幾回となくそれを繰返した。併し、其最も明確な形の下に又最も完全に之を表示したのは、一八八〇年に上梓した『実験小説論』Le Roman expérimental に於てである」（四五頁）、「ゾラが劇評の論戦を了へてから間も無く、アンリ・ベック Henry Becque は、非常に論議せられて一種の文学的葛藤を惹き起した程の、有名な一つの戯曲を上演させた。それは久しく待望せられた自然主義劇の模範と考へられたものである。（略）『鳥のむれ』Les Corbaeux は一八八二年九月十四日にパリの観衆に紹介せられた。」（二四八頁）と記述する。辰野隆・本田喜代治著『フランス自然主義文学』小石川書房一九四八年。（この戯曲は五年前に書かれていたが上演されなかった。コメディ・フランセーズ座で三回上演された。その結果は非難が多かった。それは現実社会の「真実」を映していたからだ。…井上注）

（10）佐藤正利編訳　Zola『文学論集1865-1896』藤原書店二〇〇七年

（11）ゾラは悲劇（tragédie）と喜劇（comédie）と正劇（drame）とに区分し、王侯貴族が登場する悲劇に反旗を翻すものとして正劇ドラマを対峙させている。

（12）アントワーヌ（編）の「自由劇場（抄訳）」（一八九〇年）で、彼は一八八七年から九〇年までに「自由劇場は125幕の未上演作品を上演しています」（横山義志訳前掲注5所収翻訳文）と記した。

横山はこの一文は「新劇場建設の資金集めのために作成されたパンフレット」の文章で、「筆者は記載されて」いない。実際に新劇場は建設されなかった。この文章では、私たちnousが主語で記述されていること、文中にアントワーヌの名が三人称で出て来るから、「自由劇場団員一同」が記したものであろうと横山は書く。これを読んでフランス語の論文はいつもJeではなくNousで記述するように戸張智雄先生に指導されたことを思い出した。あるいはこれはアントワーヌが宣伝の必要から美化して記したものかもしれない。

本文で引いた一〇年間の上演作品量一二四編（これが事実かどうかは不明。ただ上演パンフレットから記した数のようだ）と三年間の上演作が一二五編という数が微妙に符合して興味深い。彼らは「若い作家による作品の生産量がパリの助成を受けている劇場や文学的な劇場が提供している上演機会の4倍はあるという事実を認めていただけるでしょう」と記していて宣伝色が濃厚であること、既にこの時期からフランスでは演劇上演に公的助成があったことが理解され、これも興味深い。日本は海軍と陸軍を一番初めに整えた「明治期」以来、軍備優先で文化をないがしろにしていることを、ここでも感じる。

（13）本庄桂輔著『フランス近代劇史』新潮社　一九六九年　一〇三頁

築地小劇場と『演劇新潮』
――演劇史のトピックを読み直す試みから――

林 廣親

1 はじめに

周知のように、小山内薫は築地小劇場の開場に先立つ講演で、「二年間許りは西洋物許り演る」「演出者として日本の既成作家――もし私自身がそうであつたらそれも含める――の創作から何等演出欲を唆られない[1]」と述べて、そのために菊池寛や山本有三をはじめとする『演劇新潮[2]』同人の強い反発を招いた。この出来事は築地小劇場の出発にまつわるトピックとして演劇史に刻印され、両者の対立的なイメージが一般の通念を支配するものとなっている。いきおい関係の実際には関心が向きにくいのだが、試みに創刊号から終刊号までの、小山内薫および築地小劇場に関する記事を大小を問わずたどってみると、対立的関係は限られた期間のことに過ぎず、実態はむしろ逆であると分かる。

以下ではその問題をめぐって、まず〈通念〉のありようの問題点を押さえた上で、『演劇新潮』の側から両者の関係を読み解き、その演劇史的興味について論じたい。

なお、本文で言及する記事は多数にわたるため、全体を俯瞰できるように、雑誌各号の関連記事の一覧表を作成して巻末に付した。小山内薫と築地小劇場に関する記事は片言節句を含むすべてを採り、さらに拙論の考察に関わるその他の記事も加えた。各記事には通し番号を打ち、本文での言及箇所にもその番号を付して連絡を図っている。

2 対立の〈通念〉をめぐって

管見の限りだが、両者の対立を論じた演劇史の文献としては、尾崎宏次『新劇の足音』(3)と秋庭太郎『日本新劇史』(4)が時期的に最も早く、いずれも昭和三一年(一九五六)の出版である。尾崎は次のように述べている。

この講演に対する反撃は、そのころ新潮社から出されていた「演劇新潮」にいちはやくあらわれた。この雑誌には同人として山本有三、菊池寛、久米正雄、久保田万太郎、長田秀雄、吉井勇らがよっており、岸田国士も執筆した。(中略=七月号の座談会で小山内の講演に触れた山本有三、菊池寛、久保田万太郎、長田秀雄、久米正雄による発言を引用)この築地批判は次ぎの八月号にも持ち越された。そして小山内薫、土方与志も第二回目の座談会に出席した。「演劇新潮」の同人の中に飛び込んでいったふたりは、はげしい批判に対して答えたが、(後略)

尾崎の記述は、『演劇新潮』の同人作家達と築地の小山内薫、土方与志という陣営的対立のイメージをもたらすもので、翌八月号の記事に言及した「岸田国士がこの号で、小劇場第二回公演にとりあげられたロマン・ローランの「狼」を酷評した。しかし、その論評の根底には、やはり「演劇新潮」派の小山内批判と軌を一にするものがあり」

にもその傾向が現れている。
一方、秋庭太郎の文学史は二か月後の上梓だが、尾崎の記述とはかなり印象が違う。小山内の講演会での発言に言及した上で、秋庭は次のように述べている。

それが当時の劇作家の創作水準を抹殺する言葉のやうにきゝとられたやうであつた。（中略）嘗て小山内が左団次と自由劇場を起こした際も、「俳優D君へ」といふ公開状で、日本の秀でた創作劇がないから、当分自由劇場は西洋の近代劇の翻訳を主として試演すると云つたことがあるが、時代の相違、事情の相違から、この時には何等問題にもならなかつたのである。『演劇新潮』談話会では山本ばかりでなく菊池寛もさうした小山内の方針に対して真向から反対している。

（中略＝座談会記事引用）

右の談話にはないが比較的小山内に好意的に云々してゐるのは久米正雄、久保田万太郎、長田秀雄であつたが、小山内の講演会での話が、宣言的なものであつたところから、かくも強く山本や菊池から攻撃をうけたのであるらしい。

小山内批判の急先鋒としての山本有三と菊池寛の態度に触れる一方、他の同人が必ずしもそれと軌を一にしていない座談会の実際にも言及されており、尾崎流の陣営対立という割り切りではない。
尾崎と秋庭の記述には、すでに対照的な行き方が認められるのだが、以後の文学史では尾崎流の論調が増幅されながら継承され、それが一般の通念の背景をなしたと考えられる。なぜそうなったか、築地小劇場関係者の証言がそこに果たした役割が大きいようだ。
次は土方与志の発言で、尾崎・秋庭より数年後の戸板康二編『対談　日本新劇史』[5]の「土方与志の巻」からの引用である。

当時の私生活的な戯曲っていうのはやりたくない。ドイツその他の芝居を見て来たばかりなので、なにか社会的なテーマのものをやりたいということが漫然とあった。（中略）『演劇新潮』の査問委員会には私もよばれましたよ。（中略）ねちゃねちゃやられました。小山内先生も私もつるし上げられて。（中略）みんな私からいえば文壇の大先輩ですしね、偉い人ですから（笑）

築地関係者が既成作家による創作劇を忌避した理由が端的に語られていて興味深い。これも二つの陣営の対立というイメージをもたらす回想だが、実際に記事を読んでみると、土方はゲスト待遇、つまりお客様で、批判の矛先は専ら小山内に向けられており、「小山内先生も私もつるし上げられて」という状況は見受けられない。「偉い人ですから（笑）」も含めて、土方のサービス精神による誇張を思わせる。

築地関係者の証言の影響力については、昭和五〇（一九七五）年に出された千田是也の大部の自伝[6]が決定的な役割を果したようだ。いささか長くなるが、同書の「『演劇新潮』のお偉方」の章から引用する。

小山内先生が慶応大学演劇研究会主催の「築地小劇場研究会」（五月二〇日）で、日本の既成劇作家は当分相手にせぬと宣言されたのをきいて、私たち若い者は、大いに快哉を叫んだ。あんな菊地寛だの久米正雄だの山本有三だのの、生ぬるい心境小説的ないしは身辺雑記的私戯曲をいまどきおかしくてやれるかと考えていたからであろう。だからこの宣言をめぐって『演劇新潮』同人との間におこった論争についても、近頃の新劇史などでよくいわれているように、単なる創作劇か翻訳劇かの問題、文学性か劇場性かの問題、というふうにはとらなかったし、また第一・第二次『新思潮』の小山内先生と第三・第四次『新思潮』の菊池、山本、久米たちとの個人的感情のもつれだとも考えられなかった。私たちにすれば、あれはあくまでも、旧文壇・劇壇に対する新しい演劇世代の宣戦布告だったのである。それだけに『演劇新潮』の八月号に載った「談話会」は、私たちには物足りなかった。菊池寛がまるで検事の尋問みたいに「戯曲選択の標準は?」「主義とか理想がなければ、無意義ですね」「方針は何です?」などと問い詰めるのにたいして、築地側の代表選手小山内先生の答えは「築地小劇場にはまだ芸術上の主義も信条も出来て居りません」とか「研究中であり、暗中模索中であります」とか「日本に今ある芝居、新派劇歌舞伎劇以外の芸術を造るということだけでも立派な方針だと思う」とか、やたらに低姿勢だった。（傍線筆者）

この自伝が公にされた当時は『演劇新潮』の関係者はすでに殆ど亡くなっていて、こうした記述は貴重な証言としてそのまま迎えられたことだろう。数年後に出た菅井幸雄の『近代日本演劇論争史』[7]の論調はその影響を思わせる。

反応は直ちにあらわれた「演劇新潮」の大正一三年七月号に（中略）同人の吉井勇、長田秀雄、久保田万太郎。久米正雄、山本有三、菊池寛の六人は、座談会の半分くらいのスペースを費やして、小山内薫の講演に対する集中的な批判をおこなったのである。（中略）同人漫談という題名から想像されるような雰囲気ではなかった。殺気すら感じられたのである。（中略）かくて築地小劇場は「演劇新潮」の同人の大部分を占める劇作家の暗黙の非協力と言う状態で新劇運動を創始せざるを得なかったのである。（傍線筆者）

小山内薫および築地小劇場と『演劇新潮』同人の対立という陣営的対立のイメージが通念化しつつあることを窺わせる記述である。こうした見方は分かり易いが、後に見るように結びに書かれているような状況が実際にあったとは言えない。

最後に最近の演劇史はどうか。次は大笹吉雄の『日本現代演劇史　大正・昭和初期篇』[8]からの引用である。

出席者の査問にも等しい問い詰めに、思わず小山内は「演劇新潮の談話会の態度と云ふものは果たして味方の態度でせうか（小山内も『演劇新潮』の同人であった）。僕は味方の態度とは思わない。三田の演説が崇りをなしたのでせう」と愚痴らなければならなかった。（中略）

しかしともかく、築地小劇場は菊池・山本をはじめとする既成劇作家に対して一つの判断を下していたのは否定しがたく、「演劇新潮談話会」での衝突は、起こるべくして起こったといえる。千田は前掲書で小山内の「宣言」を「あれはあくまでも、旧文壇・劇壇に対する新しい演劇世代の宣戦布告だった」と位置づけているが、築地小劇場関係者はおそらくだれもがそう考えていたに違いない。（傍線筆者）

最初の傍線部分で括弧内に「（小山内も『演劇新潮』の同人であった）」とあるが、これは大笹による注記である。小山内が築地小劇場の同人であると同時に、『演劇新潮』同人でもあった事実への括弧付の言及は、通念としての対立的イメージを優先したものだろう。またここでの引用以外でも千田是也の自伝への言及が目につく。それゆえ立ち位置はおのずから築地小劇場側に近いものにならざるを得ない。

思えば通念と最も整合しにくいのは、小山内が『演劇新潮』の同人であったという事実である。演劇史の多くはそれに言及することもない。前掲した尾崎宏次の場合、『演劇新潮』の主な同人の名を列記しながら小山内の名は挙げず、「そして小山内薫、土方与志も第二回目の座談会に出席した。「演劇新潮」の同人の中に飛び込んでいったふたりは、」と書いていた。だが、小山内は震災後のほぼ同じ時期に築地小劇場と『演劇新潮』の同人となっており、創刊号の年賀広告に名を連ねている（一覧表1参照）。二月号の「文壇劇壇半畳」（表4　以下「一覧表」は「表」と略記）の戯画では「文壇「悪鬼跳梁」という劇の「監督」役を振られており、続く三月号では吉井勇による小山内宛ての書簡

（表5）の他、岡本一平による連載漫画「劇作家絵評判」（表6）の第一回に取り上げられ、多芸多才ぶりをからかわれている。つまり、当初からいわば雑誌の顔として扱われていた同人なのである。また『演劇新潮』同人には「少なくとも一年に戯曲と論文とを各一つ掲載」という義務があった（表2）が、小山内はそれに関しても貢献度がきわめて高い存在であった。

「かくて築地小劇場は「演劇新潮」の同人の大部分を占める劇作家の暗黙の非協力と言う状態で新劇運動を創始せざるを得なかった」（菅井）という敵対や孤立のイメージは実際からは程遠く、小山内の存在は元来『演劇新潮』の同人として目立つものであったし、その度を加えて行くばかりであったと言える。殊に翌大正一四年一月から山本有三に代わって久米正雄が編集責任者となって以後は、小山内は岸田國士とともに、この雑誌の二枚看板となり、築地小劇場に関係した記事は声援一色の趣を呈している。

そうした誌面の変化の原因や意味については、後に考察するとして、なぜ小山内は『演劇新潮』の同人としての仕事に熱心だったのか。本題からややずれるので踏み込まないが、小山内にとって『演劇新潮』は、震災で廃刊した『劇と評論』(9)に代わる著述発表の場であったと推測される。『劇と評論』は、小山内を師と仰ぐ若手を同人として大正一一年六月に創刊され、震災で廃刊を余儀なくされたが、大正一五年六月に再刊、翌年には〈小山内薫編輯〉を謳うに至った。小山内は全期間を通じて表現派を紹介する論文や創作戯曲を発表している。いわば自家薬籠中の物であった『劇と評論』の休止期間に、『演劇新潮』が代りをつとめた格好で、『劇と評論』同人の能島武文が『演劇新潮』の同人となり編集の実務に当たっていたこともそのような事情を思わせる（表50参照）。じじつ小山内の関わり方は積極的なものであった。

3　『演劇新潮』の「築地小劇場」関連記事を読む

3―1　大正一三年六月号まで

築地小劇場自体に関連した最初の記事としては、大正一三年三月号の「同人語」（表7）が、「小劇場」「計画」の「噂」に触れている。四月号ではアンケート（表9）への土方与志の回答中に、「私としての仕事を発表する」「舞台」の実現が近いと築地の開場を示唆した個所がある。前記のように、創刊号の同人連名の年賀広告に小山内薫の名が見えること、三月号の小山内宛吉井勇書簡も広い意味での築地関連記事としてよい。次の五月号に関連記事が見えないのは、四月号の発禁という突発事件と関係があるのかも知れない。次の六月号には、第一回公演の広告（表13）と「築地小劇場建設まで」（表15）が載る。小山内は後者の中で、「二月三日に同人六人が集まり今年一杯の演目の予定を立て、四月六日築地の敷地に建築の縄張にこぎつけた」と開場までの具体的経緯を明かしている。

『演劇新潮』の「談話会」は、時には劇場経営者や俳優をゲストに招く目玉企画の一つだが、この六月号の「第五回談話会」（表12）では、復興途上の芝居の景気に関連して帝劇取締役山本久二郎が「土方さんの事業」という言い方で築地小劇場の計画に触れたのをきっかけにひとしきり話題となっている。同人の参加者では久米正雄、中村吉蔵、久保田万太郎がその企てに好意的で、菊池寛は「つまり同人雑誌だね」「興行的価値があって相当人を引きつけるものでなければ」とやや白眼視しているが攻撃的ではない。中村吉蔵は「劇壇の便宜主義」と題した時評（表14）を寄稿し、「震災後、観客の質低下に合わせて万人受けする質の低い脚本を上演する便宜主義のバラック劇場が目立ってきた。俳優に当てはめた新作も増えている。コンマアシャリズムを離れた理想主義の新劇運動も必要で、コンマアシャリズムを離れた小劇場が実現しつつあるのは、その実行である」と築地小劇場出現の意義を説いている。これらの記事から、小山内の講演会での発言以前の同人達は、土方与志の理想主義的事業として築地に関心を向けていたようであり、この談話会でも小山内の名が出ていないのは興味深い。

3-2 七月号「同人漫談」と「築地小劇場第一回公演批判」の中身

小山内の慶応大学演劇研究会における講演に対する一部同人による批判が明らかになるのは、七月号の談話会「同人漫談」(表16)で、記事の末尾にある会合の日付は六月三日である。五月二〇日の講演(五月三〇日付『三田新聞』掲載)に反応したもので。六月一三日開場の舞台を見た上での発言ではないことに留意が必要である。

菊池寛は「演劇に対する考えが丸切違う」と対抗意識むき出しであり、山本有三は「必ずしも翻訳劇をやることが悪いというのではないが、今の東京には創作物をチャンとやれるやうな所が一つもないのに、小劇場を作り乍ら、わざく翻訳劇ばかりやるのが気が知れないのだ。それから翻訳劇をやるとしても、あの選び方には不服がある」と批判している。談話会記事の半分が小山内の発言をめぐる話題だが、久米正雄が「僕は翻訳劇はちよつと好きなのだ」などと言うように、他の出席者には、小山内の言い過ぎは問題だったにしても、総じて敵対的気分はない。吉井勇の「兎に角築地小劇場でどんな事をするか、それを見てからだな」を受けて、菊地も「兎に角六月十四日を見てからだね。感心すれば頭を下げるし、感心しなければいつまでも……」。と矛を収めている。そして「築地小劇場のやうなものが幾つ出来ても、結局いい脚本が出来なければ駄目だ」とも発言している。優れた戯曲と新進の劇作家を育てることは、『演劇新潮』創刊の動機の一つで、その成否は築地小劇場とのその後の関係にも影響してくることだが、菊池のことばは、劇作家たちが当面するジレンマをはからずも予言することになった。この問題については後にまた取り上げたい。

なおこの七月号では「築地小劇場第一回公演批判」という小特集が組まれている(表18~22)。こちらは実際に舞台を見ての感想なのだが、執筆者五人のうち小島政二郎が写実主義の観点から不服を述べている他はすべて好評で、築地の舞台の新鮮さにひとしく感銘を受けたことが分かる。築地小劇場と『演劇新潮』の関係をめぐって考える時、ホリゾントや照明を始めとする構造も演出も演技も、それまでの新劇とは全然一線を画した舞台の力が、劇作家たちの意識に及ぼした作用の問題は見落とせない。

山本有三の「築地小劇場の反省を促す」（表17）は記事の日付で舞台を見た後に書かれたことがわかるが、「休みの日」の誤訳を問題にして当分翻訳劇ばかりやるという小山内の痛い所をつきながらも、「誤訳物をやる位なら」「現代の日本に上演するに足るべきものはかなりある」「築地小劇場がさういふものをどんどん上演しさへすれば、それに刺激されていい戯曲がぞくぞく現はれるに違ひない」として「築地小劇場が一日も早く創作物を上演することを切望する」と結んでいる。〈「誤訳物」を上演するくらいなら創作物の方がましだ〉というのはいささか筋違いで、そのため結びの矛先は鈍い。これも談話会の後、山本が築地の舞台を見たことと無関係ではなさそうだ。

ちなみに七月号の「築地小劇場を見る」に続いて翌八月号に「脚本に就いて」（表24）を寄稿した正宗白鳥は、「私も西洋芝居ものなら、誤訳だらけの芝居でも観に行く気になるから不思議だ」「築地小劇場で外国物のみに極めたのは、一面は向上心により、一面は同時代の作家に対する反感によるのであらう」「築地小劇場では、当事者の好むままに翻訳物をやるがいい」と述べている。築地の舞台を見た者がこういう感想を抱くなら、誤訳云々はもはや翻訳劇上演の大きな障害にはならない。実際山本有三や岸田國士が批判した誤訳問題はさほど尾を引くこともなく行方不明になっていく。

3－3　八月号談話会「築地小劇場に就いて」のことなど

さて八月号の談話会（表23）は、「築地小劇場に就て」と題し、岸田國士、土方与志、小山内薫、中村吉蔵、長田秀雄、久保田万太郎、久米正雄、山本有三、菊池寛が出席しておこなわれた。「編輯室から」に「談話会は同人としては珍しい小山内氏、また築地小劇場の演出者として土方氏と、それに岸田國士君とを加へて、築地小劇場合評に花を咲かせた。菊地小山内両氏間の劇論は傍らにある者をして、手に汗を握らせた」とある。菊地寛と山本有三は徹底批判だが、他の同人はそれに必ずしも同調していない。

小山内は「築地小劇場は何のために存在するか」（表26）を用意して臨み、その方針と演目選定について菊池寛が激しく追求し、山本有三の誤訳批判も厳しい。「出席者の査問にも等しい問い詰め」（前掲大笹）と称すべき印象は確かに強いが、しかし批判に終始した場でもない。むしろ全体の流れは七月号の「同人漫談」以来鬱積した不信や不満の処理を兼ねた手打ち式と見るべきもので、司会役の久米の手際が光っている。

久米　我々は築地小劇場の「海戦」には感謝する。我々から見て表現派は決してストレンジャーではなかつた。我々を否定するものでも更になかつた。さういふ意味で表現派といふものを貴方方が採ることは無論賛成だ。どうかこだわらすに採つて貰ひたい。

山本　さうだ、僕が先月いつたのもそれなんだ。もつと楽な気持で対して貰ひたいんだ。

菊池　僕も決して君の方に対して創作劇をやらないかといふのではないか《ママ》、こだわるから悪い。こだわらなければい丶のであるが。

小山内　決して僕はこだわつた意味ぢやなかつたんだが、説明が足りなかつた。僕らの劇場では二年間ばかり西洋の芝居をやる積もりであるといふことを言つたので、創作劇をやらないといふのではない。決して深くこだわつて居るのぢやない。

久保田　もう少しゆとりのある言葉で言つて頂きたかつたとわたしのいつた所以です。

半ば以降は右のような雰囲気で、終わり方のやりとり[10]を読めば、「かくて築地小劇場は『演劇新潮』同人の大部分を占める劇作家の暗黙の非協力という状態で新劇運動を創始ぜざるを得なかった」（前掲菅井）は、勇み足の解説と言わざるをえない

この号の築地関連の記事も批判一辺倒ではなく、石原清緒（表29）以外は築地に期待するところある論調となっている。岸田の「ロマン・ローランの戯曲」（表31）は「狼」の上演について、ロマン・ローランとチェーホフを共に演目とした築地の判断に対する疑問を述べた上で、「悪口のための悪口ではない。僕は築地小劇場の存在を心から感謝するものである。――実際、この劇場が無かつたら、僕は、もう劇評などといふものをしたく無くなつてゐるだらう」と付言している。既成演劇と築地の劇の両方に対する岸田の立ち位置をを窺わせるもので一人異色である。

なお、築地関連記事ではないが、この号で最も興味深いのは、那珂孝平「私の祖師達」（表28）である。戯曲家志望の若い読者からの投稿だが、菊池、久米・山本の三人は「現在二十歳位の自分たちにとつて近代劇の祖師達」だとし、「祖師達である諸氏に永久に変らない尊敬を呈したい」という賛辞に終始する内容だが、「祖師」という言葉自体が過去の存在に対する敬意の感覚を告げていて、同じ誌上での彼等と小山内らのやりとりを思えば、まことに興味深い記事である。

3-4　九月号から一二月号まで

九月号では、築地批判はもう残り火の印象である。山本有三の「翻訳雑感」（表36）も、翻訳劇上演自体は否定しない立場を明らかにし、その一方で創作劇上演の熱望は日本人として当然だろう、とする弁明含みの融和的論調になっている。この号は「九月創作号」と題され、創作欄を巻末から巻頭に移して、以後創作に注力する姿勢を見せている。この誌面の変化も見逃せない。

一〇月号の談話会（表38）は菊池、山本も出席しているが文字通りの「同人漫談」で、褒貶いずれにせよ築地への言及はない。築地の上演方針への憤懣はもう過去の物となったのだろう。関連記事では中村吉蔵が「瓦斯」を「海

戦」の感銘には及ばないが学ぶべき舞台だと褒めており（表41）、中村の一貫した築地支持の姿勢は同人のなかでも目立っている。長田秀雄の「時評　築地小劇場」（表42）は、『演劇新潮』の立場への世間の誤解を解こうとするもの。長田は「われわれの生活を描いた戯曲を研究演出」するように要望しているが、同じ号には、史劇に比べ現代劇が少なすぎると嘆き、「現代劇を書け」と呼びかける「劇壇綺語」（表39）の記事がある。これは編集者による時評の一種で、築地小劇場が「研究演出」すべき劇の用意に乏しい劇作家の現状への気づきを示している。築地批判の副産物とも見なし得る。

一一月号では、若手を招いた談話会の「新人漫談」（表43）を含めて、築地の演劇の意義を認める空気が支配的になっている。そうした流れの中で、岸田の時評「戯曲時代」（表45）はまことに印象的で、「「上演されるといふ心配」がまづ無い――さういふ時代の戯曲作家は、いい気なもの」と、戯曲時代という世間の掛け声を嘲罵している。

一二月号に至ると、築地関連記事の論調はもはや賞賛に近いものばかりである。また「劇壇綺語」（表46）では、正宗白鳥の「人生の幸福」が今年度最大の成果とされており、ひるがえって既成劇作家の不振が思われる。それが中堅作家のみの問題でないことを、この号が若手の戯曲五篇を並べながら、押しなべて凡作揃いであることが物語っている。

3－5　終刊にいたる半年間

大正一四年一月号は「新年脚本号」と銘打って巻頭に九編を並べ（表51）、雑誌としての勝負を掛けた企画を思わせる。金子洋文・藤沢清造・北尾亀男・水木京太・能島武文・岸田國士・関口次郎・久米正雄と顔ぶれは魅力的で、「編輯室から」に「（創作の）九篇が悉く現代劇であるのも愉快なこと」とあるが、その出来栄えは金子の表現主義的な試みの力作を除いて、新編輯同人としての責を塞いだというに止まるものであった。翌月号に寄せられた里見弴「戯曲九篇総まくり」（表60）の痛烈な批判どおり、低調そのもので、里見が同人であるだけに、既成劇壇の作家たちが自ら感じながらどうにもならぬ創作のマナリズムに落ち込んでいた状況を思わせる。

一方この号から「劇界人の印象」（表52）という新企画も始まり、その一番手として小山内薫が特集されている。築地関連記事と見ればその意味は大きい。小山内自身の「自伝」と長田秀雄「老いざる心」他七人が小山内の人物を多面的に語っている。他の築地関連記事では、藤井真澄が「「朝から夜中まで」の感想」（表53）で、築地から出た俳優の演技と、他劇団からの俳優のそれの不調和に対する、演出の苦心と努力、その真面目さに感服すると述べるなど、『演劇新潮』が築地と小山内を応援する姿勢を明瞭に示した号である。

大正一四年二月号以降の『演劇新潮は』は、小山内薫と築地小劇場の御用雑誌化した感さえある。新年度から山本有三に替わって編集責任者となった久米正雄の編集方針によるものだろう。「編輯室から」には「▼今月から小山内氏にご依頼して「表現派戯曲の研究」を始めていただいた、今後数ケ月に亙る予定で、必ずや諸君の渇を癒すと信ずる。▼岸田君の「吾等の劇場」も数ヶ月に亙つて戯曲、演劇の研究を発表して貰ふことになつてゐる。この二編に依つて本誌の内容に一段の深さを増した事と信ずる」とあって、新たな売り物を宣伝している。

この月以降の築地関連の舞台評を一覧しておこう。

関口次郎「シーザー劇――築地小劇場劇評――」（表59）「総員の真剣さと熱とは何と云つても愉快である」。

水木京太「桜の園」を見る（表62）「演者には個々として勿論云ひ分が沢山あることだが、これを整然と統べた上に、とにかく私達にチエエホフらしい「桜の園」を見せてくれ、纏まつた芸術的感銘を与へてくれたのは、一に演出者小山内氏の功に帰すべきものである」

藤澤清造「寂しき人人を見て」（表65）「少なくとも、小山内薫氏が洋行前の演出になる帝国劇場の時とは、比較を絶していい物になつてゐることだけは、微塵疑ふべくもない」

北尾亀男「近頃呵々」（表66）「「通俗的」と「芸術的」」という見出しで、万人にとり面白いことが大事で、「真の芸術」にはその区別は不要とし、その例に築地の「どん底」「桜の園」が興行的にも成功したことを挙げている。

金子洋文「「検察官」を観る」（表70）「日本の演劇はただ一つの誇りをもつてゐる。築地小劇場の存在だ。我々の若い劇作家の魂は何処の劇場へ行つたところで磨かれない、この劇場だけだ」。以上どれも舞台の真剣さや熱を褒め、あるいは演出者小山内の手腕を礼賛する言説ばかりで、批判的な言辞は跡を絶っている。また四月号では「劇場落下傘」（表67）の気楽な井戸端会議的人物評に大谷竹次郎らと並べて千田是也が登場したり、「海外消息」（表68）で「コメヂヤ」紙が築地を紹介したことを報じるなど、築地小劇場肯定の気分がいよいよ目に付く。

なお四月号では新企画の「作家と俳優談話録(2)」（表64）で、小山内薫と市川左団次に久米正雄が同席して「劇壇種々相」と題した対談をおこなっている。三人のリラックスした雰囲気をよく伝えた写真の久米の笑顔がとりわけ印象的である。「編輯室から」の「速記が杜撰だつたので、小山内氏がすっかり修正してくださつた」に始まるお追従たらたらと言うべき記事は、小山内が別格視されるに至ったことを告げている。

4　まとめ

築地小劇場との関係を軸に『演劇新潮』の記事を読んでいくと、通念とは異なる実態がよく見えてくる。それはこれまで述べてきた通りである。小山内薫が両方の同人であったことを思えば、対立が一時的な出来事であったことは驚くに当たらないのだが、批判から認知、そして礼賛へと、急速な変化を呈していく『演劇新潮』の誌面は、極めて興味深いものである。これも又見えてきた実態であるにちがいない。特に大正一四年に入ってからの傾倒ぶりは、一種の見ものでさえある。なぜそのようなことが起こったのか。

創刊号の「編輯室から」に掲げられた抱負によれば、[11]『演劇新潮』は、震災後の演劇復興の一翼を担おうとした劇作家たちが、因習的な劇界を改革し新進劇作家を育てるために創刊した雑誌である。年が明けて商業演劇のバラック劇場があちこちに建ち始めても、既述したように、質の低下した観客に受ける脚本や俳優に当てた脚本しか上演されなくなった（中村吉蔵「劇壇の便宜主義」、四月号）状況は、同人たちには思わぬ不都合であった。それゆえ非商業的な築地小劇場の出現は、なにより彼等の創作劇上演への希望をつなぐものとして期待されたのである。小山内薫の宣言に対する菊池寛と山本有三の反発については、以前からの関係も手伝ってという見方もあるが、[12]同人の中枢をなす立場（山本は編輯責任者であった）から、劇作家たちの失望を代弁した感もある。これまで見てきたように小山内への批判は、八月号の〈手打ち式〉的談話会によってほぼ収まっている。問題の速やかな終息ぶりは既に述べた通りだが、その理由を考える時、対立をよそに築地小劇場の上演が重ねられつつあったことの影響が大きいようだ。

「築地小劇場第一回公演批判」（七月号、表18～22）の小特集記事を始めとして、舞台評を追ってみて気づくのは、劇作家たちの築地小劇場への期待が、創作劇上演に格好の劇場というものから、新旧を問わずこれまでに経験したことのない演劇と出会える劇場というものに変化していることである。つまり、築地小劇場の演劇自体が同人たちの理解と支持を勝ち取っていった事情が、誌面の推移から窺えるのである。

九月号以後は既に見たように、築地の舞台や小山内の演出を高く評価する記事が加速度的に増え、年が明けると築地や小山内に対する批判は跡を絶って、全面的な傾倒の様相が誌面に目だってくる。『演劇新潮』と築地小劇場の関係のこうした変化の背景として、今述べたように、同人劇作家たちが築地の舞台に魅了されたことがまず考えられるが、それだけで説明できることとは思えない。

そこで改めて気になるのは彼等の作品が、金子洋文や岸田國士などのごく一部を除いて新しい魅力に欠けているという事実である。当初は巻末にあった創作欄を冒頭に移したり、「創作号」を企画するなど、創作戯曲を雑誌のセールスポイントとしてより可視化する編輯の努力が重ねられたが、寄稿される戯曲の大半は中堅若手を問わず旧態依然としたものに止まっている。「「創作劇を上演せよ」は標語となったが、現代劇が書かれることと上演される事が今日の重要事だ」（10月号「劇壇綺語」）という発言から窺えるように、同人たちが築地の舞台にふさわしい劇、とりわけ「現代劇」を書く用意があったかどうか。築地の新しい舞台に魅了されながら、そこで上演されるにふさわしい新味を持つドラマが書けないジレンマが、築地の演劇に馴染みつつ創作を試み、又仲間のそれを目にするうちに同人達に自覚されて行ったのではないか。築地での上演を望むどころの話ではない。築地小劇場への急速な傾倒は、既成劇壇の作家たちの自信喪失を意味するものではないかと考えられる。

千田是也は自伝の中で「あんな菊地寛だの久米正雄だの山本有三だのの、生ぬるい心境小説的ないしは身辺雑記的私戯曲をいまどきおかしくてやれるかと考えていた」と述べているが、若い世代の作家による創作もその焼き直しのようなものが多く、今読んでも不思議なほど野心的ではない。先にもふれたが岸田國士は「時評　戯曲時代」（表45）の中で、「戯曲時代」が盛んに言われ、『戯曲時代』という雑誌さえ出た状況を疑問とし「「上演されるといふ心配」がまづ無い――さういふ時代の戯曲作家は、いい気なもの」と辛らつな皮肉を漏らしている。そして一方には小説家正宗白鳥の「人生の幸福」が新劇協会の舞台で成功し「白鳥は今年度の劇界を征服した」などと報じられる（表46）出来事もあった。

また、大正一四年二月号に載った里見弴の「戯曲九篇総まくり」は、編集担当者から依頼された戯曲評だが、一月の「新年脚本号」の九篇をなで斬りにして、金子洋文の表現主義的作品「理髪師」を「かう云ふ形式のものには、得てまやかしものが多い」と始めながら、終わりに「この作には慥かに何かしら感じがある」と褒めた他は、きわめて辛辣な評価に終始していた。久米正雄の「邂逅」を除いた八編は、この年から編輯同人になった新進の作品であるだけに、久米も含めて遠慮会釈もない悪罵を浴びせたのは、自らも同人ゆえの苛立ちからであろうが、その一々の指摘は的を得たものである。

ともあれ、ベテランと若手とを問わず、『演劇新潮』の劇作家の大方が抱えざるを得なかったジレンマは、実は演劇史の転機の正確な反映であったに違いない。対立から礼賛へと推移した築地小劇場体験は、劇作家たちを〈近代劇〉と〈現代劇〉のはざまに連れ出したと言ってもよい。そうした中で若手作家達は、金子洋文は別として、表現主義にも社会主義にも馴染めないまま、菊池寛や山本有三流のリアリズム劇を半信半疑で再生産するしかなかった。そして岸田國士のドラマこそはそうした彼らが出会った新たな道標だったに違いない。

一三年七月号の那珂孝平「私の祖師達」（表28）を読み、一四年五月号の能島武文「老大家には困る――四月戯曲評――」（表69）を読めば、世代交代が、はじめ遠慮がちに、やがてあからさまに要求されているのがわかる。能島は四月号に戯曲を寄せた長田秀雄、久保田万太郎、真山青果を「老大家達」とよび、過去の業績は尊敬するが「今どきこんな下らない作を発表しているのなら、私は敢へてこれらの先輩に言ひたいのである。もういい加減にどいて頂きたい！と」と述べている。彼は新年度から加わった編輯同人の一人であり、編集責任の久米正雄を助ける〈編輯〉事務担当者だから（表50）、この記事の意味するところは大きい。その能島は「好い戯曲」の例として岸田國士の「ぶらんこ」を挙げ「完全な新時代の戯曲」「新時代の戯曲の頂点を示すもの」と賞賛している。若い劇作家に岸田の存在がどう映っていたかが良くわかるのだが、実を言えば、『演劇新潮』の各号を通じて読んで、もっとも目を引いたのは岸田國士の動きである。「この雑誌での収穫は、いつに、彗星のような岸田國士の出現であった[13]」ことは周知であろうが、ここでもそれを一瞥して結びとしたい。

岸田は大正一三年三月号の戯曲「古い玩具」で初登場し、山本有三が「編輯室より」で「戯曲は今月は二つしか載らなかつた。それは永くフランスにあつて戯曲の研究をしてゐた岸田君の対策を掲載したからである。併しかういふ新人の力作を紹介したことは本誌の喜びである」と紹介しているが、その後もいわば特待生扱いで、八月号の談話会には土方与志と共にゲストとして招かれ、翌一四年からは編輯同人の一人として迎えられている。彼の売り出しは雑誌の方針と見られるが、その寄稿したものやタイミングから顧みれば、彼自身極めて戦略的に動いていたと考えられる。一三年四月号「春秋座の父帰る」（表10）では、早くも菊池寛の劇のドラマ性をある意味で全否定し、八月号「武者小路氏のルナアル観」（表27）では実篤の人間観、人生観そのものに反発しつつ、新しい芸術が分からないとまで決めつけている。新劇の舞台を支えている大家たちのドラマの大胆な否定は、フランス帰りの特権だろう。

一方小山内の演目選択に疑問を呈した同じ八月号での「ロマン・ローランの戯曲」（表31）では、その終わりに「僕は築地小劇場の存在を心から感謝するものである――実際、この劇場が無かつたなら、僕は、もう劇評などゝいふものをしたく無くなつてゐるだらう」と書き、既成演劇と築地の両方に対し、それと異なる自身の立ち位置を明らかにしている。また「小山内君の戯曲論――実は芸術論」（表40）では「チロルの秋」を難じて「温室の中でのみ咲く花」に例えた小山内の評に、それを賛辞に等しいものと受け取る自身の芸術観を「日本演劇界の耆宿小山内君」の芸術観に対置している。

創作ではデビュー作「古い玩具」（表8）が菊池寛の「浦の苫屋」と、翌一四年四月の「ぶらんこ」が長田秀雄の「民谷伊右衛門」（表63）と隣り合わせに載ったのは偶然だろうか、岸田ドラマの画期的な新しさは誰の目にも明らかだ。その一方で築地小劇場の演劇に対しては、やはり新しいが築地とは異なる演劇の理念を対置する立場を主張し続ける。岸田國士は『演劇新潮』の舞台を小山内薫とは異なる立場で支え切って、新しい時代の一翼を担う存在としての姿を自ずから現すこととなったのである。

［注］

（1）『三田新聞』（大正一三年五月三〇日）、引用は『小山内薫演劇論全集第二巻』未来社による。

（2）『演劇新潮』は新潮社発行。創刊号は大正一三年一月一日発行。四月一日発行の四月号が発禁となったため、五月号は、四月号の記事を一部差し替えて再編集した四月五月合併号の発行で対処する足踏みがあったが、その後は順調に刊を重ねながらも大正一四年六月号で経営上の困難により突然の廃刊に至った。通巻一八冊。編集主任は創刊号から一二月号までが山本有三、一四年一月号から終刊号は久米正雄が担当した。

(3)『新劇の足音』(一九五六年九月三〇日、東京創元社)

(4)『日本新劇史　下巻』(昭和三一年一一月二〇日　理想社)

(5)昭和三六年二月二〇日、青蛙房。ただしもとは『新劇』に連載されたもので「土方与志の巻」は、昭和三四年二月二〇日が対談の日時である。

(6)『もうひとつの新劇史——千田是也自伝』(一九七五　筑摩書房)

(7)『近代日本演劇論争史』(一九七九　未来社)

(8)『日本現代演劇史　大正・昭和初期篇』(一九八六　白水社)

(9)この雑誌は大正一一年六月に、創作と評論のみを載せる同人誌として玄文社から刊行されたもので、小山内は創刊号に「カイザアの「朝から夜中まで」表現派戯曲の紹介の一」を寄せてから、一貫して表現主義演劇の紹介や翻訳に努めている。田中総一郎、能島武文、鈴木泉三郎、長谷川巳之吉、内山理之が当初の同人で、小山内を師と仰ぐ若手が集まっていた。当初は小山内の論文を除いて誠に貧弱な誌面だったが、大正一二年から田中総一郎が編集に当たって内容的に充実してきたところで震災に遭って廃刊となった。その後大正一五年六月に再刊、翌昭和二年一月からは〈小山内薫編輯〉を謳う雑誌となり、その死により終刊した。

(10)談話会の終わりは次のようなやりとりである。

菊池　僕は築地小劇場が貴方方のお考へになる一番良い道だと思ふならば文句はない。これが劇道の一番よい道だといふならば僕は文句がある。貴方方の信ずる一ばんいい道だと思ふならば文句はない、それに対して相当の敬意を払い、好意を持ちたいと思ふ。

久米　兎に角小山内さんといふ人は一手指せば一手酬いるという風な人だね、余りにはつきりと小闘争意志を持つていますね。

小山内　少しひねくれていますか……

久保田　貴方は松竹を相手にするのと同じやうな気持ちでわれわれにまでも何かいわれる。

山本　賛成。

久保田　親たちは何も思つてないのに、子供のほうだけ継つ子でゐるのがよくありますね。……

小山内　ご忠言は大いに反省するが、松竹はひどいよ。

（11）創刊号の「編輯室より」には〈一体今迄の演劇雑誌は一口にいふと芝居の報道に重きをおいてゐた〉〈吾々としては寧ろ芝居を引きずる位の覚悟を持ちたい〉〈兎に角因習の固りである劇界に清新な潮を導きたい〉〈一五人の同志が団結したのもまたそこにある。そして同人は少なくとも一年に戯曲と論文とを各一つ掲載する責任を持つてゐる〉と言うように『演劇新潮』は、震災後演劇界の全般にわたる記事と共に創作や論文の掲載に注力していた。築地小劇場関連の記事が占める割合は、その全体から見れば多くはない

（12）菅井幸雄『近代日本演劇論争史』、大笹吉雄『日本現代演劇史　大正・昭和初期篇』（一に詳しい考察がある。

（13）『日本近代文学大事典』の「演劇新潮」解説（今村忠純）に稲垣達郎の言として引用されたものによる。

※　本稿は二〇二四年度日本演劇学会全国大会のパネルセッション「築地一〇〇年・その足跡の真の姿を探る」における報告「築地小劇場と『演劇新潮』」を原型としたものである。

『演劇新潮』の築地小劇場関連記事一覧表

築地小劇場に関係した記事は小山内薫に関するものを含め全てゴチックで表記した。
その他の記事で拙論で言及しているものは通常の字体で表記した。
本文での言及の便のために記事には通し番号を振った。
必要と思われたものには※印で、引用や情報メモを付した。

大正十三年一月号　創刊号

1　**同人年賀広告**　伊原青々園、池田大伍、**小山内薫**、岡本綺堂、吉井勇、谷崎潤一郎、中村吉蔵、長与善郎、長田秀雄、久保田万太郎、久米正雄、山崎紫紅、（編輯）山本有三、里見弴、菊池寛〇村岡欽亮、能島武文、（編輯）北尾亀男。

2　編輯室より　〈一体今迄の演劇雑誌は一口にいふと芝居の報道に重きをおいてゐた〉〈吾々としては寧ろ芝居を引きずる位の覚悟を持ちたい〉〈兎に角因習の固りである劇界に清新な潮を導きたい〉〈十五人の同志が団結したのもまたそこにある。そして同人は少なくとも一年に戯曲と論文とを各一つ掲載する責任を持つてゐる〉

3　巻末創作欄　武者小路実篤「堯」・水木京太「素顔」・長田秀雄「悪鬼跳梁」

大正十三年二月号

4　文壇劇壇半畳　息抜き記事　文壇「悪鬼跳躍」という劇のスタッフとして〈監督　小山内薫〉とある。

大正十三年三月号

5　「吉井勇「或る手紙」小山内薫兄」で始まる手紙の形をとった京阪観劇談。（まだ小山内は大阪在住中の見立て）

6　劇作家絵評判 小山内薫氏。

7　同人語　同人の短信ページ。（秀雄）の署名で震災後の劇場再建に関連して「若い演劇学者たちの計画で小劇場がボツボツ出来るやうな噂がある」

8　巻末創作欄　岸田國士「古い玩具」・菊池寛「浦の苫屋」

大正十三年四月号

※この号は秋田雨雀の「骸骨の舞跳」を掲載したために？　発売翌日発禁となった。

9　「舞台上のリアリズム」（アンケート）　土方与志が回答「今度私としての仕事を発表する機会を得られそうな運びになつて参りましたから（中略）困難な筆の上での御答をそこの舞台でいくらかづつお目にかける事が出来ると存じます」

10　岸田國士「春秋座の父帰る」

大正十三年五月号（四月五月合併号）　※前号発禁を受けて記事の一部を差し替えて合併号としたもの。

11　秋田雨雀「（四月の戯曲を読む）」新作戯曲評にことよせた時局評で、自作の発禁に対する間接的な意見表明とも読める。

大正十三年六月号

12　第五回談話会　芝居漫談　（5月5日　参加者　城戸四郎、山本久二郎、北澤秀一〇小村欣一〇伊原青々園、中村吉蔵、長田秀雄、久保田万太郎、久米正雄、山本有三、菊池寛）。芝居の景気の話題の中で、帝劇取締役の山本久二郎が「土方さんの事業」という言い方で築地小劇場の計画に触れたのをきっかけに、ひとしきり話題となっている。

13　築地小劇場広告「理想的小劇場の設立」「真摯なる演劇研究機関の確立」をうたい、事業(1)定期公演（毎月四回五日間づつ）(2)俳優養成(3)一般戯曲及び演出研究機関設立。開場は「来る六月上旬建築落成と同時」、第一回公演（六月十日頃より五日間）として「海戦」「白鳥の歌」「休みの日」と演目を予告したもの。

14　中村吉蔵「劇壇の便宜主義」（演劇時評）「コンマアシャリズムを離れた小劇場」として築地小劇場の出現を意識し、その新劇運動の意義を説いている。

15　小山内薫「築地小劇場建設まで」※〈二月三日に同人六人が集まり今年一杯の演目の予定を立て、四月六日築地の敷地に建築の縄張りにこぎつけた。〉末尾に「（一九一四年四月十八日築地小劇場創立事務所にて）」とある。

大正十三年七月号

16　第六回談話会　同人漫談　※6月3日　参加者　吉井勇、長田秀雄、久保田万太郎、久米正雄、山本有三。20頁の半分が築地小劇場の話題　築地の舞台をまだ見ない時点での談話。

17　山本有三「築地小劇場の反省を促す」　※終わりに「六月十九日」という日付がある。

18　正宗白鳥「築地小劇場を見る」

19　ルイ・カアン「仏人の見たる『休みの日』」

20　佐藤春夫「わかりもしないのに」

21　伊藤武雄「一つの疑問」

22　小島政二郎「希望」

※18～22は「築地小劇場第一回公演批判」という小特集。

大正十三年八月号

23　第七回談話会　築地小劇場に就いて（7月7日　出席者　○岸田國士○土方与志　○小山内薫、中村吉蔵、長田秀雄、久保田万太郎、久米正雄、山本有三、菊池寛。※出席者は岸田、土方が招待者格として区別した書き方。小山内の名は同人の列に並んでいる。

24　正宗白鳥「脚本に就て」

25　佐々木積「築地小劇場の発声法を評す」

26　小山内　薫「築地小劇場は何のために存在するか」※副題「山本有三君その他演劇新潮の同人諸君に読んで考へてもらう」

27　岸田國士「武者小路氏のルナアル観」

28　那珂孝平「私の祖師達」

29　石原清緒「時弊を痛罵す」

30　吉田甲子太郎「死せる生」その他

31　岸田國士「ロマン・ローランの戯曲」

大正十三年九月号「創作戯曲号」

※紙面を一新し、「創作戯曲号」と銘打って、これまで巻末に掲載されていた戯曲・翻訳を巻頭に並べるスタイルとなった。小山内の「西山物語」は三幕五場の力作で翌月号で完結。

32　小山内薫「西山物語」

33　岸田國士「チロルの秋」

34　芹々生「演劇瑣言『演劇新潮』八月号から」※小山内の発言について「文壇に対する極度の反感」「氏のヒステリイの文壇に対する現はれ」だとし、「今日築地小劇場の宣言を読む、氏が依然飾り窓（ショウヰィンド）の文士として健在なるを知るのみ」と結んでいる。

35　能島武史「蒙を啓く」※「休みの日」の翻訳の裏事情に関わる『時事新報』文芸欄記事を非難。

36　山本有三　時評「翻訳雑感」

大正十三年十月号

37　小山内薫「西山物語」（完結）

38　第九回談話会　※（9月8日　出席者　中村吉蔵、長田秀雄、久米正雄、山崎紫紅、山本有三、菊池寛／北尾亀男　築地と無関係な漫談に終始。

39　劇壇綺語　※「創作劇を上演せよ」は標語となったが、現代劇が書かれることと上演される事が今日の重要事だ」

40　**岸田國士「小山内君の戯曲論――実は芸術論」**

41　**中村吉蔵「筑地小劇場の「瓦斯」」**

42　**長田秀雄　劇壇時評「築地小劇場」**

大正十三年十一月号

43　**第9回談話会　新人漫談**　※出席者　宇野四郎、藤沢清造、水木京太、関口次郎／能島武文　久米正雄　山本有三。

44　**関口次郎「二つの芝居――同志座の旗揚とオニールの演出」**

45　岸田國士「時評　戯曲時代」※戯曲、舞台、俳優の現状を皮肉り、「「上演されるといふ心配」がまづ無い――さういふ時代の戯曲作家は、いい気なもの」等と痛罵している。

大正十三年十二月号

46　劇壇綺語　※正宗白鳥の「人生の幸福」を舞台に掛けた新劇協会の成功について、「最近におけるわが劇壇の快事」「白鳥は今年度の劇界を征服した」

47　中村吉蔵「十三年度戯曲の記録」　※「本年度では、小説の大家の戯曲制作が慥かに注目すべき新現象であつた。

48　**町田伝三「甲子劇壇居眠り回顧」**

49　**高田保「二つの非劇評」　※「小劇場が何故に創作劇の上演をしないのか？　その理由は私は知らない。けれども私はあの観客**

の大多数が決してそれを要求してはゐないであらうことを知つてゐる」

50　編輯室から　※翌新年号より編集主任が山本有三から久米正雄に替わること、在来同人の他に若手九人が編集同人として加わることを予告。「久米氏は特別寄稿家として在米同人の外に金子洋文、宇野四郎、藤澤清造、藤井真澄、岸田國士、水木京太、関口次郎、北尾亀男、能島武文の九氏を編輯同人として助力を俟つ事になった。事務には在来通り北尾能島の両人があたる」

大正十四年一月号　新年脚本号

51　巻頭　戯曲9篇　※金子洋文「理髪師」・藤沢清造「父と子と」・北尾亀男「宝玉」・水木京太「継母」・能島武文「母の死」・岸田國士「軌道（シナリオ）」・関口次郎「勝者・非勝者」・久米正雄「邂逅」

52　**劇界人の印象1「小山内薫氏」**　※新年度からの新企画　小山内自身による「自伝」を頭に、長田秀雄「老いざる心」、直木三十五「七不思議」、吉井勇「敢て云はん」、園地公功「小山内さんのこと」、北村喜八「学者としての一面」、久保田万太郎「これをもつて是を見る、山田耕作「兄貴」、近松秋江「小山内薫君」

53　**藤井真澄「朝から夜中まで」の感想**　※築地から出た俳優の表現主義的演技と、他の劇団を経てきた俳優の自然主義的演技を調和させようとする演出の苦心と努力、その真面目さに感服したという内容。

54　**岸田國士「新劇協会の舞台稽古」**

55　中村吉蔵「「現代劇へ！」の叫び」

56　編輯室から　「（創作の）九篇が悉く現代劇であるのも愉快なこと」

57　**附録　現代劇界人名録**　※築地関係では友田恭介、東屋三郎、汐見洋、田村秋子。

大正十四年二月号

58　**小山内薫「表現派戯曲の研究」**　※「小山内氏にご依頼して「表現派戯曲の研究」を始めていただいた、今後数ケ月に亘る予定」

59　**関口次郎「シーザー劇――築地小劇場劇評――」**

60　里見弴「戯曲九篇総まくり」

大正十四年三月号

61　岸田國士「舞台の言葉」　※前号で「吾等の劇場」と題して連載を予告した第一回。
62　**水木京太「「桜の園」を見る」**

大正十四年四月号

63　巻頭　戯曲2篇・翻訳1篇　※長田秀雄の多幕物時代劇「民谷伊右衛門」と岸田國士の一幕物現代劇「ぶらんこ」
64　**作家と俳優談話録（2）「劇壇種々相」　※（3月11日於築地錦水　出席者小山内薫、市川左団次／久米正雄（同席）**
65　**藤澤清造「寂しき人人を見て」**
66　**北尾亀男「近頃呵々」**
67　**劇場落下傘　※井戸端会議的人物評　大谷竹次郎、尾上菊五郎、松居松翁、曾我の家五九郎にならべて千田是也が登場。**
68　海外消息　※「コメヂヤ」紙が、築地小劇場を大々的に紹介したことを報じている。「築地小劇場の仕事がだんだん世界的になつて行くことは欣ばしい」

大正十四年五月号

69　能島武文「老大家には困る――四月戯曲評――」
70　**金子洋文「「検察官」を観る」**

大正十四年六月号　終刊号

71　**劇場落下傘　※四月号の千田是也に続いて土方与志が登場。**

小山内薫『国性爺合戦』にみる国劇観

熊谷　知子

はじめに

昭和三年（一九二八）一〇月、小山内薫《おさないかおる》（一八八一――一九二八）は『国性爺合戦《こくせんやかっせん》』（五幕一二場）を「近松門左衛門の浄瑠璃に依る築地小劇場の為の演出台本」として『文藝春秋』に発表した。この作は、その副題が表すとおり、築地小劇場の改築記念公演として同月に土方与志の演出により上演された。上演の際は「小山内薫改作」と表記されたが、ここで小山内は義太夫節を削除し、台詞を現代語にしたうえで、あえて筋は荒唐無稽な原作通りにしている。人形浄瑠璃や歌舞伎では、第三幕にあたる「獅子ヶ城」の「楼門」や「紅流し」（城内）の場が上演されることが多いが、この改作によって第一幕「南京皇居饗宴の間」や第二幕「日本肥前平戸の郷の浜辺」なども含めた通し上演が可能になった。本稿では、第一幕と第二幕に着目し、その改作に表れた小山内の「国劇」観について検討する。

まず、築地小劇場の開場から分裂に至る経緯を概観したい。

大正一三年（一九二四）
　六月　築地小劇場開場
大正一五年（一九二六）
三月　第四五回公演『役の行者』上演（坪内逍遙作・小山内薫演出）
昭和二年（一九二七）
一一月　小山内薫、秋田雨雀らとともにソ連訪問
昭和三年（一九二八）
八月　二代目市川左団次一座、ソ連で歌舞伎公演
九月　築地小劇場移転改築に伴い新組織発表（劇場部・土方与志主事、劇団部・小山内薫主事）
一〇月　第七九回公演『国性爺合戦』上演（近松門左衛門原作、小山内薫改作、土方与志演出）
一二月　歌舞伎座で左団次一座『博多小女郎浪枕』上演（近松門左衛門原作、小山内薫改作・演出）
一二月二五日　小山内薫死去（四七歳）
昭和四年（一九二九）
一月　第八二回公演『忠義』上演（メイスフィールド作、小山内薫訳、青山杉作・小山内薫演出）
三月　築地小劇場分裂

小山内薫が築地小劇場開場当時、「目下二年間は翻訳劇しか上演しない」旨を宣言し、『演劇新潮』同人たちとのあいだで「論争」があったことはこれまでもたびたび論じられてきたが、それから二年弱が経った大正一五年（一九二六）三月、坪内逍遙の『役の行者』（『女魔人』として発表、一九一六）で初めて日本人作家の作品を上演した。当時は日本語で書かれた戯曲について、翻訳劇に対し創作劇と呼んでいたが、築地小劇場の機関誌『築地小劇場』一九二六年一月号で「創作劇研究上演について何を上演すべきか」というアンケートを取った際、翌月発表された結果は一位・岸田國士（三八票）、二位・武者小路実篤（三四票）、三位・谷崎潤一郎（二二票）、四位・山本有三（二〇票）と続き、小山内薫は一〇位（一一票）、坪内逍遙にいたってはわずか一票のみ、しかも演目は『役の行者』ではなく『義時の最期』（一九一八）であった。[1] このようなアンケートがどこまで公正なものかは不明であるが、いずれにせよ築地小劇場の創作劇のスタートは、坪内逍遙が歌舞伎を想定して書いたと思われる『役の行者』であったということをここで留意しておきたい。

1　小山内薫と「国劇」

さて、小山内薫の国劇観について考えるために、まずは小山内薫自身の言説を確認する。先に述べた『役の行者』の上演のころ、つまり大正一五年（一九二六）ごろより、小山内はくりかえし「国劇」という言葉を用いるようになり、「日本の国劇は将来どうなるかと言ふと、これらのものをは《ママ》全く別な或種の新しい芝居が生れて来なければならないと思ひます。それは歌舞伎劇でもなく、新派劇でもなく、世界の演劇的伝統を基礎とし、同時に日本の伝統を現代化した或新しい芝居であらうと思はれます」[2] といった旨の発言をたびたびしている。

その代表的なものとして、築地小劇場で『役の行者』を演出するにあたり、小山内が、

私達が私達の理想とする国劇を樹立するために、先づ何よりも敵として戦はなければならない相手は「伝統的国劇」である。即ち、歌舞伎劇である。［……］私達は先づこの「伝統」と戦はなければならない。「型」を破壊しなければならない。さうして「伝統」を離れ「型」を無視して全く別に新しい自由な「私達の劇芸術」を作らなければならない。この二年間、外国の劇ばかり演じ続けて来たのも、一つにはその基礎的作戦であつた。私が今度の演出について、特に強く働かせたのは、この意志であつた。「歌舞伎を離れよ。」「伝統を無視せよ。」「踊るな。動け。」「歌ふな。言へ。」私はかう絶叫し続けた。(3)

と新聞に発表したことはよく知られている。小山内は、自由劇場創設の明治四二年（一九〇九）より、「歌舞伎劇でもなく新派劇でもない或新しい芝居」を志向すると言ってきたが、このころになると、そこに「日本の伝統を現代化」するという、やや具体的な方針が加わるのである。この時、小山内は「歌舞伎劇」を「敵」とみなしたからこそ、アンケートで人気の高かった岸田國士の現代劇ではなく、坪内逍遙の『役の行者』を築地小劇場で上演することに意味を見出していたと言えよう。

そして、昭和三年（一九二八）の『国性爺合戦』発表の約半年前の講演ではその内容がより具体的になり、

将来の日本の芝居としては単に歌舞伎劇を伝統的に伝へると云ふことも一つの芸術的の仕事ではありますが、併し活きた芝居と云ふ点から言へば、舞台的統一、日本が何百年来養つて来た所の色々な種類の舞台的芸術、それの統一と云ふことが必要である。詰り良い所だけを採つて、さうしてそれを統一して茲に新しい——何だか名前は分りません。名前などはどうでも宜い。名前などは後で附ける。少くとも茲に新しい国劇が出来る。ナシヨナ

ル・ドラマとして世界に誇ることの出来るものを造らなければならない。(4)

といった発言をしたとされている。この講演の際には、『国性爺合戦』の構想についても触れており、「其内容としては日本の伝統的精神に基いた所のものでも宜し、或は日本の伝統的精神に対する批判でも宜し、兎にも角にも立派な思想或は哲学或は道徳と云ふ精神的の内容のある、精神的の美しさのある内容と云ふものが其後にある。そこで初めて日本の芝居であると云ふものが出来るのではないか」とも言及している。

また、『国性爺合戦』改作に際しては、『文藝春秋』に「追記」として次の文言を残した。

著者は近松の原作の内容にはわざと少しも手を入れませんでした。今日で見ると、幼稚な趣向も、粗雑な滑稽も、わざとその儘にして置きました。それは著者の目的が、内容は飽くまでも正徳時代のものにして置いて、演出だけを人形浄瑠璃からも歌舞伎劇からも（勿論、それの利用はあるとして）離れた全く新しい形式のものにして見たいといふところにあつたからです。従つて、この演出の目標は内容的であるよりは外観的であるべき筈です。(5)

このような経緯をたどってみると、小山内薫の「国劇」観を検討するにあたり、『国性爺合戦』を読み解くことは不可避であることがわかる。

そもそも、近松門左衛門作『国性爺合戦』は五段の時代物であり、人形浄瑠璃として正徳五年（一七一五）一一月、竹本座で初演の後、三年越しで一七ヶ月もの長期にわたって続演された。初演の翌年、享保元年（一七一六）には歌舞伎にもなり、万太夫座で初演されている。中国大陸を舞台に、明国出身の父と日本人の母を持つ和藤内（のちの鄭成功、国姓爺）が活躍する英雄譚は、鎖国下の江戸時代に大いに評判となり、上演の命脈を保ったまま今日に至る。

小山内薫が本作を改作するのは初演からおよそ二〇〇年後ということになるが、人形浄瑠璃あるいは歌舞伎以外における主な上演については、すでに西村博子の論考がある。[6] 西村の整理に倣うと、上演年月、劇場、劇団（団体）、作品名（作者）は次のようになる。

(1) 明治三七年（一九〇四）一月　真砂座　近松研究会『国性爺合戦』二幕五場
(2) 昭和三年（一九二八）一〇月　築地小劇場　築地小劇場『国性爺合戦』（小山内薫）五幕一二場
(3) 昭和五年（一九三〇）三月　築地小劇場　新築地劇団『国姓爺新説』（久保栄）六幕一二場
(4) 昭和三三年（一九五八）五月　東横ホール　文学座『国性爺』（矢代静一）四幕一三場
(5) 平成元年（一九八九）一一月　銀座セゾン劇場　同プロデュース『野田版・国性爺合戦』（野田秀樹）

ここで西村は、

近代は、(1)の近松研究会を除いて(2)〜(5)まで、そのすべてが五段通しの改作であったことは面白い。なるほどその中には失敗もあれば成功もある。が、しかしそれは、それぞれに自分たちの古典をいかに自分たちの血肉にするかという問題意識から、の改作であった。見たとおり、あるものは国劇樹立のための形式実験に挑戦し、あるものは十五年戦争前夜に支配勢力の曝露を意図し、またあるものは敗戦後の「いじけてしまった」日本人を元気づけようとし、昭和天皇の死去に際して万世一系の天皇制やナショナリズムへの再考を示唆した。[7]

とそれぞれの特徴を示したが、小山内の改作については「国劇樹立のための形式実験に挑戦し」という部分が該当し、やはり「国劇」の理想が鍵とみなされている。また、その後に続く他の改作・翻案に先鞭をつけたという意味においても参照されるべき作品であることには違いない。

2　先行研究整理

『国性爺合戦』は小山内薫の戯曲のなかでも、もっとも先行研究の多い作品と言える。ここでは、これまでどのように論じられてきたかを年代別に確認しておきたい。

まず、昭和三三年（一九五八）、権藤芳一は、

> 小山内が日本演劇の進むべき道として提示したこの「国姓《ママ》爺合戦」は、各方面からハッキリと「否」の宣告をうけた。新しい国劇の樹立のために「歌舞伎を離れよ」「伝統を無視せよ」と叫んだ彼が、歌舞伎に接近し、伝統を尊重したその瞬間、彼は無残にも古典の返り討にあつたのである。それは、彼の歌舞伎に対する理解の不充分さ、更にいえば彼の世界観の敗北なのである。[8]

と批判している。

次に、昭和四八年（一九七三）、藤木宏幸も、

> 小山内晩年の演劇観の変化については、築地小劇場内部での、経済的行詰り、組織問題をめぐる反幹部派との対立・芸術観の相違などを考えねばならないだろうし、政治劇場（ポリティカル・シアター）と芸術劇場（アカデミ

カル・シアター）とに劇場を分けて、築地小劇場は後者を採るとして改組したことなども考え合せねばならない。しかし、なぜ「歌舞伎のスチール（様式）」が統一の基本とならねばならないのか、「新しい国劇」の内容そのものが、どういうものなのか、「国性爺」上演二ヵ月後（それは左団次のために書いた改作「博多小女郎浪枕」のラクの日だったが）に、小山内が急逝してしまったために、不明のまま小山内の「歌舞伎のスペクタクル化」の試みは中絶する。(9)

とし、小山内の試みが実らなかったことを指摘している。

また、昭和四九年（一九七四）の菅井幸雄は、築地小劇場が改築を機に政治劇場ではなく芸術劇場、つまりアカデミカル・シアターとしての方向を定めたことについて、

築地小劇場をアカデミカル・シアターとして方向づけていくためには、なによりも演技術の向上がのぞまれるし、それを可能にさせる創作劇の上演が必要だという考えである。そしてこの方向は、プロレタリア演劇に関心をもち、その影響下にあった若い劇団員のおもいをほとんど無視する形で、すすめられていく。(10)

と、小山内薫の生前より不満を抱えていた築地小劇場の劇団員もいたことに着目し、『国性爺合戦』など古典劇を手掛けた晩年の小山内の傾向には否定的な見方をしている。

いっぽう、昭和六二年（一九八七）、藤波隆之は『国性爺合戦』よりもさらに前の「古劇研究会」から「国劇」の理想へ繋がる萌芽があったことを次のように評価している。

築地小劇場が当面の上演演目として「国性爺合戦」他の演目案を発表したのが、大正十五年春であり、すでにそ

れ以前から、小山内の胸中に、近松の作品を補綴してとりあげてみたいという思いが、ひそかに去来しはじめていたと推察する。私には、遡ってみると遠く大正四年の「古劇研究会」以来の「新国民劇」から、「新しい国劇の樹立」へいたる小山内の問題意識が、［……］とぎれることなく、終始、一貫してつづいていたように思われる。(11)

そして、平成一一年（一九九九）、曽田秀彦は、

小山内は、歌舞伎の「軽業」的要素を基礎にして、新しい民衆劇を考えていた。『国性爺合戦』の戯曲の文学性を排除したスペクタクル劇は、新しい国劇であるとともに、新しい民衆劇という狙いでもあった。二〇世紀の演劇では、いたるところでスペクタクル劇への志向が、顔を出す。代表的なのは、ラインハルトの祝祭劇的な演出だろう。メイエルホリドにも、ブロークの『見世物小屋』その他、スペクタクル的な演出があった。(12)

と、演出の「スペクタクル」への言及に留めており、戯曲そのものに関する検討には手をつけていない。

これらをまとめると、まず小山内薫晩年の変化が築地小劇場内にも混乱をもたらしたという批判的な見方と、築地小劇場以前から古典劇への関心は持ち続けていた点を評価する見方があるということがわかる。

さらに、これは小山内自身が明言したことが大きな要因ではあるが、「国劇」観の検討は外観の「スペクタクル」に関するものに留まってしまい、「近松の原作の内容にはわざと少しも手を入れませんでした」という戯曲発表時の「追記」が本当にそうなのか、ということには踏み込まれていないままのように思われる。

そこで、今回は「スペクタクル」という面をいったん脇に置き、かつ「スペクタクル」に関連してしばしば言及される「紅流し」の場ではなく、これまでほとんど検討されてこなかった第一幕と第二幕に着目し、戯曲にあらわれた

「国劇」観を再検討してみたい。

3　小山内薫改作『国性爺合戦』

それでは、ここからは小山内薫改作の『国性爺合戦』がどのような戯曲だったのかを確認したい。小山内は、『国性爺合戦（五幕）――近松門左衛門の浄瑠璃に依る築地小劇場の為の演出台本――』とし、『文藝春秋』昭和三年（一九二八）一〇月号に一頁から三六頁までにわたり発表した。なお、当初は自らも編集をつとめた『劇と評論』一九二七年一月号に掲載予定であったが延期をしている。当初の案は、外観より戯曲に重きを置いたものであったようだが、発表時には外面的要素に重きを置いた「レビューライク」なものであった。

それぞれの場面は次のとおりである。筋はほぼ近松の原作通りで、変更した点は、梅檀皇女の道行を削除していることくらいである。全五幕一二場について、『文藝春秋』掲載時の開始頁数と各場を記した。

一頁～　第一幕第一場　南京　思宗烈皇帝の宮殿　饗宴の間
五頁～　第一幕第二場　同じく南京皇居　皇妹梅檀皇女の居室並に庭
一一頁～　第一幕第三場　海道の港
一三頁～　第二幕第一場　日本肥前松浦郡平戸の郷の浜辺
一七頁～　第二幕第二場　幕の前　幕は白地に南画風の山水
一八頁～　第二幕第三場　千里が竹の大藪

二〇頁〜　第三幕第一場　獅子ヶ城の楼門
二三頁〜　第三幕第二場　城内　大広間
二九頁〜　第四幕第一場　日本　松浦潟の住吉神社前
三〇頁〜　第四幕第二場　九仙山の絶頂
三三頁〜　第五幕第一場　龍馬ヶ原の野営
三四頁〜　第五幕第二場　南京城外廓(13)

初演は昭和三年（一九二八）一〇月一一日から三〇日まで、築地小劇場の移転改築落成記念公演として、次のような記録が残されている。築地小劇場の劇団員に加え、岩村和雄の舞踊研究所や、小山内の妹である岡田八千代が関係していた児童劇団・芽生座《めばえ》から客演するなど、それまでの築地小劇場の公演よりも大掛かりな規模で公演を行ったことがわかる。

演出：土方与志、演技監督：青山杉作、舞台監督：水品春樹、装置：吉田謙吉、照明：神尾耕三、影絵及仕掛：伊藤熹朔、効果：和田精、作曲：長沼精一、支那舞戯：張貴田一門、振付：岩村和雄、客演：岩村舞踊研究所員・芽生座同人
主な配役（俳優名）：思宗烈皇帝（東屋三郎）、華清夫人（東山千栄子）、右将軍李踏天（御橋公）、大司馬将軍呉三桂（友田恭助）、その妻柳歌君（高橋豊子）、韃靼の貝勒王（小杉義男）、侍女阿監（岸輝子）、栴檀皇女（月野道代）、和藤内三官後に延平王国性爺（丸山定夫）、その妻小睦（村瀬幸子）、老一官（汐見洋）、その妻（山本安英）、五常軍甘輝（薄田研二）、その妻錦祥女（田村秋子）(14)

4　「国劇」観の検討

さて、ここからは小山内薫の改作について、「古典劇」の通し上演、「現代語訳」に見られる思想という二つの観点から検討したい。

（1）「古典劇」の通し上演として

まず、「古典劇」の通し上演をしたという事実について考えたい。このことはあまりにも当たり前であるが、昭和三年（一九二八）当時にとっては新しいことであったということを確認しておく必要がある。これは上演当時の雑誌記事だが、

『国性爺合戦』の狂言が、其全編の筋が通されて上場された事は殆どない、然るに小山内薫氏が統率する築地小劇場が、今度改築記念として、之を適誼に同氏が改作したものにしろ、全編を上場したのは、此小劇場として我が古典劇への進出としても、実に破天荒な企てゞあつて、私は今の歌舞伎劇の畑の大きな俳優や、興行者等が、是等に手を附けるの勇気のないのを惜しむと共に小山内氏等の意図が、軈てそれ等の劇壇全体に対して、古典劇復活の動機を与へるものではないかとも思ふ(15)

と言われており、その視座は築地小劇場という狭い範囲に留まっていないことがわかる。この時期においては、歌舞

伎の本興行でも古典劇を通しで上演するということが少なく、ほとんどが見取り上演であった。そのようななか、形式はどうであれ通しで近松門左衛門の時代物を観客に見せたということとそのものの意義は小さくないのである。

そして、上演当時には『東京日日新聞』と『演芸画報』の劇評で称賛し、戦後になっても同じことを言っているのが三宅周太郎である。次の引用は、昭和二七年（一九五二）一二月、歌舞伎座で久保田万太郎演出、二代目市川猿之助主演で小山内薫改作の『国性爺合戦』を上演した際の筋書に発表したものである。

五段続きの作だから、初めの大序が厄介至極なのを、思宗烈皇帝の会話にして始めたのは奇智だつた。その唐子（からこ）の踊りは面白かつた。が、第二幕の「平戸の浜辺」は特に秀抜で、和藤内と小睦との貝をほる会話はうまいし[16]

ここで三宅が評価している点を順に確認する。まず、冒頭の序詞に関して、浄瑠璃で「花とび蝶驚けども人憂へず[17]」と始まるところを、小山内は「第一幕第一場　南京　思宗烈皇帝の宮殿　饗宴の間」で、

平舞台の前部にて、二十人ばかりの女御、領布を振りて群舞す。Bacchanale風の音楽。明笛やうの独奏吹奏楽器著しく聞ゆ。

群舞終る。一同拍手。歓声。

玉座の下手より侍女阿監、登場。皇帝の前に恭しく跪く。

帝。おう、阿監か。まだ生れぬか。

阿監。もう、けふかあすでございます。

帝。それはありがたい。祈祷の方はどうだ。まだ男とも女とも分からぬか。

阿監。　王子様御誕生ときまりました。(18)

と書き換えている。人形浄瑠璃や歌舞伎では、太夫が語り聞かせるところを、小山内は大勢の群舞や楽器の合奏で盛り上げ、そして一同が拍手し、歓声を上げるという形式を採った。その後に、思宗烈皇帝と侍女・阿監により、平易な現代語の会話がなされるのである。これは、当時にとっても斬新なものに映ったに違いない。

次に三宅が言及しているのが、平戸の浜辺で和藤内とその妻・小睦が貝拾いをする「第二幕第一場　日本肥前松浦郡平戸の郷の浜辺」の次の会話である。

和藤内三官、備中鍬で砂を掘る。妻小睦、魚籠を手にして貝を拾ふ。

和。　それ、寄生虫《がうな》だ。
睦。　ほい。
和。　小螺子《しただみ》だ。
睦。　ほい。
和。　あさりだ。
睦。　ほい。(19)

ここで舞台は中国から日本へと移り、主人公である和藤内が登場するわけであるが、このように非常にテンポのいい会話形式のことを、三宅は「小山内式短文」として高く評価している。

（2）「現代語訳」に見られる思想

さて、このように義太夫節を削除し、台詞を大胆に現代語にしたことで小山内薫は『国性爺合戦』の通し上演を可能にしたが、特に当時ほぼ上演されていなかった第一幕を上演したことはあらためて重要なのではないだろうか。

その第一幕では何が行われているか。まずは、第一幕第一場の梗概を確認しておきたい。なお、小山内薫が改作時にどの文献を参照したか、ということについては明確にできていないが、戯曲の初出および築地小劇場の初演時には、「右将軍」とすべきところを「右軍将」としていたり、「大司馬将軍」とすべきところを「大司局将軍」とするなど誤記がみられる。これが意図的なものか、単なる誤記なのかはここでは検討する余裕はないが、当時、観客が目にしていたものとしてそのまま引用する。

> 今しも、皇帝は群臣寵嬪を集めて酒宴の最中、そこへ、韃靼王の使者として貝勒王が来廷して夥多の貢物を献上し、隣国のよしみ今後の和睦の印として、帝の寵妃華清夫人を貰ひうけたいと言ふ。夫人は目下懐妊中のことゝて、皇帝がこの難題に当惑する。群臣のうち、右軍将《ママ》李踏天は韃靼の要求に応せんことを勧めるが硬骨の大司局《ママ》将軍呉三桂は韃靼の要求を断乎として一蹴する。ここに於て、憤然退席せんとする貝勒王に向ひ、李踏天は自分の左眼を抉出してこれを韃靼王に呈する。貝勒王も納得して帰つて行く。[20]

第一幕第一場のなかでも注目したいのは、李踏天が自らの左眼をえぐって皇帝に差し出し、皇帝がその忠誠心に感心するというくだりである。第一幕第二場で結局は李踏天に欺かれ、韃靼軍に攻め滅される。

ここでは、李踏天が目をえぐり、皇帝が賞賛するという該当の場面について、四つに分けて近松の原作と小山内の改作を対比させた。見比べてみると、小山内は浄瑠璃で盛り上がると思われる目をえぐるところはあっさりと処理しているいっぽう、皇帝が騙される部分を多分に膨らませていることがわかる。

近松門左衛門

①暫く〳〵憤怒尤至極せり、某先年貴国の合力と請て、一粒も身の為にせず、国を助けしは忠臣の道なるに、今又約を変じ兵乱を招き君を苦め民を悩し、剰恩を知らぬ畜生国と云はせんは御代の耻国の耻、此度臣が身を捨て君を安んじ国の恥と浄むる忠臣の仕業、是見給へと小剣逆手に抜持ち弓手の眼にぐつと突立て、眼蓋を懸てくるり〳〵とくり出し、朱に成たる睛ひつつかんで、なふ御使者両眼は一身の日月左の眼は陽に属して日輪なり片目なければ不具者、一眼をくつて韃靼王に奉る、国の恩を報ずる道を重んじ義を守る大明の帝の忠臣の振舞ひ是候と、笏にすへて差出せば②貝勒王押いたゞき、アヽ天晴忠節や候、只今呉三桂の云分にては、いや共両国権を争ひ合戦に及ぶ所、天下の為に身を捨てヽ事を治め給ふ事神妙〳〵、忠臣共賢臣共申すにも余り有り、后を迎へ取たるも同然、我大王の叡感使に立たる某も、面目是に過ぐべからず早お暇とぞ奏しける、③叡慮殊にうるはしく、④李踏天が眼をくりしは伍子胥が余風、呉三桂が遠き慮りは范蠡が趣あり、両臣まつりごとを乱す我国は千代万代も変まじ韃靼の使は早本国に返すべしと宴楽殿に入り給ふ、実に佞臣と忠臣の面は似たる紛れ者、目きヽを知らぬ南京の君が栄花ぞ例なき[21]

小山内薫

①李。暫く。暫く暫く。御立腹は御尤至極でございますが、先年拙者が貴国の合力を頼んで、この国を救つたのは、上への忠義と思つたからです。然るに今その時の契約を破つて、兵乱を招き、君を苦しめ民を悩ますやうなことになつては、忠臣の道が廃ります。（いきなり、小剣にて我と我が左の眼を突き、眼の球をゑぐり出して、これを笏の上に載せ、貝勒王の前へ差し出す）さあ、これを見て下さい。眼は一身の日月、左の目は太陽です、片目がなければ片輪者。一眼を抉つて韃靼に奉ります。御恩は決して忘れぬとの証拠に、どう

かこれをお持ち帰り下さい。

②貝。（笏を押し戴いて）ああ、なんといふ忠義なことだ。お志は分かりました。最前呉三桂の申すやうでは、厭でも両国干戈を交へずにはをられませんが、天下の為に身を捨てて事を治めようとせらるる貴公の忠心、貝勒ほとほと感佩いたしました。これで使者の面目も立ちました。后を迎へとつたも同然であります。大王にもさぞ御満足でありませう。それでは、これで。

前と同じ行進曲。韃靼の一行、去る。

③帝。（李踏天に）ありがたい。ありがたい。お前のお蔭で助かつた。だが、よく思ひ切つてやつたものだな。さぞ目が痛むであらう。

李。なんのこれしきのこと。

帝。誰か早く包帯をしてやれ。

延臣の一人、白い絹の布を持つて来て、李踏天の左の眼の上を縛る。

帝。ここへ来い。ここへ来い。

李踏天、階段をよろぼひ昇りて、帝の足下に蹲る。呉三桂、階上を睨む。

帝。おう、呉三桂、お前もここへ来い、ここへ来い。

呉三桂、階段を登り、以前の場所にゐる。

④帝。みんな聞け。李踏天が目をえぐつたのには伍子胥の風がある。二人の忠義に高下はない。明国はこのやうな忠臣を得て、千代万代も変るまい。大明国は万歳だ。さあ、もつと飲め飲め。踊も続けろ。

李踏天、稍不平らしく呉三桂を睨む。

呉三桂、幕あきと同じやうに厳然と端座す。

以前と同じ音楽にて、唐子踊の一群、踊りながら登場[22]

とりわけ、③の「叡慮殊にうるはしく」の部分を小山内はわざわざ包帯を持ってこさせるなど台詞と動作によって相当に膨らませており、このあと第二場で李踏天に欺かれ殺される運命にある皇帝の愚かさを強調している。

また、「忠臣」を「忠義」に変更するなど、語彙の変更も見られるため、近松の原作をそのまま現代語にしただけのものと見過ごすことはできない。『忠義』（メイスフィールド作、小山内薫・青山杉作演出）は、築地小劇場第八二回公演として昭和四年（一九二九）一月に上演した作品のタイトルでもある。『忠義』は『仮名手本忠臣蔵』を「翻案」したもので、すでに大正一〇年（一九二一）五月、明治座で二代目市川左団次一座により上演されているが、今度は築地小劇場の面々で上演することになっていたところ、昭和三年（一九二八）一二月二五日に小山内が急逝してしまったものである。

次に、「民衆劇」として、あるいは外国人から見られることを意識した「日本の国劇」として用意されたものであるならば、なおさら看過できないのが、「第二幕第三場　千里が竹の大藪」の場で中国大陸に渡った和藤内が虎退治をし、韃靼の家来たちを「日本風」にするという場面がそのまま使われているということだ。今日から見れば、あまりにも差別的な表現が含まれており、鎖国していた江戸時代の作として読まねばならないが、今回の再検討において重要な部分であるため、そのまま引用する。

母。これ、和藤内。神国に生れて神から受けた身体髪膚を、畜類の為に傷つけてはならんぞ。［……］

和。貴様等が小国と侮る日本人の手並を見たか。（虎の背を撫でながら）おれを誰だと思ふ。［……］

和。よし、よし、それなら、そこへずらりと列べ。おれの家来になる以上は、日本流に月代をして、名も改めなければならんぞ。

一同。はい、はい、畏りました。

一同、列んで坐る。

和藤内、差添ひを抜いて、銘々の頭を剃る。母も手伝ふ。滑稽なる音楽。

兵卒、一度に嚔をする。

和。（笑つて）さあ、これでよし、これでよし、あとは名前だ。（一人一人を指さしながら）さあ、貴様はちやぐちう左衛門、貴様はかぼちや右衛門、次は呂宗兵衛、それから東京兵衛、暹羅太郎、ちやぼ次郎、ちやるなん四郎、ほるなん四郎、ほるなん五郎、うんすん六郎、すん吉九郎、もうる左衛門、じやが太郎兵衛、さんとめ八郎、いぎりす兵衛。さあ、二列になつて、前へ進め。

兵士達、二列縦隊で歩き出す。

和藤内、母を虎にのせて、その口を取る。

三味線を交へたる日本風の行進曲。(23)


なお、この場面の前にあたる「神通力」で虎退治をする場面も原作通りだが、虎退治後の和藤内とその母・渚は、日本を「神国」と言い、韃靼の家来たちを「畜類」と呼ぶのみならず、日本風に月代を剃り、「創氏改名」して隊列を組ませ、日本風の行進曲に合わせて退場するのである。

近松の原作については、一八世紀前半の娯楽として考えれば、その滑稽さも含めて無邪気に観客が楽しんだことは想像ができる。しかし、この築地小劇場の公演には、当時帝国劇場に出演したアメリカの舞踊家のルース・ページも見に来て、「築地の国性爺を拝見して本当にうれしうございました。紐育へ持つていらつしやればきつと毎日満員続きの事と存じます」(24)と言ったというが、外国からの視線も意識したうえでこの場面を出しているということは、小山内薫が築地小劇場のいっぽうで晩年に多く手掛ける偉人劇の類や、先に言及した『忠義』などとあわせて複合的に考える必要があるだろう。

おわりに

ここまで、小山内薫改作『国性爺合戦』について、「スペクタクル」を標榜した上演にはあえて触れずに、あくまでも戯曲を中心に検討してきたが、次の引用は『国性爺合戦』上演の月に築地小劇場の機関誌に掲載された、文芸部の高橋邦太郎によるものである。「アカデミカル・シアター」と「ポリティカル・シアター」に二分されそうになりながらも、築地小劇場全体として表向きは同じ意識を持って上演に取り組んでいたと言える。

近来、古典の近代化といふ事が屢説かれる。民衆の中から生れ出た新興芸術たる浄瑠璃の最大傑作の一つを、現代の空気を呼吸する我々がいかに取扱ふか。そして、いかに、今日の民衆にアツピイルするか。これには幾多の難事が横つてゐる。しかし、この作をいかに生かすかによつて明日の国劇の行く道が多少なりとも認められるかもしれない。(25)

つまり「国劇」の樹立は小山内ひとりの目標ではなく、築地小劇場全体で共有していた目標であったということだ。しかし、小山内薫は『国性爺合戦』上演から二か月後に急逝してしまう。その時、築地小劇場では『忠義』の稽古中であり、歌舞伎座では近松門左衛門原作・小山内薫改作『博多小女郎浪枕』を二代目市川左団次が上演していた。そして、これらに続いて、小山内は次に『妹背山婦女庭訓』の改作を予定していたと言われている。(26)
小山内本人は死んでしまい、彼の「国劇」の展開はここまでとなる。だが、興味深いのは築地小劇場の文芸部にいた久保栄が、機関誌『築地小劇場』一九二八年一〇月号に「鄭芝龍と鄭成功――「国性爺合戦」の史実」という文章を掲載しており、昭和五年（一九三〇）一月、雑誌『劇場街』に「新説国姓爺合戦」（後に『国姓爺新説』に改題）六幕を発表しているということである。ここで久保は、小山内薫の『国性爺合戦』の批判的継承として、より史実に基づいた改作をしている。小山内が蒔いた「国劇」の種が彼の死後、どのように芽吹いていくのかについては横断的に検討する必要があろう。

【注】

（1）『築地小劇場』一九二六年二月、六四－六八頁。
（2）小山内薫「国劇の将来」『演劇と文学』集成社、一九二六年、四三九頁。
（3）小山内薫「『役の行者』の第一夜を終へて【三】」『東京朝日新聞』一九二六年三月二六日。
（4）小山内薫「日本演劇の将来」『小山内薫全集』第八巻、春陽堂、一九三二年、二八九－二九〇頁。一九二八年三月二八日、竜門社講演会。
（5）小山内薫「国性爺合戦（五幕）――近松門左衛門の浄瑠璃に依る築地小劇場の為の演出台本――」『文藝春秋』一九二八年一〇月、三六頁。
（6）西村博子「「国性爺合戦」――小山内薫から野田秀樹まで――」『近松の三百年』和泉書院、一九九九年、六七－九五頁。
（7）同前、八九－九〇頁。
（8）権藤芳一「小山内薫の歌舞伎観」『悲劇喜劇』一九五八年六月、四三頁。
（9）藤木宏幸「近代における近松――逍遙・抱月・薫の場合――」『悲劇喜劇』一九七三年一〇月、二六頁。
（10）菅井幸雄『築地小劇場』未来社、一九七四年、六八頁。
（11）藤波隆之『近代歌舞伎論の黎明――小宮豊隆と小山内薫――』學藝書林、一九八七年、三〇九頁。
（12）曽田秀彦『小山内薫と二十世紀演劇』勉誠出版、一九九九年、二五三頁。

(13) 小山内薫「国性爺合戦（五幕）――近松門左衛門の浄瑠璃に依る築地小劇場の為の演出台本――」『文藝春秋』一九二八年一〇月、一―三六頁。
(14) 築地小劇場パンフレット、一九二八年一〇月。
(15) 文学士芳野悟郎「国性爺に就て――古典劇復活の曙光――」『劇と映画』一九二八年一一月、一頁。
(16) 三宅周太郎「小山内版「国性爺合戦」――その初演と再演」歌舞伎座筋書、一九五二年一二月、二九頁。
(17) 近松門左衛門『国性爺合戦』武蔵屋叢書閣、一八九一年、一頁。小山内薫が参照した可能性が高いものとして、今回は同書から引用した。
(18) 小山内薫「国性爺合戦（五幕）――近松門左衛門の浄瑠璃に依る築地小劇場の為の演出台本――」前掲誌、二頁。
(19) 小山内薫「国性爺合戦（五幕）――近松門左衛門の浄瑠璃に依る築地小劇場の為の演出台本――」前掲誌、一三頁。
(20) 「「国性爺合戦」解説」『築地小劇場』一九二八年一〇月、五頁。
(21) 近松門左衛門、前掲書、四―五頁。
(22) 小山内薫「国性爺合戦（五幕）――近松門左衛門の浄瑠璃に依る築地小劇場の為の演出台本――」前掲誌、五頁。
(23) 小山内薫「国性爺合戦（五幕）――近松門左衛門の浄瑠璃に依る築地小劇場の為の演出台本――」前掲誌、一八―一九頁。
(24) ルウス・ペエヂ「「国性爺合戦」寸評集」『築地小劇場』一九二八年一一月、八頁。
(25) 高橋邦太郎「「国性爺合戦」と近松」『築地小劇場』一九二八年一〇月、七頁。
(26) 水品春樹『小山内薫』時事通信社、一九六一年、二二三―二二四頁。

長田秀雄『石山開城記』について

――「御真影」の示すもの

寺田　詩麻

はじめに

長田秀雄の『石山開城記』は、『改造』大正十二年二月号に発表された近代劇の戯曲である。歴史上のできごとに題材を取った、長田の史劇の代表作のひとつとされながら、現在まで公式の舞台上演の記録がない。また、内容について考察する先行研究も、初出当時、小嶋徳彌による戯曲評「二月文壇（二）『石山開城記』」が新聞の文芸時評として出たが（『時事新報』一九二三年二月二日。明治大正昭和新聞研究会編『新聞集成大正編年史』大正十二年度版　上、同会、一九八四年により参照）、以降のまとまった論考を探し出せていない。

本稿は本作成立の背景を検討したうえで、本作が書こうとしたことがらを分析し、優れた作品とされながら上演がなされてこなかった理由と、長田作品の系譜における本作の位置を考察することを目的とする。

1　発表時期

長田については、日本近代演劇史研究会編『20世紀の戯曲　日本近代戯曲の世界』[1]に、森井直子氏による『歓楽の鬼』論と履歴がある。この履歴のほか二、三の資料を用いて長田の生涯を振り返る時、いくつかの注目すべきポイントがある。

長田は東京に生まれ、独逸協会中学校卒業後、はじめ耽美主義の立場から文業を開始した。パンの会とは、同人の木下杢太郎が中学校の友人であり、発会準備を長田の自宅で行ったほどの深い関係がある。しかしイプセンの戯曲にふれてからはその影響を受けて、現代を舞台にした自然主義的な作品を書くようになる。多く見られる特徴が、家族間の人間関係のなかで発生する問題を描こうとすることである。『歓楽の鬼』はそれが顕著に見られる、明治末期の長田の代表作である。

大正七年（一九一八）九月、島村抱月に招かれて芸術座の幹事となるが、[2]同年十一月抱月が急逝、翌年早々同座は解散に至る。同九年以降に市村座に顧問として入っている。[3]これは国民文芸会を共に立てた小山内薫との縁によるものと考えられる。小山内はこの年三月市村座顧問を辞して松竹キネマに移っている。具体的には入れ替わる形であったと推測される。

大正九年はまた、長田にとって、歴史を題材とした史劇を書く方向に転換し、彼の作の中で内容の最も充実したものと評価できる『大仏開眼』を『人間』四月号に発表した年である。この年は十一月、市村座にとって、経営に明治四十一年（一九〇八）から携わった田村成義を失った節目の年でもある。その子寿二郎はすでにその生前から跡を継いでいたが、寿二郎に代わったことで作品の上演傾向が顕著に変化するのは、翌十年からである。

寿二郎は慶應義塾を卒業後、海外に出たこともあり、帰国以降市村座の経営に参加して、興行に本格的に携わるようになる。特徴的なのは、その一方で俳句の会である「句楽会」を通じて新派の俳優、劇場関係者、文学者と幅広い交流を持っていることである。その交流の一端を『喜多村緑郎日記』などに見ることができるのは、既にふれたことがあるが(4)、寿二郎は父の成義よりも、当時の同時代文学・演劇を理解しようとする傾向が強かった。大正十年以降、同座の近代劇上演が大幅に増えたのは、そうした寿二郎と、中心俳優の六代目尾上菊五郎の意向が働いているからである。この時期に同座で上演された長田の作品には『高松城水攻』(大正十年四月)、『飢渇』(同年六月、初演は大正五年六月有楽座で劇団新劇場)がある。

十二年九月の関東大震災ののち、劇場焼失後の処理等の過労により、寿二郎は翌年七月没する。その後市村座は経営陣だけでなく菊五郎も、経営資金の負債について呼び出しを受け、裁判に出廷するほどの窮乏状態に陥る(5)。長田は市村座を昭和三年(一九二八)一月に退いた。三年は、松竹が同座を買収し、年初から経営を引き継いだ年である。以上から考えると、長田は田村寿二郎とその周辺との関係から座の顧問となり、作品を提供し、経営の最後を見届け、関係に区切りをつけたものと考えることができる。

こうした経緯から振り返って『石山開城記』の発表された大正十二年二月という時期を見ると、長田が史劇を書く方向に転じ、市村座に所属してからすこし時日が経ったころで、同座の経営に決定的な打撃を与える関東大震災の直前であることがわかる。前掲の小嶋徳彌の批評は、本作には技倆があるが「理想的精神」がないと指摘する。時流に合う思想的に高尚な内容や、近代的な観点からの人・社会の分析がないということであろう。本作は結局上演されなかったが、以上からはやはり、市村座における上演をかなり具体的に念頭に置いて、執筆された可能性を考慮するべき作品と言えそうである。

2　石山（大坂）本願寺と「石山軍記物」

さて、本作は作品の題材ごとの分類によるならば、石山（大坂）本願寺の焼亡までをめぐることがらに題材を取った「石山軍記物」のひとつとなる。まずは『国史大辞典』(6)、神田千里『信長と石山合戦　中世の信仰と一揆』(7)、塩谷菊美『石山合戦を読み直す　軍記で読み解く日本史』(8)によって、本作を読むために必要な、歴史上の石山（大坂）本願寺の成立から滅亡後しばらくまでの経緯を簡略にまとめる。寺の焼亡に至った合戦は「石山合戦」「石山本願寺合戦」「石山戦争」等の名称で呼ばれているが、本稿では「石山合戦」に統一する。

石山（大坂）本願寺は本願寺八世門主の蓮如により、大坂上町台地の北端に基となる隠居所が立てられた。その後、十世の証如が山科から本格的に居を移し、城郭として整えた。場所は現在の大阪城の上、もしくは現在のＮＨＫ大阪の東南部辺りと推定されている。門徒の集まる町も周囲に構成され、水運交通が発達して、次第に町も豊かになっていった。天文二十三年（一五五四）に証如の子顕如が十一世となったのち、永禄二年（一五五九）には勅命で准門跡（皇族などが出家して居住する特別寺院）に列している。

つまり、室町時代末期の本願寺は、浄土真宗の門徒を集める巨大な宗教団体であると同時に、戦国大名に匹敵する富と権力を持ってもいた。親キリシタンの側面を持ち、足利将軍と結んだ戦国大名織田信長に対して、本願寺側から仕掛けて開始された石山合戦は、間に一時的に講和があったりもしたが、元亀元年（一五七〇）から天正八年（一五八〇）までの足かけ十一年という長期に及び、地域的にも近畿一円から拡大して、全国各地の門徒と大名を巻き込む戦争となった。

天正八年閏三月、顕如とその長男教如は朝廷に和平条件を遵守する誓詞を提出し、教如以外の顕如一族は紀州鷺森に移る。同年八月、教如は石山（大坂）本願寺を開城したが、内側から火を付けたため寺は焼亡した。ここに石山合戦は信長の勝利で終結した。

十年六月二日、信長が本能寺の変で死去したのち、本願寺は豊臣秀吉との関係を強める。紀州鷺森から和泉貝塚を経て、文禄元年（一五九二）、現在の寺地である京の七条堀川へ移ったのも秀吉との結びつきが基礎にある。同年顕如が死去し、教如が十二世となるが、翌年教如は隠居し、弟の准如が十三世として跡を継いだ。慶長八年（一六〇三）徳川家康が教如に京の七条烏丸の寺領を与え、現在の真宗大谷派が分派した。

石山合戦の攻防をめぐって脚色された「石山軍記物」は、近世には唱道（説教）で語られ、台本が残る。また軍記・実録が写本も刊本も多数作られ、読みものとして親しまれていた。歌舞伎・人形浄瑠璃（文楽）における脚色は、興行側にとっては講中（信者団体）を呼び込むことのできる格好の素材の一つであったが、行き過ぎれば東西本願寺から規制がかかることもあった。たとえば寛政三年（一七九一）三月、大坂北堀江座で上演された浄瑠璃『彫刻左小刀』は石山合戦譚を盛り込み、上演停止、正本の売買差し止め・絶版を、東本願寺輪番円徳寺から言い渡された。(9)

また、豊岡瑞穂は、明治十三年（一八八〇）十月大阪角の芝居で上演された、勝諺蔵の作の歌舞伎『御文章石山軍記』が、近代以降に「石山軍記物」が盛んに上演されるようになったきっかけであるとする。(10) その台本は明治二十八年に「演劇脚本」として大阪で出版されたものがあり、(11) 比較的容易に読むことができる。

この作品は『石山軍鑑』『絵本拾遺信長記』に依拠して、織田信長の本願寺に対する敵意、対する本願寺の軍師鈴木孫市の奮闘を中心に描くが、大詰が紀州鷺森の別院で、天正十年六月三日、籠城する本願寺の人々が攻め込まれ、自害しようとしているところに前日の信長の死が知らされ、合戦が終結する。『石山開城記』第三幕と大筋が同じで、長田は直接的には『御文章石山軍記』を参考にしているものと推定したい。

3　『石山開城記』の読解（一）　設定・序曲

では、以上に述べたような史実と先行作品を下敷きにして『石山開城記』はいったい何を書こうとした作品なのだろうか。以下は、最も流布したテキストである『日本戯曲全集』現代篇第九輯[12]所収の台本を参照しながら考察を進める。固有名詞の送り仮名なども参照テキストに準拠する。本作の人物関係は、次のような図で示すことができる。

【人物関係図】

北の方（如春尼）
＝
光佐（顕如、門跡）

教如（長子、新門）
顕尊（次子、興正寺門跡、興門）
阿茶丸（三子、のちの准如）

教如と母の北の方は激しく対立しており、それぞれに仕えるのは主に次の人々である。

教如に仕える人々……下間頼龍（家老）、教行寺證誓（御鑰取り役）[13]、粟津源六（家臣）

北の方に仕える人々……蘭菊丸（小姓）、おさめ（侍女）、大学（隻眼の武士）

全体の後見の位置にあるのが蓮如の子の願得寺実悟で、最終幕では「九十に余る齢」の長老とされる。指定される「時代」は、天正八年閏三月三日から同十年六月三日までである。史実と先行作品を比較して検討すると、具体的な時間の設定は、顕如の一家が、長子の教如を石山に残して紀州鷺の森に移り住むことを決めてから、鷺の森に織田信長の軍勢が攻め込み、一家が滅亡の危機にさらされるまでということになるだろう。

本作で登場人物たちが心を寄せ、所々に移される、印象的なもの（オブジェ）がある。それは「骨肉の御影」または「骨肉の御真影」である。これは現在も西本願寺御影堂の中央の厨子に収められ、一般に公開されている、浄土真宗宗祖の親鸞の姿を写したとされる像である。「骨肉」の名称は、親鸞その人の死後、荼毘に付した遺灰を漆に混ぜ、像に塗ったとされることによる。浄土真宗本願寺派の信仰の中心となるシンボルである。本稿では以下、「御真影」と統一して表記する。

この像がどこにどのような状態であるかが、作中では常に示される。本稿ではこれを、作品を読み解くために重要な鍵であると考えた。しばらく順を追って内容を検討することにしよう。

序曲の舞台は天正八年閏三月三日、石山本願寺の祖師堂である。御真影は正面の大龕の中に収められている。その前で、石山立ち退きのための評定が行われている。

大龕が開かれ、御真影が出現する。その前で光佐（顕如のこと。本作では「光佐」とされるため、以下は「光佐」と表記する）は、長子の教如（本文のせりふではほぼ「新門」とされるが、せりふの頭書により「教如」とする）が立ち退きに従わない場合、勘当すると告げる。周囲の者たちは、働きがあり、人望もある教如を勘当するのは不当だと異議を唱える。教如とその一派が来て、御真影を拝したあと、立ち退きは不承知と主張する。光佐は、血を無益に流すべきではないと説得する。実悟が間に入り、参上した大坂町人の宿老たちの意見を聞くよう提案する。町人たちは和睦と、休戦につながる寺の退転を願う。町人たちが去った後、実悟は織田方と和議を結び、教如だけが後に残って時を稼ぐのはどうかと提案する。教如は承知し、「開山の御真影のお伴をいたして当寺に居残」ると述べる。

この一幕が「序曲」とされるのは、本作の時代設定、親子の対立関係と周囲の人々の立場、御真影の指し示すもの、以上三点の、全体に関わる問題が、いささか図式的に過ぎるが、まず明らかに示される場面であるからだろう。「序曲」における御真影は、信仰の中心となるシンボルであるだけでなく、周囲から崇敬される光佐その人が二重写しに見えるものでもある。

4　『石山開城記』の読解（二）第一幕

第一幕第一場は天正八年四月初め、石山本願寺の「城門の内」とあるが、人家と平野が見渡せ、城壁の土手の上に矢倉があるので、門を入ってすぐの屋外と考えるのがよさそうである。

門徒の兵や比叡山から流れてきた法師武者たちが、信長との和議について話をし、去ったあと、上席家老の下間頼廉が紀州根来雑賀の門徒鈴木孫一らと登場する。頼廉は鈴木に、光佐の北の方の腰元おさめに伴をすると見せかけ、御真影を女輿に乗せて紀州へ下ってほしいと告げる。頼廉は御真影について次のように述べる。

もし、これが新門様御手に移らば門跡様はあれども無きが如く、真宗の法灯はひとへに新門様御手に輝く事となり申さう。

また、すでに御真影は北の方の居間に安置したとも告げる。教如が味方の者たちと来るのを見て、彼らは退場する。登場した教如は居並ぶ味方の者と門徒たちに、「真宗根本の開山の御真影が、われらと共にこの石山に御残りになる事になつた」と述べ、戦いに疲れた者には石山を離れることをすすめ、自分と「生死を共にし、御真影を守護して法敵と戦はうと思ふ者」は残るようにと告げる。人々は熱狂的に教如を支持する。

この場においては、御真影は人々を結束させる信仰の中心、教如のよりどころであると同時に、北の方の手に落ち、女輿に乗せてもよいものとして扱われる。

第一幕第二場は本願寺奥殿の北の方の居間である。寺院建築と寝殿造りの混合した様式で、庭には桜が咲き乱れている。北の方は「妖艶」であり、おさめと見せかけるために、「目のさめるやうな」裲襠を御真影に着せる。下間頼廉と御鑰取り役の常楽寺超乗が現れ、御真影の処置を光佐にいつ知らせるか、また光佐は本心では御真影を教如に譲ってもよいと考えているのかどうか問う。輿が来て、御真影は紀州へ運ばれて行く。

元は甲州武田家（北の方の姉の嫁ぎ先）に仕えた浪人で、蒼面隻眼の大学という男が登場する。北の方は大学に、常楽寺の後をつけて、不審な振る舞いがあれば殺すようにと命令する。大学は承知して去る。

北の方は小姓の蘭菊丸を連れ出し、話しかける。蘭菊丸も北の方も、教如が二人の不義を悟っていることを知っている。北の方は、「わが腹を痛めた新門が、あれほど憎う思はるゝに引かへて、そなたがいとしうて耐らぬとは罪深い我が心ぢやのう」と述懐してから、もと公家の出で細川晴元の養女となり、十三歳で政略結婚させられた身の上を語り、「世の情け、親子の情愛などは、何としても信ぜられぬ。たゞ、おのれ一人が手頼ぢや」と言って琴を弾く。

突然光佐が訪れ、蘭菊丸はおさめに手を引かれて庭に出る。現れた光佐は琴を所望する。北の方が弾いていると庭から男女の悲鳴が聞こえ、蘭菊丸とおさめの死骸を士卒に担がせた教如が登場する。城内を検分していて怪しい男女を発見し、切り捨てたと語る教如に、光佐は「まこと、二人が不義ならば、かやうな浅ましい眼に会ふも、心柄ぢや。致方がないわ」と答える。教如はさきに鈴木孫一が守護する女輿を検分して、おさめが紀州へ先に下ったと聞いており、死骸があることを不審がって、御真影の行方を光佐に問う。しかし光佐は「一旦、そちの守護と定まつた物を、何で、われらが手をかけよう。安心いたせ。前のまゝぢや」と答える。

この場では、北の方の育ちと他人を信じることのできない性格、実子の教如を愛せず、小姓とは不義を働くいびつな愛のあり方が示される。また、北の方に呼び出された大学は「さげすむやうに微笑」しながら「北の御方の御召は、かへつて楽しみで御座る」と言う。そこからは、北の方は大学にも自らを与え、意に従わせようとしていることが見て取れる。この絵に描いたような悪女に女の裲襠を着せられ、紀州へと出立させられる御真影は、石山を出て一家で紀州へ移ろうとしている夫の光佐と二重写しになるようにも見える。しかし、本当にそうなのだろうか。

北の方は頼廉と超乗に、光佐が教如を「いとしう思召す御心は、人一倍深くわたらせらるゝが、この度の儀は、ひそかに口惜しう思召しておいでぢや」「かりにも思召に添はぬ事ある時は、決して本心を明かされぬ御気象」と言う。この「口惜しい」は、御真影を石山に残すのを一旦承諾してしまったことを後悔している、という意味である。この時点では話を通していないけれども、御真影を紀州に移すのは光佐の意にも沿うことだと北の方は考えている。

しかし、教如が蘭菊丸とおさめを成敗したあと「致方がないわ」と言う、さきの光佐のせりふには、「（教如の語気と北の方の様子より何事かを感じる）」というト書きがついており、北の方はそれを聞いて「深い恐怖に襲はれ」るのである。これは単に、不義露見から身の破滅となる可能性を感じたための恐怖だけではなく、光佐が何をどこまで察しているのか、御真影を移すことが本当に彼の意に沿うことであったのか、本心を読み切れていない可能性を感じたための恐怖が隠されていると見ることもできるのではないか。

この場の最後で、光佐は御真影の行方を問う教如に「前のまゝ」であると答えている。北の方はそれを聞き、「深刻な表情で微笑する」。以上のように読んでくるとそれは、光佐の真意を読み切れないままだが、当面は教如に疑念を持たせず、自分の意を通すこともできる答えが出てきたことへの、不安を含む微笑だと考えることができるだろう。

すなわち、北の方の思うとおりに移動させることの可能な御真影とは違い、光佐には生身の人間として、北の方が読み切れないと感じる心の動きが隠れている。その真意がかなり明らかになるのが、続く第二幕第一場である。

5　『石山開城記』の読解（三）　第二幕

第二幕第一場は同年の夏の初め、紀州鷺の森別院の広書院である。勅使が訪れ、教如が石山に残っていることについて織田信長から訴えが出ている、天下の乱れとならぬよう分別せよとの勅書を光佐に渡す。さらに、実は教如と内通しているのではないかとの疑いをかけられた光佐は憤り、一門の長老である実悟を送って勘当を言い渡した、実悟は心を痛めており、説得を試みようとしていると告げる。勅使たちはひとまず納得し、饗応を受けるために去る。

光佐と二人残った北の方は、「何故、そのやうに、あなたさまは、御自身の心をお包み遊ばします。（間、鋭どく）新門が可愛ゆうてならぬと何故正直に仰せられませぬ」と光佐を責める。光佐は憤りつつ、北の方が実子の教如を憎む理由を聞くが、北の方は「たゞ、憎いから、憎みまする」と答える。光佐は、自分がもし教如を「いとほしう」思っているとしたら、北の方最愛の末子阿茶丸が後を継ぐことができなくなる、教如を戻そうと思うなら勘当の赦免を願い出るばかりだと言う。北の方は、自分が御真影をこちらへ移したことを叱らないのが、光佐の「まことの御心の証」なのではないかと尋ねる。阿茶丸が来て、教如を許すよう光佐に頼む。はじめ笑っていた光佐は、それが御真影についての自分の真意を知ろうとする家臣の企みと知って、阿茶丸が泣き出すほど激怒する。

この場において光佐は、自分の心を推し測り、真意を知ろうとする他者の言動に反応して憤る。その真意がなかなか明らかにならないのが、この作品を読みにくくする理由の一つであるが、ともかく、彼は自分の本心を誰にも知られたくない。

対する北の方は、自らが子に持つ愛が、理由はないけれども子によって明らかに差があるという、本来おそらくは親としてあるべきでない真意を憚らず露わにし、光佐にも自らの思うことを率直にぶつける。この二者の間にあるのは、他者に対する感情の表し方の向きが正反対であることへの違和感と、そこから起こる互いへの憎悪である。

しかし一方で、光佐はこの場に至るまで、北の方が蘭菊丸と不義の関係にあったことを薄々悟ってはいるが、明らかには知らない。また、北の方が自分に断りなく紀州に御真影を移したことも、紀州に移ってから知ったようである。

北の方　新門をいとしう思ぼすが、まこと定なら、何故、「開山の御真影」を当地へ御移しいたした事を、御叱りなされませぬ。あれが、まことの御心の証ぢやと、私は思案いたしまする。

光佐　何故ぢや。

北の方　あれで、あなたさまが、新門を何う思うてお出で遊ばすかがよう知れてしまひました。

光佐　（沈痛に）いかにわれらが憤つても、もはや、あゝなつては、何うもならぬ。恐ろしいのは、女子のたくらみぢや。

この文脈で読むと、「まことの御心」、彼が包んできた真意とは、光佐もまた親として教如を愛することができない——もしくは、愛している実感が持てないということである。そしてそのことに「沈痛」な思いを持ちはするが、「何うもならぬ」。ここにおいて御真影は信仰のシンボルとしての意味をほぼ失い、光佐その人と重ねられ、二重写しになる。同時に皮肉なことに、北の方は光佐を憎んでいるが、その本心と意向を正確に理解していることも、ここまで読んでくると明らかになる。光佐と北の方のこの対話は、本作の中で最も難解であるが、読者に読み込む余地を与えていた光佐の意図が明瞭になる、この二人にとってのクライマックスの場面でもある。

第二幕第二場は、対して光佐と御真影を失った教如がどうなったかを描くことになる。舞台は第一場と同日の、石山本願寺祖師堂である。御真影を拝ませてほしいという門徒の声が大きくなってきており、教如は家臣たちに、御真影がここにないことを知られてはならない、身の上がどうなるかわからないと話している。

大学が捕まり、連行されてくる。北の方の間者として来たと聞いて、教如は怒る。大学の放言を聞き、彼を閉じ込めておくよう言いつけたあと、教如は暗然とする。他国の者で暇を取る者も出てくる。

実悟が訪れ、教如が改めて勘当を言い渡したと告げる。教如は「かくまで無残な御言葉を承はつた只今とて、父上を慕ひまつる心は更にかはりませぬぞ」と言いながら、御真影を動かしたのは北の方の計らいとして、なぜ光佐は御真影を、再三願っても戻してくれないのかと恨む。実悟はなだめるが、教如は北の方を「罪深い御方」だと言い、この「恨」は忘れないと言う。また、父が御真影を奉じるなら「門末の寺々を狩り催ほして、新たに本願寺を開く」とも告げる。

一方、大学が綱を噛みきって逃亡したことが明らかになっている。門徒たちと叡山法師三人が御真影を見せよと迫る。法師たちは次々に斬り殺されるが、大龕の扉が破れ、「何もない」ことが明らかになる。

この場面は、御真影が「ない」――つまり教如にはすでによりどころがないことを見せる場面で、内容としては、御真影をめぐる物語がすでに終わったことの確認をするだけである。しかしたとえば大学はこの場面で、教如とは位が違うと聞いて「新門［教如］も人間なら、おれも人間ぢや」、位が気に入らないと答える。ではなぜ北の方に召し抱えられるのかという教如の問いには「御身の母御前は美しい婬婦ぢやからのう」とさげすむように笑い、縄を噛みきって逃亡する。この部分には、大学という人物が持つ、本作の主要な登場人物たちと異なる、どこにも縛られない個性を読者に印象づけるおもしろさがある。

また、教如をなだめる長老実悟のせりふは、一部を引用すると「理になづみ過ぐると、はては浅間しい我執の鬼とならねばならぬ。われらは元来、罪深う生れた人間ぢや。決して聖人君子では御座らぬ」など、イプセン的自然主義を感じさせつつ、作全体を俯瞰する効果を持っている。この効果は、全体の終結となる第三幕の幕切れでも使用される。

6　『石山開城記』の読解（四）第三幕

第三幕は天正十年六月三日の夜明け前、紀州鷺の森別院の本堂が舞台である。教如以外の本願寺の人々が集まり、織田側の軍勢を待ち構えている。形勢は絶望的である。次男の顕尊は「兄上にお目にかゝり」たいと泣き、光佐も叱りつつ泣く。三男の阿茶丸を光佐と北の方が取り合い、顕尊が泣きながら止める。光佐は「生死の境まで、現在の妻とかやうに憎み合はねばならぬ」自分の宿業を嘆く。しかし第二幕第一場を振り返ると、これがこの二人の愛の表現でもあると考えることができよう。

戸を釘付けにして薪を外に置き、和讃を唱え始めたところで鎧を着た教如が転がり込んでくる。石山本願寺退転から二年にわたる教如の苦労を、光佐は「親に反いたよい見せしめ」と言いつつ「いとほしい」と落涙し、「何れにも参るなよ」と許しの言葉を与えるが、北の方は教如を許さない。

討手が一の木戸を打ち破る。光佐は御真影を出してきて抱く。北の方は阿茶丸を抱きしめる。教如は顕尊と手を取る。ところが敵が引いていく。大学が血だらけになって現れ、「信長が死んだ」と告げる。光佐は御真影を大龕に収め、合掌礼拝する。教如は残った二百の門徒を用いて、織田の軍勢を追い、殺したいと言う。ここからしばらくを引用する。

光佐　（烈しい憎悪の眼で、教如をみる）何と申す。そちはこの上、人を殺したいか。
教如　恨みある奴原を生かしては帰されませぬ。

光佐　（勃然として）黙れ、教如。そちの心には夜叉が宿つてゐるぞ。やうやく万死の内に一生を得て、我々一同愁眉を開いたばかりのところぢや。今、われらには敵も味方もない――たゞ人間がいとしいわ。法敵の大将、織田殿でさへ、もし、生きて居らるゝならば、手を握つて、涙ながらに御物語をいたしたく思ふくらゐぢや。それに何ぞや、修羅の心を忘れかね、古き憎しみによつて、逃げゆく者共を皆殺しに致さうとは、宗門の者ともおぼえぬぞ。
教如　さりとは心弱き御仰せ、わが宗門の為に血を流したる門徒衆の仇を討たうとは思ぼされぬか。
光佐　門徒衆が何でさやうな仇と思うて居らうぞ。やはり、そちは母の心をうけついで居る。もはや、われは、そちを見棄てた。七生まで勘当いたすぞ。

このあと本作は、実悟の「興門［顕尊］。よう御聴きなされい。親子と生れ、夫婦とちぎつた人間が、かやうな深い憎しみに打沈み、不和をくりかへして参る内に、その血筋より新たに、また人間が生れて、世は次第に移りかはるので御座る。これこそ凡慮には計り知られぬ如来の下された謎で御座るなう」という、できごとを俯瞰して時を止めるまとめのせりふで幕が下りる。

この場で光佐は自らを抱きしめるように御真影を抱き、最期に備える。御真影はついに光佐と一体となったのである。しかし信長が暗殺されて討手が引き、突然戦いが終結すると、光佐は御真影を「大龕に収め」合掌礼拝する。すなわちここで御真影も、人々から讃仰される信仰のシンボルとしての位置を突如として回復するのである。

そうなれば光佐は、人を憎み真意を露わにする人として生きることが許されない、いわば宗門の公人の立場に戻らなければならない。戦いの終結後も、血を流した者の仇を討ちたいという真意を露わにし続ける教如を、光佐はだから許すことができないのである。その意味で、「母の心をうけついで居る」というせりふは、極めて的確に教如を評したものといえるだろう。

おわりに

以上のように検討すると本作は、作者の長田が現代劇で再三描いてきた家族間の闘争というテーマを、石山合戦という歴史のことがらにはめ込んで描いた作品であり、ドラマとしての構成も論理的にきれいに収まった作と評価することができるであろう。作の中心にあり、キーアイテムとなる御真影の扱いにも破綻がない。大正末期の市村座に所属・客演した主要な俳優を思い浮かべることのできる人ならば、適当なキャスティングをかなり具体的に想定することが可能なぐらいに「当て書き」としての要素も備えている。例を挙げるならば、教如は六代目尾上菊五郎、大学は十三代目守田勘弥、実悟は四代目尾上松助の面影が髣髴とする。光佐と北の方が難しいが、光佐は六代目坂東彦三郎、北の方は六代目尾上梅幸か。本作発表の翌月である大正十二年三月、市村座に客演した帝劇女優の河村菊枝でもおもしろそうである。

中村哲郎は著書『歌舞伎の近代』において本作を、長田の作品における「四箇の結晶」の一つとした上で「昭和前期を代表する［真山］青果史劇の誕生直前に、このように劇的で、力の籠もった、文学としても厚みのある、しかも上演可能な立派な戯曲が書かれていたのは、すくなくとも私には驚きだった。明治以降の史劇では屈指の名作であり、あえて賞賛の辞を惜しまない」とほぼ手放しの賛辞を送っている。(14)

しかし、にもかかわらず、本作は現在に至るまで未上演のままである。その理由は結局明らかでないが、ひとつには、現在も日本で広く活動する宗教法人の、分派に至った歴史的な過程を題材とした作品として見るならば、相当奔放に事実を脚色していると言わざるを得ないことがあるだろう。一方で、戦国から安土桃山時代の、文学や演劇の題材として取り上げられがちな人物やことがらを概観すると、現在真正面から頻繁に取り上げるテーマではないために、一般の観客にはなじみが薄い。そう考えてくると、本作はやはり実際には上演しにくい作品である。

ただしもうすこし広く、宗教説話や、仏教の始祖釈迦とその弟子たちに関する話を扱うような、日本の近代における宗教劇作品史を想定するならば、その大正期の作品群のなかに本作を置くことができる。[15] この系譜に入るものとして、たとえば大正期の武者小路実篤には『わしも知らない』『或る日の一休』などがある。本作と近い時期に近い題材を用いて書かれたものとして重要なのは、やはり浄土真宗の始祖親鸞とその周囲の人々を描く倉田百三『出家とその弟子』であろう。大正後期は切支丹ものも多く書かれる時代である。

さらに言うと、長田における宗教を題材とした作品群の系譜も、実は想定されるのである。長田はその活動の初期、既に仏教史に取材した戯曲を書いている。

『早稲田文学』大正二年十月号に掲載された『仏陀と阿闍世王』は、主要作品年譜には取り上げられない耽美主義時代の作で、今回本稿を書くなかでたまたま見いだしたものである。主人公は、父を七年間幽閉し、その父が自分を憎んで死んだことを知った古代インドのマカダ国の王、阿闍世である。王は苦しみ、仏陀にすがり、煩悩を断って「生きた死屍」となることを勧められ、自ら命を絶つ。史実の阿闍世王は仏教に帰依したのちも王として在位したようであるが、史実を改変しても父と子の闘争というテーマを書くことを優先するのが『石山開城記』に共通する点で、注目すべき作である。

『仏陀と阿闍世王』『大仏開眼』『石山開城記』、切支丹ものの『沢野忠庵』などを検討すると、おそらく宗教を題材とする長田作品の、題材の選択や脚色の方法の特色を分析することが可能なのではないかと私は現在考えるが、それはまた別の課題としたい。

［注］

（1）社会評論社、一九九八年。
（2）川村花菱『松井須磨子　芸術座盛衰記』、青蛙房、二〇〇六年新装版、一八〇頁。
（3）能島武文「長田秀雄篇解説」、『日本戯曲全集』現代篇第九輯、春陽堂、一九二八年。
（4）拙著『明治・大正 東京の歌舞伎興行――その「継続」の軌跡』第三章第二節「大正期東京の松竹」、同第三節「大正期の市村座」、春風社、二〇一九年を参照されたい。
（5）拙稿「二長町市村座年代記」、『歌舞伎　研究と批評』二十三号、歌舞伎学会、一九九九年六月。
（6）ジャパンナレッジにより閲覧。
（7）吉川弘文館、一九九五年。
（8）法藏館、二〇二一年。
（9）豊岡瑞穂「明治期における石山軍記物演劇の流行と展開――歌舞伎『御文章石山軍記』を中心に――」、『国文学論叢』第六十一輯、龍谷大学国文学会、二〇一六年二月。
（10）注（9）に同じ。
（11）勝諺蔵著作『演劇脚本　御文章石山軍記　自大序／至大詰』、中西貞行、一八九五年。
（12）注（3）を参照されたい。
（13）序曲の本文を読む限りでは、大龕の大鑰を預かる者のようである。
（14）「35　長田秀雄『大仏開眼』」、岩波書店、二〇〇六年。引用は三三三頁。ちなみに「四箇の結晶」とされるのは、『飢渇』『大仏開眼』『石山開城記』『沢野忠庵』。
（15）近代にはさまざまな文字媒体や芸能をメディアとして、仏教説話やその背景を、修養的な教養・娯楽と見なし、扱うことがしばしば行われてきた。詳しくは大澤絢子の諸著作、また大澤・森覚編『読んで見て聴く　近代日本の仏教文化』（法藏館、二〇二四年）所収の各氏の論考を参照されたい。

岡田八千代『名残の一曲』における〈音〉

大串　雛子

はじめに

岡田八千代の戯曲『名残の一曲』は、大正二（一九一三）年六月一日発行の『三越』第三巻第六号に掲載された作である。上演の記録は管見の限り見当たらないが、賀集文楽堂から発行された『お夏清十郎』の巻末に付録としての掲載が確認できる。(1)秋庭太郎氏は八千代の戯曲について「その小説に比して戯曲は少なかつたけれど駄作は殆どなかつた」(2)とし、小説の脚色である『灰燼』（明治三九年一月）に加え、『黄楊の櫛』（大正元年九月）、『おまん源吾兵衛』（大正二年九月）、『静夜（帰京）』（大正九年七月）を代表作としている。秋庭氏の論を受けて林廣親氏は岡田八千代の劇作家としてのピークを「一九一二年から二〇年の間」(3)としており、両氏の指摘に照らすと『名残の一曲』は八千代の劇作家としての活動が特に充実していた時期に書かれており、さらに代表作とされる『黄楊の櫛』と『おまん源吾兵衛』に挟まれる時期に書かれた作である。それらの代表作に比して『名残の一曲』は従来言及される機会が少なかったが、本作は八千代の劇作活動において見過ごすことのできない位置にある作品であると言える。

先行研究で本作に原話があることは指摘されていないが、登場人物の名前や物語の展開の共通点から『古今著聞集』に収められている「刑部卿敦兼の北の方、夫の朗詠に感じ契を深うする事」を原話とする作だと考えられる。どちらも刑部卿の敦兼は容姿の醜さを理由に北の方から遠ざけられるが、原話では敦兼の楽器の演奏と朗詠により北の方の心が和らげられ、夫婦仲は元に戻る。しかし『名残の一曲』では敦兼が池に身を投げるという悲劇的な結末となっている。本稿では特に作中の〈音〉に着目して両者の相違点について検討し、八千代が説話から戯曲へと書き換えるにあたって、どのような創意工夫を用いたかを探る。

まず原話では主に敦兼と北の方のみで話が展開し、北の方の従者である女房は主人に従順でありほとんど存在感を示さない。しかし『名残の一曲』の女房達は主人である白妙や敦兼たちの噂、古語で言うところの〈音〉を流すことで本来ならば従うべき貴族の行動をも制限する力を持っており、これが作品内の人間関係を複雑にしている。敦兼の同僚である左衛門は女房達の〈音〉に惑わされ狂気に陥り、左衛門の狂気を聞いた敦兼も池に身を投げる。

また原話では敦兼の演奏する篳篥と朗詠といった聴覚に訴えかける芸術が北の方の心を動かし、行動に影響を与える力を持っているが、『名残の一曲』では楽器の演奏をはじめ、ほととぎす、蛙などの生き物の鳴き声、さらに噂や伝聞で得る不確かな情報も含めた〈音〉が登場人物の精神に作用するものとして描かれている。

さらに敦兼が絶望し入水するという悲劇的結末を強く印象付けるための改変として敦兼の演奏する楽器の変更と季節の変更が挙げられる。明治時代後半以降、薩摩琵琶、筑前琵琶といった琵琶が東京にもたらされ、全国的に流行していた。演劇でも琵琶を使った上演の試みが見られ、中でも大倉桃郎の小説を劇化した『琵琶歌』は新派の当たり狂言となっている。『琵琶歌』では男女の別れと、そこから起こる狂気を描く場面で琵琶が登場する。同時代の記事を確認すると、琵琶の音色には「悲壮」であるというイメージが付与されており、『琵琶歌』でも琵琶の持つ「悲壮」な音色が劇的効果を高めている。また『琵琶歌』以降、新派の公演では別離による狂気を描く場面に琵琶が演奏された例が見いだされる。八千代も同時代の新派の演目における別離によって起こる狂気と琵琶との結びつきを意識し、『名残の一曲』の結末を強調する創意として、敦兼が演奏する楽器を原話の篳篥から琵琶へと変更したと考えられる。

加えて、本作では背景となる季節が一一月から五月へ変わっている。五月は古来悪月とされており、邪気の漂う中での琵琶による演奏と歌により敦兼の悲壮とそれに伴う錯乱が高められ悲劇的な結末をより強く印象付ける効果を生んだと考えられる。

1　『名残の一曲』と『古今著聞集』

『名残の一曲』の原話は鎌倉時代の説話集である『古今著聞集』の巻第八「好色」に収められている「刑部卿敦兼の北の方夫の朗詠に感じ契を深うする事」である。

刑部卿敦兼は大変醜い人であり、その北の方は美しい人であったが、北の方が五節を見た際、さまざまに美しい人々がいるのを見ると、自分の夫の醜さを厭わしく感じ、目さえも合わせないようになってしまった。ある日、敦兼が帰宅した際、敦兼のいる所に火さえ灯さず、女房達はみな北の方の目くばせに従って、敦兼の目の前に出る人もいなかった。夜は静かで月の光、風の音、事あるごとに身に染みわたって、夫人への恨めしさも加えて思ったままに、心をすまして、篳篥を取り出して、以下のように詠った。

　ませのうちなるしら菊も　　うつろふみるこそあはれなれ
我らがかよひて見し人も　　かくしつゝこそ枯れにしか

その敦兼の演奏と朗詠を北の方が聞いて、心はすぐに直り、それから特別に仲が良くなったという説話である。優なる（立派である、優雅である）北の方の心がそうなさったのだろう、と結びには書き手の感想が添えられている。(4)

この説話と『名残の一曲』の最も大きな相違点として挙げられるのが結末である。『古今著聞集』では音楽の力によって二人の仲は元通りとなる。それに対して『名残の一曲』では白妙は敦兼のもとに戻って来て許しを乞うが、それを拒んだ敦兼は自ら池に身を投げるという悲劇的な結末へ変更されている。この結末へと敦兼が導かれる創意として登場人物の変更と〈音〉を使用した作劇法に注目する。

原話では刑部卿敦兼と北の方、そして女房達が登場人物として挙げられる。それに対し、『名残の一曲』では原話の登場人物に加え、敦兼の従者である老臣の三郎や童の犬丸、そして敦兼の同僚の左衛門や、左衛門が思われていると勘違いしていた縫殿の山吹といった人物が登場する。また、登場人物を増やすだけではなく、登場人物の性格や行動も変更されている。

登場人物の中で原話からの変化が最も著しいのが女房たちである。

女房の五　ほんに思い出しても笑止な殿さまのあの御容貌。奥さまがお嫌ひなさるも御無理ではござりませぬ。

女房の三　箱から箱へ移されたやうな御輿入の時には、何のお気もおつきなされなかつたであらうがあの美しい桜の御宴にお出で遊ばしてから奥さまの御目が開いたのでござります。

女房の一　ほんに不容貌ものと評判の左衛門さまさへ殿さまにはどれほど勝つてお出でなされたかしれませぬ。あのまゝ奥さまが此処でお籠りなされて殿さまのお側へおいでなされぬも御無理ではござりませぬ。

『古今著聞集』では北の方に従順である様子が見られるが、『名残の一曲』では、敦兼や白妙たちに不遜な態度をとり、一方的に主人の思い通りにならない様子が描かれている。また、左衛門が狂った原因も女房達の噂であり、左衛門は縫殿の山吹に思われていると思っていたが、それは女房達のいたずらで、容貌のよくない自分がからかわれたことが判明したためそのことが口惜しいと狂気に陥る。この出来事は敦兼が池に身を投げる大きな要因となっており、女房達の噂、すなわち古語でいう〈音〉を通じた情報は『名残の一曲』の物語を展開させる重要な要素となっている。女房達は本来従うべきはずの敦兼や北の方、左衛門たち貴族に対して噂を流すことで力をもち、原話よりも人間関係が複雑になっている。

また作中では女房の噂以外にも〈音〉に関する記述が複数見られる。まず、幕開きで女房達が白妙の滞在する邸宅の軒先で薬玉を作っているときにほととぎすの〈音〉がきこえてくる。それについて女房達はある者は聞こえた、ある者は聞こえなかったと主張し合うが、それは童の犬丸がほととぎすの声を真似した音だったことがわかる。この場面で〈音〉は存在が極めて不安定なものであり、時には自分の錯覚で鳴ったように聞こえることのあるもの、また、ときどき人を欺くこともあるが、それを本物だと思わせる力もあるという存在として描かれている。

また、白妙に去られ意気消沈している敦兼は、邸宅の庭で鳴いている蛙に醜い姿をした自分を重ね合わせて語り掛ける。

敦兼　（池をのぞみて）同じ池に鳴く蛙は、同じ声に鳴けども、かの人の耳にはさて何と響くであらう。恋しとなくとも、いとはしと聞ゆるか。蛙よ、鳴け、鳴け、只いとはしとも恋しとも人の心は別々ぢやもの是非が無いわ。只、今となつては、わが耳に聞ゆるものもかの人の耳に入らぬが悲しいのぢや。

ここでの敦兼の台詞から、〈音〉は発する側の意図と受け取る側の解釈に齟齬が生じること、また〈音〉にどのような意味を見いだすかは人間の心次第であることが示されている。

以上のように、『名残の一曲』では、女房達の噂も含めて〈音〉は不安定な存在であるにも関わらず、人の心に作用し、人間関係を変化させるものとして扱われ、原話のように人間関係を好転させるだけではなく、その逆の影響をも与える存在として描かれている。

2　〈音〉に惑わされる登場人物

次に本作における〈音〉が登場人物たちの行動と具体的にどのように関係しているのかを検討する。

まず、左衛門は先述したように女房達の噂、つまり〈音〉に惑わされて狂気に陥る。

さらに白妙も女房達の噂を少なからず脅威に思っている。『古今著聞集』での北の方の女房達は目線のみで主人の言外の要求を察し、意向に背くことはなかったが、『名残の一曲』の女房達は白妙の夫である敦兼の容貌の悪さを愚弄し、その陰口が白妙や敦兼本人の耳に入ることを恐れることすらしない。さらに、容貌の悪い夫を持つ白妙に対しても侮った態度を取っている。それに対して白妙は、敦兼のもとに帰りたいと犬丸に話す場面で、「女房たちへ対しても余りに軽々しい振舞と笑はるゝが苦しいゆゑ、そなた改めて、殿のおつかひと言いたて、わしを迎ひに来てたもらぬか」と、自らの行動が女房達の陰口の種となることを懸念し、犬丸に再度迎えを頼んでいる。この発言から、女房達の噂には白妙の行動を制限する程の拘束力があると考えることができる。このように白妙は女房達の陰口を気にしているが、白妙が敦兼のもとに帰れない理由はそれだけではない。

原話では夫婦の不和は敦兼の楽器の演奏と朗詠により解消したが、『名残の一曲』では敦兼の演奏を聞く前に白妙の心は敦兼に戻っている。

北の方　（略）したが、わしも今では心の底からわしのした事を悔いて居るのぢや。
犬丸　（喜びて）そんなら、館へお帰り下さりますか。
北の方　そなたは子供ゆゑ一図にさうも思ふであらうが、わしの身としては、悔いてゐるからといふて、直ぐに帰れもせぬのぢやもの。
（中略）
犬丸　そんならやつぱり、殿の御容貌をお嫌ひなされてゞござりますか。
北の方　なんの〳〵、もう〳〵決してその様な事はありはせぬ。
犬丸　そんならお帰りなされませ。
北の方　と言うて、殿のお心もしれぬものを。（傍線筆者）

白妙と犬丸の会話で、女房達に自分の行動が非難される心配に加え、敦兼のもとを去った白妙を敦兼が現在どのように思っているのかわからないという不安があることが示される。その後白妙は、敦兼の老臣である三郎から、敦兼が心変わりをする、もしくはすでにしている可能性をほのめかされ、その日の夜敦兼のもとへ赴く。敦兼は変わらず白妙を思っているため三郎から伝えられた情報は事実とは異なっているが、白妙は三郎との会話があったからこそ敦兼のもとに向かったのであり、白妙もまた伝聞による不確かな情報に惑わされ行動したと言える。

さらに敦兼も、物語の最後で実際に自身のもとへ帰ってきた白妙よりも、左衛門が狂ったという伝聞の情報に衝撃を受け、池に身を投げる。本作では終始〈音〉が登場人物の行動に影響を与え、結末を悲劇的なものへと導いていく。

3 〈音〉を増強する創意

次に、敦兼への〈音〉の影響を強調する工夫として、敦兼の演奏する楽器の変更と背景となる季節の変更に注目する。

3―1 楽器の改変

敦兼は原話では雅楽の主旋律を担当する管楽器である篳篥を演奏している。敦兼のモデルとなった藤原敦兼も篳篥をよくしたと伝わる。それに対して、『名残の一曲』では敦兼が演奏する楽器は琵琶に変更されている。

藤原敦兼は雅楽家として伝わり、雅楽でも琵琶が用いられるが、雅楽で演奏される楽琵琶はリズムを刻む役割を果たす楽器であり、こんにちの雅楽では、管弦および舞楽曲において、また催馬楽の伴奏で用いられる。雅楽の歌物として、和漢の漢詩の佳句などの一節から対句を抜き出し旋律を付した歌謡である朗詠があるが、伴奏に用いられる楽器は龍笛、篳篥、笙の三管のみで、絃楽器は現行では用いられない。楽琵琶は細かい音型や旋律を弾奏するのには用いられず、もっぱら分散和音を主とした強拍の弾奏に用いられるため、本作のように、奏者による朗詠と共に演奏することは想定しにくい(5)。

本作における変更の理由の一つとして、篳篥は口にくわえて演奏する楽器なので、篳篥を奏でながら歌唱することはできないが、琵琶は弾き歌いが可能になり、演劇の一部として取り入れるのにより適していることが挙げられる。それ以外の理由として、本作の重要な場面で琵琶が用いられた背景には、同時代の琵琶の流行、特に新派の演目で琵琶が印象的に用いられたことがあったと考えられる。

明治期後半に薩摩琵琶、筑前琵琶といった琵琶が東京にもたらされ、全国的に流行した。特に薩摩琵琶は、薩摩地方で一八世紀の末頃までに郷士と呼ばれる武士たちの間で好んで演奏されるようになっていたもので、これが明治時代に「武士の琵琶」として東京へ紹介されて流行する。(6) 日露戦争中、学生たちは盛んに琵琶会を催したが、その売り上げで遊興にふける学生が現れ、政府や新聞は学生たちの琵琶熱を非難し弾圧した。しかし、その熱は収まらず、愛好者は増加し続けたという。(7) 倉田喜弘氏は当時の琵琶の流行を垣間見る事が出来る作品として、夏目漱石の『それから』、そして大倉桃郎の小説『琵琶歌』を挙げている。(8) そうした琵琶楽の流行のなか、演劇でも黒御簾音楽として琵琶を使用した上演など、演目の中に琵琶を取り入れようとする試みがみられるようになる。特に『琵琶歌』は新派により舞台化され、人気を得てレパートリーとなり多くの人々に受容された。

『琵琶歌』は大倉桃郎の大阪朝日新聞の懸賞当選小説を劇化したもので、畠山古瓶が脚色して明治三八年三月の大阪朝日座で初演された。里野を演じた喜多村が「千秋楽までほとんど売切れが続き」「地方ではこの狂言をやらないところはないくらい」(9) だったというほど、人気の演目になった。

夫武田貞次の熱烈な要望により武田家に入った新平民の里野だが、義父母との折り合いが悪く元いた兄の家に戻される。月夜の由比ヶ浜で武田は別れの琵琶を弾き、里野は耐えかねて武田の膝にすがる。実家に帰された里野は悲しみのあまり狂ってしまい後に会いに来た武田のこともわからなくなる。

『琵琶歌』の里野は明治四四年三月の『演芸画報』に「喜多村緑郎の当り芸『琵琶歌』里野の型」が掲載されるなど、喜多村の当たり役として知られるもので、初演直後の五月には国華座で再演されているが、その際に里野の型を木下吉之助に教授したのは喜多村である。特に演劇史では喜多村が初めて東京で里野を演じた明治四三年九月本郷座での上演が重要視される。その公演を見た八千代の劇評では、里野の夫である貞次を演じた伊井蓉峰について、「由比ヶ濱月夜別」の場を最も評価しており、琵琶を弾く場面について、心中の悲しさが始終顕れて居た点を評価している。

［筆者注・武田貞次を演じる伊井蓉峰について］由比ヶ濱の別は、通して此処が一番好うございませう。始終胸の中に何か苦しみのある沈んだ様子、優しく里野にさとして家へ帰つて呉れと頼む所、真面目な、情の深い、優しい人に見えて近頃になく身がはいりました琵琶を弾く中も、心中の悲しさが始終顕れて居たのも有難いと思ひました。(10)

八千代と同じく女性劇作家の嚆矢とされる長谷川時雨も『琵琶歌』の劇評で「由比ヶ濱月夜別」の場のある四幕目で「伊井は此処へ来て大変によくなりました。」とし、伊井の武田と喜多村の里野の「二人で随分泣かせました。」と「由比ヶ濱月夜別」の場を評価している。(11) 印象的な場面として劇評家にも高評価を受けている「由比ヶ濱月夜別」の場だが、この場面は当時の新派の定型とも言えるパターンを踏襲した場面であった。

「喜多村緑郎聞書」(12)には、『不如帰』の新派での初演時に、原作での浪子と武男の別離は静養地の庭籬が背景となっているところを、喜多村の案で逗子の海岸に変更した経緯が記されているが、その理由として「それまでの新派劇のラヴ・シーンは青海原を照す月の光が添えものであった」とある。さらに柳永二郎の『絵番附・新派劇談』(13)でも、喜多村が別離の場を変更した際の挿話が確認できる。

『［……］この別れを逗子に持って行ったのは、原作で浪子が不治の病いに気が重くなり、投身を考える一節に、この土地の名が出て來るからであると共に、その頃の新派の芝居のラブシーンといえば、海岸にきまっていた。「琵琶歌」「己が罪」「乳姉妹」みんなそうだ。それで定石を踏んでの「逗子海岸」だったのだ、タネをあかせばラチもない』と、喜多村が語っている。（傍線筆者）

それぞれの初演は『不如帰』が明治三四（一九〇一）年二月、『己が罪』が三三年一〇月、『乳姉妹』が三七年一月であり、明治三八年三月の『琵琶歌』初演時には愛し合う男女の別れの場の背景として海岸と月の光がすでに定式となっていたことがわかる。それに加え、『琵琶歌』では琵琶という楽器の音色が他の演目とは違った新しい印象を与えたものと思われる。

先述した本郷座公演の筋書では[14]、四幕目の「（其二）武田邸庭園」に「平家琵琶を弾ずるに里野は其幽玄にして悲壮なる調べに心惹かれて漫ろに涙を催ふして居る、」とあり、「（其三）由比ヶ浜月夜」では「血を吐く程の別離の悲みを携へ来つた四ツの緒に慰められつ慰めつ、今を名残の一曲は嘈々として咽ぶが如く訴ふるが如く泣くが如く」という記述がみられる。

当時、薩摩琵琶の音色には「悲壮」「悲哀」といったイメージが広く認められていた。『大阪朝日新聞』の明治一五（一八八二）年五月二〇日付朝刊（第九七二号）の一頁には、たびたび明治天皇の前で演奏し、薩摩琵琶が東京で流行する一つのきっかけを作った西幸吉についての記事が掲載されており、薩摩琵琶は「音調悲壮慷慨にして尋常琵琶の如くならず士気を鼓舞するに最も適当なれバ薩摩の勇敢なる士民皆之を愛する由」と紹介されている。さらに『東京風俗志』[15]は薩摩琵琶が東京でも知られてきた明治三五年に出版されたもので、「音調清高にして悲壮沈痛なる所多ければ、書生など喜びて諷誦し、また演芸会、音楽会にも間〻これを加へ、宴会の余興としても、其名手を招きてこれを弾ぜしむること少なからず」としている。さらに永田錦心は、琵琶が流行し、琵琶を下座音楽での三味線のように使った琵琶劇を創作する試みの中、琵琶の音色と三味線の音色を比較し特徴をのべ、劇に使用する際の相性について述べた文章のなかで「琵琶は何れの楽器よりも最もよく幽玄なそして、悲哀な音調を有つて（ママ）居るもの」[16]としている。薩摩琵琶が東京に紹介された初期から隆盛を極めた後までを通じて、その音色に「悲壮」や「悲哀」といった特徴が見出されていたことが確認できる。

また、本郷座公演で演奏された琵琶は「海岸で語る平家琵琶の如きも京都から琵琶の師匠を招き、自宅に宿めて

（原文ママ）置いて一生懸命に稽古しました」[17]という喜多村の証言から平家琵琶であったことがわかる。平家琵琶と薩摩琵琶は奏法や形に違いが見られるが、本郷座の筋書や当時の薩摩琵琶に関する記事を確認すると、どちらの音色にも「悲壮」という評価が下されている。[18]

男女の別れの場の定型として存在した月の光と海岸という舞台背景に加え、琵琶の音色の特徴である「悲壮」「悲哀」を利用することによって、『琵琶歌』は独特の劇的効果を高めたと考えられる。

また、『琵琶歌』以降、別離による狂気を描く場面で琵琶が演奏される例として、『俠艶録』の明治四四年九月の新富座での公演が挙げられる。『俠艶録』は新派によって明治三九（一九〇六）年一一月本郷座で初演された佐藤紅緑の作品で、夫・子供と別れた女役者力枝が「重の井」の子別れを演ずるに際し、夫、子供恋しさから舞台で発狂するという筋の作品である。喜多村の力枝は当り役で、新派屈指の名狂言となったと秋庭太郎氏に評される作だが、四四年九月の新富座公演では、力枝を河合武雄が演じた。

作中には狂った力枝を息子である富美太郎が探す場面があるが、その場面で薩摩琵琶の『石童丸』を演奏するという演出がなされたことが複数の劇評に記述されている。[19]また、『都新聞』（同年九月四日、三面）には、「新富座の琵琶」として、『俠艶録』の大詰に永田錦心が出演したという記述が見られる。薩摩琵琶を全国的に流行させ、錦心流を創始した永田錦心を一躍有名にしたのが『石童丸』の大流行だが、もし本人が出演したとすれば琵琶が殊更に重視されていたことが伺える。

以上のように『名残の一曲』が発表された時期には『琵琶歌』以降の新派狂言の中で琵琶の音色と別離、そして悲壮のあまり錯乱状態となる登場人物が見られ、それらの演目は多くの観客に受容されていた。

先に挙げた八千代の『琵琶歌』の劇評でも、特に琵琶を演奏する男性の悲壮に焦点が当たっている。さらに、『名残の一曲』と同じく『三越』に掲載された『お島』という八千代の小説[20]には、「表を通る人声、口笛、軽い下駄の音、若い男の美しい琵琶歌の声など、どれを聞いても若い女の心をそゝらぬ物は無かつた。」とある。八千代の琵琶に対するイメージには、悲しさや男の声の美しさといった要素が含まれており、『名残の一曲』もその一例であると考えられる。

以上のように『名残の一曲』では、男女の別れと、そこから起こる狂気を描く中で琵琶が演奏されるが、舞台背景としての月夜と海（本作では池）、男性の苦悩を表す琵琶と歌が、同時代の演劇作品と共通する要素として見られる。

3－2　季節の改変

次に、背景となっている季節の改変に着目する。原話は新嘗祭、大嘗祭の行われる一一月が舞台となっているが、『名残の一曲』での季節は五月五日の端午の節会となっている。

ここで注目したいのが、この季節の改変により、背景となる季節と作中に登場する和歌の間にずれが生じていることである。本作では背景となる季節は変更されているが、作中の和歌は原話に登場するものと同じものである。

『和歌植物表現辞典』によると、菊の詠まれ方の型は古今集時代にその用法が大方あらわれており、以後は長寿のシンボルとしてよむ型と残菊あるいは「うつろう菊」の美をよむ型の二通りにしぼられているという。[21] 残菊とは九月九日の重陽の節句を過ぎた時期にまで咲いている菊で晩秋・初冬の歌に使用される。また白菊は霜が降りると紫色に変色することから、時間経過を伴う変化を扱う歌に使用され、色の移ろう様を男女の恋愛と結び付け詠む例もみられる。[22] これらを踏まえると、『古今著聞集』に登場する和歌は、菊を使用し、説話内の季節である五節、つまり新嘗祭が終わり一一月の冬に向かう寂しさと、北の方の心の移り変わりをさみしく思う気持ちを重ねて詠んだ歌と解釈できる。

このように原話では季節と歌の調和がとれているが、本作では季節を五月に変更したことで、和歌と季節の関係が崩れている。物語を換骨奪胎する際、その調和を崩してさえも改変しなければならない理由があったと考えられる。

五月の節会にしたことで軒に葺いた蓬菖蒲・薬・ほととぎすなどが舞台に彩りを添える改変となっており、敦兼が自身を重ねる蛙を登場させるなど、敦兼の心情の描写にも関わる要素となっているが、五月は古来「悪月」として忌月とされてきたことに着目したい。中国の南北朝時代の年中行事を記した書であり、日本の年中行事にも影響を与えた『荊楚歳時記』にも「五月、俗称悪月、多禁忌。」[23]とあり、日本でも『大鏡』第一序の「これは四十たりの子にて、いとゞ五月にさへむまれてむつかしきなり」[24]という記述など、『荊楚歳時記』の影響を受けた伝承が諸書にみられ、古来五月は物忌みの月とされた。菖蒲・蓬で屋根を葺くのは、「葺き籠り」といい、その中に忌み籠ることを意味し、薬玉は五月五日の節に、邪気をはらい不浄をさけ、無病息災を祈るまじないとして用いられた。[25]

『名残の一曲』では、白妙の部屋に蓬菖蒲が華やかに飾られ、女房達が薬玉を作っているが、敦兼の部屋には白妙付きの女房が寄り付かない。そのため邪気を払う為の飾り付けが十分にできておらず、人を惑わす邪気が入り込みやすい状況だと考えられる。しかし、『琵琶歌』の里野や『俠艶録』の力枝は心神喪失となっているが、敦兼は完全に狂気へと陥っているとはいえない。敦兼に里野や力枝のように分別が付かなくなるほどの狂気は描かれていないが、琵琶を演奏する前の敦兼の冷静な人物造形と比べると、池に飛び込んだ敦兼は錯乱状態にあったと考えられる。

八千代の戯曲『黄楊の櫛』について拙稿「岡田八千代『黄楊の櫛』における櫛の呪い」[26]では作中に登場する三三枚歯の櫛が悲劇的な結末に至る物語の象徴となっていると論じたが、悲劇的な結末に至る土台には、登場人物である豊之助とおつながお互いに思い合いながらも一緒になることのできない行き詰まった苦しみがあり、三三枚歯の櫛は二人の状況を反映し、増幅させ展開させる道具であった。同様に『名残の一曲』における琵琶の音色も、敦兼の苦悩を増幅させ、その結果悲劇的な結末へと導く道具であったと考えられる。

また、左衛門や白妙も合わせて、この作品を登場人物が〈音〉に惑わされる物語と読むならば、追い詰められた敦兼は、悪月の邪気が漂う中、酒や琵琶と歌により正常な精神状態ではなくなり悲惨な最期へと導かれたと考えられるのではないだろうか。このように『名残の一曲』では敦兼が〈音〉に大きな影響を受け、悲劇的な結末へと導かれる過程が描かれているのである。

4　敦兼、そして白妙の苦悩

原話では敦兼と北の方という夫婦の一対一の関係に焦点が当たっているが、『名残の一曲』では敦兼と白妙以外の登場人物たちが二人にそれぞれ影響を与えており、登場人物や台詞で語られる人物以外にも敦兼と白妙が生きる世界は広がっていることが書き込まれている。敦兼は官人としての務めがあり、御前で曲を披露し、それにより評価が加えられている様がみられる。新曲が気に入られ、多くの褒美を受ける描写も見られるが、そのような社会的な成功も敦兼の苦悩を解決せず、むしろ苦悩を深める要因となる。

敦兼　（略）さりながら。かゝる見にくき生れつきに、琵琶弾く事や笛吹く業を両親は教へ給ひしぞ、なまじかゝる手業もなくば、御前に出づるつとめもなく、日がな一日泣かうものを…………殊に明日よりは同じ思ひの左衛門にも逢はれぬ悲しさ。

ここに外見で評価される苦悩の複雑さが現れており、妻である白妙からの評価のみではなく、社会全体からの評価も敦兼の苦悩の原因となっている。また、そのような第三者の目が白妙に対する不信感を引き起こしており、敦兼自身の内面、もしくは白妙との一対一の関係だけではなく、第三者の視点が敦兼や白妙に与える影響が戯曲という形式を用いて描かれている。

白妙が敦兼のもとを離れたのは、女房達や敦兼が想像しているように、敦兼の容貌が悪いことだけが原因ではない。

事の発端は敦兼以外の男性の顔を白妙が初めて見た事である。白妙は敦兼や他の男性の顔も知らないままに婚姻させられている。白妙の知らない情報は女房達にとっては周知のことであり、白妙は知らないうちに自身が女房達に愚弄されていたことに気づく。

〈音〉が重要な意味を持つ本作で白妙の行動を検討すると、敦兼の容貌に対する自分以外の人間たちの評価、ひいてはそのことによる白妙自身への評価も敦兼のもとを去った要因として存在することが推察される。情報を〈音〉として発することにより他者に影響を与えることができるという状況を鑑みると、情報が遮られている事に対する白妙の不安も物語における重要な要素だろう。この白妙の不安が女房達に侮られなくないという白妙の台詞につながっている。勤めがあり宮中に出勤し人前に出なければならない敦兼の苦悩と、外部と接触が出来ず情報を得ることのできない白妙の苦悩は表裏一体となっている。八千代は原話から登場人物を大幅に増やし、さらに主従関係のみでは説明できない人間関係を描くにあたって、〈音〉が人の精神に作用する複雑な過程を描いた。

また、本作は初出と『お夏清十郎』に所収されている版に異同はほとんどないが、敦兼が琵琶を奏する際の三郎の台詞が初出では「公にはしらず、私には可笑ゆゑ琵琶とも離れうとお誓ひなされたお言葉もあり」となっている箇所が『お夏清十郎』版では「公けは是非もなけれど、私にはばかりもあれば、いとしい琵琶とも離れうとお誓ひなされたお言葉もあり」と琵琶に「いとしい」という修飾が追加されている。敦兼は白妙を振りほどき、琵琶を抱えて池に飛び込む。敦兼は外見や〈音〉に惑わされた白妙を含め、〈音〉により自分を苦しめる人間たちの世界よりも琵琶を選んだ、もしくは、琵琶が〈音〉により苦しみを与える世界から敦兼を解放し、別の世界につれて行ってしまったと読むことも可能なのではないか。

なお、先に挙げた『琵琶歌』『俠艶録』において、琵琶の音色とともに狂気に陥っているのは女性のみである。本作では季節の改変と薬玉という小道具の使用によって男性である敦兼が悲壮のあまり錯乱する様に必然性を持たせている。

瀬崎圭二氏は雑誌『三越』に掲載された文芸作品群を論じる中で「名残の一曲」に言及している。[27] 流行／モードを追う女性の表象の一端を『三越』をはじめとする呉服店ＰＲ誌が担っていたことを述べ、ＰＲ誌に掲載された文学作品は、女性の読者／消費者に対し「女性のあるべき姿や行動様式を提案し、さらにはそれを現実世界で模倣させようとする力学を携えていたものと考えられよう」と述べた。たとえばＰＲ誌に掲載された文芸作品において着物を買う、着飾るといった行為が描かれることで、読者の欲望が喚起され、実際の消費行為につながるということである。

明治二〇年前後に「家庭」という言葉が雑誌に多く登場し、明治三〇年代に家庭問題を主題とした小説が多数生産された。明治三〇年代に刊行された呉服店ＰＲ誌においても家庭を描いた物語が大部分を占め、明治四四年に創刊された後続ＰＲ誌『三越』においても、家庭問題を主題とした物語が多く掲載されたと瀬崎氏は述べる。その中で女性が消費する存在、流行／モードを追う存在として表象され、男性を生産する性、女性を消費する性として描き、買ってやる男性、買ってもらう女性という構造に変化していくとする。

加えて瀬崎氏は美醜の問題が描かれている例を挙げ、男性作家の書く美醜に関する文学的言説が女性の身体に美を強制する力を持っていた可能性を示唆した。そのうえで『名残の一曲』では女性が男性の容姿を評価するというプロットが見られることに着目し、「女性作家岡田八千代「名残の一曲」においては、性的役割の反転を示し、容貌の優れない敦兼刑部卿を北の方が嫌い、その結果敦兼が池へ身を投げるというプロットを描き、容貌の美醜の問題を男性に反射している。作者の性差がそのまま作中人物の性的役割に対応している」とした。さらに作者に性差はあるにしても「身体に〈美醜〉があるという問題設定自体は変わらず、このような言説が反復されることで〈器量〉〈容貌〉に対する力学が発揮されている」とし、男性作家の書いた美醜を問題にする作と同様に異性の容貌を評価する言説を強化しているとしている。瀬崎氏の論は百貨店のＰＲ誌に掲載された文学作品のひとつとして『名残の一曲』を取り上げ位置づけているが、従来言及されることのなかった『古今著聞集』の原話と比較しつつ、外見により評価される男性が苦悩を深めていく過程を八千代がどのように描いたのかという視点から本作を検討すると、異性の身体に美を強制するという志向をもつ作品ではなく、むしろ美醜の問題を扱いながらも、他者の美醜を評価する視線の残酷さを批判的に描いた作品と考えられるのではないだろうか。また、『名残の一曲』は鎌倉時代の説話を基にすることで、女性が男性の美醜を評価する価値観が岡田八千代という女性作家の持つ特殊なものではなく、近代以前にも題材を求めることのできる普遍的なものとする効果を狙った作品であるとも推察できる。

おわりに

本稿では『名残の一曲』の〈音〉を利用した作劇に注目し、敦兼と北の方にのみ焦点が当たっていた原話から、女房や敦兼の従者、左衛門などの登場人物を設定し、外見を判断される敦兼の苦悩をより複雑に描いた過程を検討した。その際、敦兼が受ける〈音〉の影響をより強く描き出すための創意として、敦兼の演奏する楽器と背景となる季節の改変に着目しつつ、同時代の琵琶の流行を取り入れ、敦兼が池に身を投げるという結末に至る仕掛けが周到に用意されていることを述べた。また外見により判断される男性の苦悩を描いた本作は、評価される対象にとって、その容貌を評価する異性の視線のみでなく、社会全体における自己認識にも関わる苦悩をもたらすことを批判的に描き、さらには多くの文学作品では女性の容貌を評価する側として描かれる男性へと、その評価を反射する意欲的な作品であったと考えられる。

【注】

（1）『お夏清十郎』は大正五（一九一六）年六月から九月にかけて雑誌『女の世界』に掲載された小説「お夏清十郎」を単行本としたもので、現在確認できる新国立劇場所蔵本では奥付に大正五年一〇月一〇日発行、大正八年一一月五日三版と記載されている。また、大正五年一〇月の『女の世界』第二巻第一一号には『お夏清十郎』の広告が掲載されており、発行は三育社となっているが、三育社版の『お夏清十郎』の存在は確認できていない。『名残の一曲』の初出と『お夏清十郎』版の異同はほとんどないが、『お夏清十郎』版では初出の誤字が改められているほか、後述するように琵琶に関する台詞に改変が加えられている箇所がある。なお本稿での引用は作者による改訂を経たと思われる新国立劇場所蔵『お夏清十郎』によった。

（2）秋庭太郎「日本近代戯曲のあゆみ」『明治近代劇集』明治文学全集八六、筑摩書房、昭和四四（一九六九）年、三六七～三九三頁、三九三頁

（3）林廣親「岡田八千代「黄楊の櫛」を読む」『演劇学論集』四三、日本演劇学会、平成一六（二〇〇四）年、一四六～一六四頁、一四八頁

（4）永積安明、島田勇雄校注『古今著聞集』日本古典文学大系八四、岩波書店、昭和四一（一九六六）年

（5）遠藤徹「雅楽」国立劇場企画・編集『日本の伝統芸能講座 音楽』淡交社、平成二〇（二〇〇八）年、七五～一〇八頁

（6）薦田治子「琵琶楽の流れ 薩摩琵琶、筑前琵琶、現代へ」同前、四一三～四三三頁

（7）倉田喜弘『明治大正の民衆娯楽』岩波書店、昭和五五（一九八〇）年

（8）同前、一四〇～一四一頁

（9）喜多村緑郎「「琵琶歌」問答」『歌舞伎』第一二四号、歌舞伎発行所、明治四三（一九一〇）年一〇月、六三～七三頁、六七頁

（10）芹影女「本郷座『琵琶歌』の伊井、喜多村、高田」『演芸画報』第四年第一〇号、演芸画報社、明治四三（一九一〇）年一〇月、一六一～一六四頁、一六二～一六三頁

（11）しぐれ女「初めて「琵琶歌」を観る」『歌舞伎』第一二四号、歌舞伎発行所、明治四三（一九一〇）年一〇月、七六～八一頁、七九頁

（12）大江良太郎「喜多村緑郎聞書」劇団新派編『新派　百年への前進』大手町出版社、昭和五三（一九七八）年、一一～一一八頁、

四一頁
(13)　柳永二郎『絵番附・新派劇談』青蛙房、昭和四一（一九六六）年、一六〇〜一六一頁
(14)　明治四三年九月、本郷座公演『琵琶歌』絵本筋書き（国立劇場所蔵）
(15)　平出鏗二郎『東京風俗志下』富山房、明治三五（一九〇二）年、四一頁
(16)　永田錦心「琵琶の劇と舞踊とに就いて」『水聲』五月号、琵琶新聞社水聲発行部、大正一四（一九二五）年五月、二〜三頁、二頁
(17)　喜多村緑郎「喜多村緑郎の当り芸『琵琶歌』の型」『演芸画報』第五年第三号、演芸画報社、明治四四（一九一一）年三月、九九〜一一五頁、一〇〇頁。
(18)　薩摩琵琶歌は歴史的に語り物に分類される声楽曲で、文体は基本的に七五調の韻文であり、例外もあるが、漢詩や和歌が途中に一、二か所挿入される形式のものが多い。「基吟」と呼ばれる地の曲節を基本とし、詞章の内容に応じて戦闘部分に「崩レ」、詠嘆部分に「吟替リ」、漢詩と和歌に「吟詠」という曲節を織り交ぜて歌われる。薩摩琵琶歌は語り物であるが、やがて短歌や漢詩部分で用いられる「吟詠」部分が独立した詩吟が生まれる。「昭和前半ころまでは、琵琶演奏者が詩吟も歌うことが多かった」（薦田、前掲書、四二三頁）と薦田は述べている。平家琵琶でも、和歌に用いられる「歌」類というものがあるが、そのものが取り出され単体で演奏されることはない。
　本作の琵琶の種類は作中に書き込まれてはいないため、特定することはできない。しかし、雅楽で朗詠と共に奏されることのない楽琵琶、語り物から独立し和歌の部分のみ奏されることはない平家琵琶と比較した際、演者が和歌を吟じながら奏される楽器として、最も可能性が高いのは薩摩琵琶だと思われる。
(19)　清潭生「『俠艶録』の力枝（つゞき）」『演芸画報』第五年第一二号、演芸画報社、明治四四（一九一一）年一一月、六六〜七三頁、七三頁、竹の屋主人「新富座の「俠艶録」」（下）『朝日新聞』明治四四（一九一一）年九月九日、七面
(20)　岡田八千代『お島』『三越』第一巻第四号、三越、明治四四（一九一一）年六月、一〜一一頁、六頁
(21)　平田喜信・身﨑壽『和歌植物表現辞典』東京堂出版、平成六（一九九四）年
(22)　『後拾遺和歌集』の雑二・九一四には、左兵衛督公信の「朝な〳〵起きつゝ見れば白菊の霜にぞいたくうつろひにける」という、白菊は霜に逢うと紫色に変色することとかけ、他の男に逢って自分に対する女の心が変わったこと、他の男と情事を持っている

女を問い詰める男の歌が見られる。（久保田淳・平田喜信校注『後拾遺和歌集』新日本古典文学大系八、岩波書店、平成四〈一九九四〉年、二九三～二九四頁）

(23) 宗懍撰『宝顔堂秘笈 荊楚歳時記』、藝文印書館、昭和四〇（一九六五）年、一八丁裏

(24) 松村博司校注『大鏡』日本古典文学大系二一、岩波書店、昭和三五（一九六〇）年、三七頁

(25) 中村義雄『魔よけとまじない 古典文学の周辺』塙書房、昭和五三（一九七八）年

(26) 拙論「岡田八千代「黄楊の櫛」における櫛の呪い」『演劇学論集』七八、日本演劇学会、令和六（二〇二四）年六月、一～一七頁

(27) 瀬崎圭二「流行／モードを追う女性――三越、白木屋呉服店PR誌における文学的言説」『日本文学』第五〇巻第二号、日本文学協会、平成一三（二〇〇一）年二月、二二一～三二頁

［付記］

本稿は二〇二三年度日本演劇学会秋の研究集会（二〇二三年一一月一二日、於・福岡女学院大学）、および日本近代演劇史研究会三月例会（二〇二四年三月二七日、於・明治大学）における口頭発表に基づき、論文化したものです。席上でご意見ご教示くださった皆様に御礼申し上げます。

岸田國士「屋上庭園」
——〈嘘〉と〈現実〉と〈ファンテジイ〉と——

内田　秀樹

1　屋上庭園という場

「二組の夫婦が一団になつて、雑談を交してゐる。一方は裕福な紳士令夫人タイプ、一方は貧弱なサラリイマン夫婦を代表する男女である」というト書きで戯曲「屋上庭園」[1]は始まる。貧富の差がある四人が「或るデパアトメントストアの屋上庭園」で出会い雑談をする。それがそのまま劇の全容だ。

「デパアトメントストアの屋上庭園」という場については、宮本啓子が「岸田國士『屋上庭園』に描かれた「視線」——1926・銀座・百貨店——[2]」の中で詳しく論じている。「百貨店は人々が商品を見、見ることによって商品への欲望を募らせるという「まなざしの空間」であり、その最上階に設けられた屋上庭園は、人々が景色を眺めて「視線の快楽」を満たす場である」という。また、「屋上庭園の視覚の特徴は、これまで述べてきた視覚の双方向性、つまり、「見る」ということと「見られる」ということが一対であるという視覚の原則が切断されていることにある」

とし、「並木が屋上で「花やかな気持ち」になるのは、モノの魅力に打ち勝っただけではなく、「他者の視線」から解放された並木が「見る」主体として存在していられるからである」とする。百貨店とその屋上庭園の視線の特殊性が分析されており、現実の場の説明としては頷けるところが多いのだが、「屋上庭園」の舞台を考えるとき、私はこの説はとらない。宮本も同論文中で「本作には屋上庭園の設えについての記述は一切ない」と指摘するように、戯曲「屋上庭園」にその描写はない。百貨店についても同様で、それぞれの妻が連れ立って買い物へ行き、戻って来るだけで、会話の中にこそ表れるものの舞台上に表れるものではない。観客の「視線」ということで言えば、舞台の上には切り取られた空間としての屋上庭園があり、百貨店の売り場は、舞台の外の、その水平方向または垂直方向にあると想像されるに過ぎない。したがって、そこでは実際の百貨店と同様の「視線」の力学は働かないと考えられる。

それでは、「屋上庭園」でその場はどのように作用しているのであろうか。それが最も分かりやすい形で表れているのが次に引用する二つの台詞である。

並木　（突然、感慨めいた口調で）実際此処は面白い処だよ。あれを見たまへ——向うに見えるのが帝国ホテルだ。僕は、あすこの部屋に一度も寝たことはない。しかし、こゝへ上つて、あの屋根を見下ろすと、帝国ホテルがなんだといふ気になる。あれを見たまへ。あれが日本銀行だ。あの中には、さぞ大きな金庫があることだらうが、そんな金庫なんか埃溜と同じことだ、さう思へる。これも、変な負け惜しみぢやない。つまり、此処へ上つて見ると、現実が現実として此の眼に映つて来ないんだね。一種のカリケチユアとして映るだけなんだ。

並木　先づ階下には、羽根蒲団がある。二階には姿見がある。三階には一重帯……。四階には……よさう。だがね、それがみんな、僕等には手が出せないやうなものばかりだのに、それを眼の前に見てゐる時とは違つて、かうして、さういふものの上に自分が立つてゐると思ふとだね、なんとなく、花やかな気持ちになるんだ。所有慾といふものから全く離れてだよ。可笑しいもんだね。僕んとこの奴も、やつぱり、さうらしいんだ。

このように、屋上庭園という場は遠近や上下の位置関係により価値の反転や逆転を起こしていることが分かる。では、三輪に向かってそれを語る行為にはどのような意味があったのだろうか。ここでは並木は「変な負け惜しみぢやない」と言う。また、かなり後では「僕の反抗心が云はせた嘘八百だ」とも言う。一方、それを聞いた三輪は「そんな余計な威張り方はして貰ひたくない」と言い、「なんだつて、さう、おれに、見栄を張らなけれやならないんだ。貧乏を恥かしがる必要もないが、貧乏を吹聴して、独りで力み返る必要がどこにある」と言う。双方の発言を額面通りに受け取れば「反抗」であり、「嘘」であり、「余計な威張り方」であり、「見栄」であるということになる。

阿部由香子は「岸田戯曲における反抗者たち(3)」の中で、「並木は最後まで三輪にも自分を取り巻く現実にも反抗しようとして出来なかった人物として描かれている」とし、「屋上庭園」を「反抗する者が登場しない四人の世界を描いた作品」に分類する。「反抗しようとして出来なかった」というのは、並木の言葉をそのまま受け取ればそうであるのかもしれない。しかし、並木は本当に反抗しようとしたのであろうか。

引用した台詞は、三輪に「一体、今、何をしてるんだい」「学校を出てから、何か書いてるつていふ話は聞いてたが……」と現在の仕事を尋ねられた後、「や、長い間」の後に語られている。三輪の問いに対して並木の答えがそのまま対応していない形である。三輪も「どうして、また、そんなことを云ひ出したんだい」と訝しみ、「タクシイ」や「本屋」が出てきたところで話の軌道修正をしようとするが、並木は構わずに話を続ける。一見、並木は無関係の話をしていてコミュニケーションが成立していないように見えるがそうではない。

そもそも並木は仕事をしていない。それは劇の終盤で並木の妻が「あなたも、何時までもぶらぶらしてないで、早く仕事をして頂戴ね」と言っていることから分かる。「本屋」に勤めていたのか、今も勤めているが休みがちなのかは語られないので分からない。いずれにしても仕事をしていない状態であることに変わりはなく、それは久しぶりに会った友人に、それも裕福な友人に話したい内容ではない。そこで並木は屋上庭園からの眺望を語ることにした。「一体、今、何をしてるんだい」の「今」を「たった今」と解釈したことにして屋上庭園での行為を語ったのである。そして、眺望することで「帝国ホテル」や「日本銀行」の価値を反転させた。それらは貧しい並木には縁のないものであるが、屋上庭園から眺めれば「なんだという気にな」り、「埃溜と同じ」と捉えられる。階下の陳列を足の下に感じることも同様だ。その上に立つことで「花やかな気持ち」になれる。これは「反抗」ともとれるのかもしれない。場合によっては「負け惜しみ」であり、「見栄」であり、「嘘」であり、「余計な威張り方」ともとれる。しかし、この再会は計画されたものではない。後で並木が「あゝあ、たまにこんな処へ出て来ると余計な奴に会ふわい」と妻にもらすように、この再会は偶然の産物である。したがって、この価値の反転も逆転も用意されたものではない。そこには「反抗」の意図はない。では、これは「嘘」なのだろうか。私はそこに「ファンテジイ」があると考える。

2　ファンテジイ

後年、岸田は「当時の私は、テーマ劇なるものに反対して、故ら筋のないスケッチ劇を試みた次第で、このファンテジイがわかるかと、内心ちよつと新しがつてみたことは事実である」(4)と語る。これは「紙風船」(5)について言ったものだが、「屋上庭園」にもあてはまると私は考える。「屋上庭園」にも筋がない。「テーマ劇なるものに反対して」というところも、すでに「言はでものこと」(6)の中で「『或こと』を言ふために芝居を書くのではない。芝居を書くために「何か知ら」云ふのだ」と岸田は言っており、初期戯曲における一貫した方針であったと考えられるので、「屋上庭園」にもあてはまる。したがって、「屋上庭園」には「貧富の差」や「友情」といったテーマはない。テーマも筋もないかわりに「ファンテジイ」があるのだが、「ファンテジイ」とは一体何なのであろうか。

ファンテジイ（fantaisie）はフランス語で空想や夢という意味である。しかし、岸田が言う「ファンテジイ」は単なる和訳とは異なるようだ。次にその定義とも言える「ファンテジイ」(7)という岸田の文章を一部引用しよう。

ファンテジイは想像を緯とし観察を経とする芸術的手法の一である。
作者の感興を以て現実を程よく着色することである。
非論理的事相に感覚的実在性を与へることである。
必然を無視することによつて、新しき生命の躍動を感ぜしむることである。

ファンテジイは常に「明るき懐疑」の娘である。
「明るき懐疑」は「朗かな理知」を母とする。
「朗かな理知」は、オプチミストの涙よりもペスミストの微笑を愛したであらう。

「彼らが若し自己の生活を肯定するならば」という前提に続くのが引用部分であるが、ひとまず「ファンテジイ」は「想像」し「観察」することから始まる。その中で「現実を程よく着色」し、「非論理的事相に感覚的実在性を与」え、「必然を無視」する。それが「主観の客観化」であり「想像の遊戯」である。これだけ聞くと空想や夢と変わりがないようだが、引用文の後で「ファンテジイが単なる空想と異る」とし、それは「作者の眼が常に「夢」から醒めてゐる」からだとしている。そして、そこにあるのが「朗かな理知」から生まれる「明るき懐疑」ということになる。この「明るき懐疑」とは何を疑うのだろうか。これも引用文の後に「ファンテジストは「現実」を疑つてゐる」とある。また、「ペスミストの微笑」は「信じないもの、微笑」と言い換えられている。つまり、「現実」を疑った結果の「微笑」が「ファンテジイ」ということになる。

では、並木の「ファンテジイ」を見てみよう。現実には「あすこの部屋に一度も寝たことはない」帝国ホテルは、屋上庭園から「屋根を見下ろす」という観察の結果、「帝国ホテルがなんだ」という結論に到る。日本銀行も「さぞ大きな金庫があることだらう」という想像の末に「そんな金庫なんか埃溜と同じことだ」と言う。どちらも「現実が現実として此の眼に映つて来ない」、つまり現実を疑った結果、「一種のカリケチユアとして映る」という「信じないもの、微笑」につながっている。これは確かに「変な負け惜しみ」でも「反抗」でもない。屋上庭園からの観察と想像から見える「ファンテジイ」だ。

より詳細な観察が行われるのは「自働車」だ。「タクシイといふものに乗つたことは生れて二度しか無い」、「自働車といふものは、大体に於て、われわれに泥をぶつかけて通る怪物だ」と現実を語った上で、観察の結果、「不器用で、あはて者で、そのくせ、気取屋で、神経質だ」と言い、「如何にも無邪気な玩具」であり「誠に愛すべき動物ぢやないか」という結論に到る。確かに直線的にしか動けないところは「不器用」であるし、速度を上げて走る様子は「あはて者」である。歩行者には無関心で進む様子は「気取屋」に見えるし、事故や故障に気をつけなければいけないところは「神経質」に感じられる。そんな「自働車」は屋上庭園から見下ろすと小さく映り、その動く様子は玩具や小動物のようであり微笑ましくもある。このように「自働車」においても、貧富の差から生じた現実を疑い、観察し想像することによって、「微笑」へとつなげている。

一方、階下については観察と想像が二段階に分かれる。眺望と違って階下は屋上庭園からは見えない。だから、事前に観察しておく必要がある。「僕はね、下から上つて来る時に、いつでも、見当をつけて来るんだ」と言うのがそれだ。観察すると「羽根布団」や「姿見」や「一重帯」などが陳列されていることが分かる。それらが「僕等には手が出せないやうなものばかりだ」という現実を疑い、「さういふものの上に自分が立つてゐる」と想像した結果、「なんとなく、花やかな気持ち」になる。前述したようにこれは上下の位置による逆転現象ではあるが、それにより優越感が生じるわけではない。ここにあるのはあくまで「ペスミストの微笑」だ。観察と想像から生じた微笑であり、現実そのものではない。だから、並木は「こゝにかうして立つてゐると、自分の足の下に、一つの美しい世界が感じられる」としながらも、直後で「勿論、それは、贅沢な織物や、高価な装飾品が陳列されてあるといふ意味ぢやない」と断る。また、「所有慾といふものから全く離れて」とも言っている。これももちろん「負け惜しみ」などではない。所有できない、所有しないものの上に立っているということの発見とその楽しさ。それが「ファンテジイ」の結果であり、それ以上でも以下でもない。

まとめよう。並木は三輪の問いに「ファンテジイ」で答えた。現実を疑い、観察と想像の結果、屋上庭園が「面白い処」であることを語った。この根底にあるのは「ファンテジイ」の定義にあるように「自己の生活」の「肯定」だ。言うまでもなく、三輪の問いに答えるためには何らかの否定が必要になる。だからこそ、並木は執拗に「ファンテジイ」を語りたがった。一方、三輪は「ファンテジイ」を解さない。だから、現実の話題に引き戻そうとする。「ファンテジイ」の並木と「現実」の三輪。この言わば会話の綱引きの中で二人の会話は進められる。

3　「ファンテジイ」対「現実」

「現実」の三輪が訊きたがったのは並木の現在の仕事であるが、これには二種類の意味がある。一つは生業としての仕事であり、もう一つは作家としての仕事である。「一体、今、何をしてるんだい」のすぐ後に「学校を出てから、何か書いてるつていふ話は聞いてたが……」と続けていることから、三輪が本当に訊きたかったのは後者であることが分かる。会話の綱引きの中で三輪は少しずつそれを聞き出していく。

その始まりとなったのが「自働車」の話のところだ。「タクシイといふものに乗つたことは生れて二度しか無い」ことを話す中で、並木は「社長」という言葉を出してしまう。それは「家へ判を忘れたから取つて来いと云はれ」たり、「自働車へ乗つてビラを撒いて歩けと云」われたりで、決して面白い体験ではなかったことを語るために出てきた言葉で、言わなくてもよかった言葉である。「仕事」の話を避けていたことを考えれば、むしろ言ってはいけなかった言葉である。この失言を捉えて、三輪は「君は、今、社長つて云つたが、どこか会社へでも勤めてゐるの」と切り込む。並木もこれには答えざるを得ず、「本屋」に勤めていることを認めるが、すぐに階下の話を始める。強引に「ファンテジイ」を語り始めた形だ。しかし、ここから並木は「現実」へ引っ張られていく。

屋上庭園の「ファンテジイ」が語り終わり、「長い間」の後で、「今ゐる処は、さきざき見込みがあるのかい、君の仕事としてさ」、「でも、何か書いてることは書いてるんだらう」と、三輪は並木の作家としての仕事について尋ねる。これに並木は次のように答える。

並木　もう止めたよ。誰も読んでくれないことがわかつてゐるのに、こつこつ下らないことを書いたつて始まらないぢやないか。一時は、あれでも、未来の文豪を夢見たさ。それに、おだてる奴なんかがゐたりしてね……。変なもんだよ、君たちにはわかるまいが、あゝいふ社会には、明日にでも好運が廻つて来ると思つて、雨蛙が木の葉の上で雨を待つてゐるやうにだね、ぢつと一点を見つめてゐる手合がうぢようぢよしてゐるんだ。僕もその一人だつたさ。処が、その頃は、自分で力を落さない為めに、せめて人のものでもいゝところはわかるやうな顔をしてゐたいんだね。だから、さういふ人間同志は、お互に、対手をかつぎ上げるんだ。しかし、長い間には、自分も疲れる。向うも疲れる。会つても、自分達の問題には触れたくなくなる。それでおしまひさ。何のことはない、店に並んでゐるものを、飾窓に出てゐるものを、見るだけ見て来たと云ふ

やつさ

「未来の文豪を夢見た」並木が「誰も読んでくれないことがわかつて」「もう止めた」経緯が説明されている。「好運」を待ち「お互に、対手をかつぎ上げる」行為は「未来の文豪」を目指す者に共通のものと認識する。もちろん、並木もその中の一人なのだが、それに疲れた結果、やめてしまったという。その結果が、「飾窓に出てゐるものを、見るだけ見て来た」というまとめになる。「雨蛙」に例えていたり、同志の他者に言及していたりするところは、想像と観察の結果と言えるだろう。しかし、これは「ファンテジイ」ではない。「誰も読んでくれない」という現実の認識はともかく、「こつこつ下らないことを書いたつて始まらない」というのは自己否定が過ぎる。これは「自己の生活」を「肯定」するという「ファンテジイ」の定義に反しているのである。また、結果の「飾窓に出てゐるものを、見るだけ見て来た」は「微笑」というより嘲笑だ。自分のしてきたことに意味を見出さない自嘲である。

「ファンテジイ」でないとすると、これは「現実」だということになる。三輪の問いに「ファンテジイ」を語ってきた並木だが、ここで完全に「現実」に引き込まれ、「現実」で答えることになった。以後は「現実」で会話していくことになる。

「今ぢやもう、そんなことを悔んでなんかゐやしない」と続ける並木に「ファンテジイ」はない。「落ちつくところへ落ちついた」「云はゞ、どん底」にいる並木は「自分だけは、あべこべに高い処にゐるつもり」だと言うが、これは現実を疑った結果ではなく、現実を受け入れた結果だ。それは「いやに超然と構へてゐるわけぢやない」、「あくせくしないだけの覚悟がついてゐる」と言っているところからも分かる。「どん底」にいて「あくせくしない」、「割合に、「超然と構へて」いないのに「高い処にゐるつもり」になるのは、全てを諦めたときである。夢を追うのを裕福になるのを諦めたときである。そのとき、それらを目指して他者があくせくするのを見下ろす形になり、「高い処にゐる」気分になれる。もちろん、これが愉快なものであるはずがない。「ファンテジイ」の場である屋上庭園が「面白い処」

だったこととは対照的だ。

三輪は始めこれを「大悟徹底した」と理解した。しかし、悟りとは程遠い並木は、自分の被る古い帽子に「気恥かしいといふやうな見栄もなくなつ」たことを説明する。言うまでもないことだが、本当に気にしないのであればわざわざ言わなくてもよい。どこかに「気恥かしい」気持ちがあるからそんな断り方をするのである。そんな並木を、三輪は「余計な威張り方はして貰ひたくない」と断ずる。そして、「貧乏を恥かしがる必要もないが、貧乏を吹聴して、独りで力み返る必要がどこにある」と並木を責める。

三輪の突きつけたことばは残酷だ。貧乏を恥ずかしがらず、かといって独りで力み返らないためにはどうすればよいというのだろうか。考えられる方法は三つある。一つめは「ファンテジイ」を使う方法だ。しかし、「現実」に引っ張られた並木にそれはできない。二つめは、貧乏を気にせず自然に他者と接する方法だ。これは正論ではあるのだが実際には難しい。持たざる者にとって、持てる者に対して自然に振る舞うというのはかなりの困難を伴う。そして、三つめは、他の価値観で貧富という価値基準を超越する方法だ。例えば、芸術家などがそれだ。貧しくても芸術的に価値を持てばそれを乗り越えられる。並木にとっては「文豪」ということになるが、これも諦めてしまったので不可能だ。そうすると、並木にこれはどうすることもできないということになる。だから、並木は「対手の顔を見上げ」「眼」を「異様に光」らせることになる。一方、三輪はなおも並木を責める。

三輪　侮辱されたと思ふのか。おれは他人を侮辱して愉快になる程、まだ快楽に渇ゑてはゐないよ。云ふことがあるなら云つて見ろ。自然に遠ざかつて行つたのには、何か理由もあるだらうが、おれの方は、少くとも、最後まで、変らない友情を示したつもりだ。

ここで三輪は大きな声を上げ並木に迫る。三輪は「友情」を示すことで並木の心に迫ろうとする。この後で「君には、おれの心の声が聞えないぢやないか」と言うのも「友情」だ。先ほどの貧富の差を超える方法として三輪は「友情」を提示したのである。並木はこれに半ば圧倒される形で三輪に従い「涙を溜め」ることになる。

ここからしばらく並木は「友情」に流されて会話をしていくことになるのだが、本当の「友情」を取り戻したわけではない。それは三輪夫妻が去った後で「あゝあ、たまにこんな処へ出て来ると余計な奴に会ふわい」と漏らしたことからも分かる。実は三輪の示した「友情」は根本的な解決になっていない。そのことは、並木が「自然に遠ざかつて行つた」理由を考えれば分かる。

並木は「遊びに来ないか」と三輪に誘われたときに「むかし通りのつきあひは出来ない」と断っている。その理由が「貧乏は昔からの貧乏だが、世の中へ出ると、自分のゐるところがはつきりわかつて来る」というものだ。学校にいる間は分からないが、社会に出ると分かるものがある。それが貧富の差や身分の差による世界の違いだ。平等などときれいごとを言ってみてもそれは確かに存在する。例えば、飲食、娯楽、社交の場はそれらにより明らかに異なる。友人や知人といった人間関係だって異なる。令和の現代でもそうなのだから、「屋上庭園」の大正末期から昭和初期であればなおさらだ。その最たるものが「帝国ホテル」であり「自働車」であり「デパアトメントストア」である。これらを「ファンテジイ」で語った並木も、「現実」ではどうすることもできない。三輪は「自分で世間を狭くしちやいけないよ」と言うが、これは持てる者の論理だ。持たざる者には響かない。だから、並木も「さうかなあ」と空返事でしか答えられていない。

並木が「自然に遠ざかつて行つた」のも、このためだ。「友情」を維持しようにも住む世界が違う。これに無理を通そうとしても場違いにしかならない。これをどうにかするためには、持てる者に下りてきてもらう方法があるが、残念ながら三輪はそのことに無自覚だ。両者に方法がない以上、「自然に」遠ざかるしかない。つまり、「友情」では何も解決しないのである。

阿部由香子は前出の論文で「もしも裕福な二人と貧乏な二人が出会ったならば、果たして真の友情は成立するのだろうか、という状況劇の様相を帯びているのが「屋上庭園」という戯曲である」という。「果たして真の友情は成立するのだろうか」という部分を除けば私も同意見である。「真の友情」とは貧富の差を超えた友情のことを言うのかもしれないが、そんなものはなかったし、それを目指してもいなかった。ただ、三輪の側に、持てるものの論理として存在していただけだった。私はむしろ「もしも裕福な二人と貧乏な二人が出会ったならば」の部分の方が大事であると考える。そもそもこの出会いは予定されたものではなく偶然のものであった。疎遠になっていた友達のその後を知りたがる三輪と、それを知られたくはない並木がいた。前者は「現実」を後者は「ファンテジイ」を語ろうとして、言わば会話の綱引きをした。それを舞台にのせたらどうなるのか、というのが「屋上庭園」であると私は考える。

4　もう一つのファンテジイ

「屋上庭園」には、もう一つの「ファンテジイ」がある。それが最後の並木夫妻の会話だ。三輪夫妻が去った後、並木の妻は「あたしたちのゐない間に何かあつたんぢやない?」と訝しむ。「始めは、もつと打ち解けた調子だつたのに」、「挨拶の調子が」「少し変だつた」というのだ。実は二十円を三輪に借りようとしてやめたために気まずい雰囲気になっていたのだが、もちろんそんなことは言えない。だから、並木は「そんなことはないよ」と否定し、嘘を交えた説明をする。まず、「今、何してる」と訊かれたので「本屋にゐる」と答えたと言う。これは本当のことなのだが、続いて三輪が並木の妻のことを「学校は何処だ」などと訊いたと嘘をつく。なぜ、そんな嘘をついたのかは、そうすることで何が隠されたのかを考えれば分かる。現実の三輪は並木に作家としての仕事について訊いていた。最終的には「現実」に引き込まれた並木が白状する形になったのだが、質問を並木の妻のことに置き換えることで、それが隠された。並木にとって「未来の文豪」の夢を諦めた経緯などは妻に聞かせたくはないことだ。だから、嘘で隠したのである。それから、「金がいるならいつでも云へつて云やがつた」から「久しぶりで会つて、そんなこと云ふ奴があるかい。馬鹿云へつて呶鳴つてやつた」と嘘をつく。これは現実の反対だ。二十円を借りようとしたのは並木の方からであるし、もちろん怒鳴ってなどもいない。妻に関する不躾な質問と合わせて三輪を「失敬な奴だ」と結論づける嘘である。そうして、一緒に食事をするのを断ったのも三輪のせいにしてしまう。もう一つの「ファンテジイ」はこの後である。

並木　さうさ。（間）あいつに金を借りて、その金で一重帯を買はうか。
並木の妻　あなたにできる、それが……。
並木　できるさ、しようと思へば……。
並木の妻　うそばつかし……。
並木　どうしてさ。どうしてできない？
並木の妻　あなたに、そんなことまでさせたくないわ、いくらなんだつて……。
並木　（真顔で）するよ、お前の為めなら……。

繰り返しになるが三輪に二十円を借りようとしてやめたという現実はある。そのことは嘘で隠したので妻は知らない。そこで並木は本当に「金を借りて、その金で一重帯を買」うという想像をした。しかし、妻はそれができないと思っている。三輪も言っていたように「人一倍自尊心の強さうな」並木に金を借りることはできそうもない。妻に語った嘘の話の中でも、並木は金を貸そうとする三輪を「馬鹿云へつて呶鳴」りつけている。しかし、並木は「しようと思へば」できる、「お前の為めなら」すると言う。未遂に終わったことを完遂しようとする「想像の遊戯」である。その結果、並木の二つの倒置表現の中で「主観の客観化」が行なわれる。「しようと思へば」「お前の為なら」である。

ところで、現実の並木はどうして三輪に金を借りようとし、それをやめたのであろうか。金を借りようとした直接の目的を、「実はね、家内に一重帯を買つてやらうと思ふんだが……」と三輪に言っている。また、「気を悪くしやしないかい」、「少し興がさめやしないか」と「重苦しい沈黙」の後で三輪に訊いた後で、「やつぱり僕は駄目だ」と言い金を返そうとしているので、金を借りるのをやめたのはこれらが理由であろう。並木は妻に一重帯を買ってやろうとして三輪に金を借りた。しかし、三輪が気を悪くしないか、せっかくの再会の興がさめないか心配になり金を返そうとした。ここは並木が「友情」に流されて会話をしている部分なので、どちらも「友情」が理由であるとも言えるかもしれない。「友情」から三輪に金を借りる気になり、「友情」から三輪の気持ちを慮って金を返そうとした。しかし、後で並木は「人間は惰力で活きてゐるものだとは思つてゐたのだが、反抗反抗で活きてゐる人間が、ぱつたり手応へのない処へぶつかると、かうまで間誤つくものとは知らなかつた。さつきから話したことも、あれや、つまり、僕の反抗心が云はせた嘘八百だ」と打ち明ける。これをそのまま受け取れば、並木が金を借りようとしていたのは実は「反抗」からだということにもなる。確かに、三輪に大きな声を出された後、「悄気て」「元気がない」ところで急に金を借りようとしている。これは三輪に正論と「友情」を突き付けられ、「悄気て」「元気がな」くなった並木の「反抗」と言える。また、それに対する三輪は最初こそ「一寸気まづげに相手の顔を見る」のだが、すぐに金を渡し、以後は並木に金を返させないよう説得を続ける。これは「反抗」の結果、「ぱつたり手応へのない処へぶつか」ったというふうに言えよう。それで、並木が「間誤つ」いたのが金を返した理由ということになる。

「ファンテジイ」の話に戻ろう。並木は現実に金を借りようとする直接の理由として妻に一重帯を買ってやることを挙げていた。それを「想像の遊戯」の中で重ね合わせ、「お前の為なら」と言語化することで、「妻を思う並木」の「主観」が「客観化」された。これはまぎれもなく「ファンテジイ」である。

一方、並木の妻は「ファンテジイ」を受けて、「あたし、なんだか怖くなつたわ」と恐怖を露わにする。これは並木が「無理なこと」をするのではないかという恐怖である。「無理なこと」とは、友達に金を借りることに他ならない。その結果、並木が「肩身の狭い思ひ」をするかもしれないことを恐れる。「どんな場合でも卑下をしないですむやうな」「綺麗なおつき合ひをして」ほしいのである。そして、並木の妻は「ほんとに、今迄、気がつかなかつたの、そのことだけは……」と続ける。「そのこと」というのは、妻のためなら本当に並木は友達に金を借りるかもしれないということだ。「ファンテジイ」の中でそれができないと並木の妻は疑っていた。それは並木の自尊心の強さが根拠であったし、「そんなことまでさせたくない」という主観の表れでもあった。しかし、「しようと思へば」「お前の為めなら」と並木の妻への思いが客観化された結果、並木が友達に本当に金を借りる可能性に気づいてしまった。そのために並木の妻は恐れ心配することになるのである。そして、このことはもう一つの現実とつながる。並木の妻の最後の台詞「あなたは、だんだんい、お友達が減つてくぢやないの……」である。並木はこれまでに同様のことを繰り返している。三輪の件は初めてではない。その意味では並木は成長も変化もしておらず、これからもいい友達を失っていくことが想像される。並木の妻はそのことに気づいたから泣いたのである。

5　共有されるファンテジイ

一九二七年（昭和二年）一月一日から二十三日にかけて、邦楽座で新国劇・澤田正二郎一座により「屋上庭園」は初演された。大正から昭和に変わったばかりの慌ただしい時期だが、経済的に見ると不況の真っ只中であった。第一次世界大戦で輸出が急激に伸び、日本は一時的な好景気となった。成金と呼ばれる人たちが出てくる時代である。しかし、第一次世界大戦が終わると輸出は減少し株価は暴落し一転して不景気になる。そして、そこに関東大震災が追い打ちをかけた。初演の数か月後には金融恐慌も起きている。この頃、貧富の差は身に染みて感じられるものであったに違いない。

そうした中、観客に二つの「ファンテジイ」は共有される。

一つめの「ファンテジイ」は、貧しくて手が届かないものに対して、その価値や現実を疑い、想像し観察することで、それらのどうということのなさや面白みを感じるものであった。観客もこれを共有する。しかし、これは批判や啓蒙といったものではない。「ファンテジイ」の定義には「ペスミストの微笑」とある。彼らは基本的に悲観しているのだ。したがって、「ファンテジイ」によって楽になれるとか救われるとかというものではない。並木も「一種のカリケチユアとして映る」、「所有慾といふものから全く離れて」「花やかな気持ちになる」としか言っていなかった。あくまでも「想像の遊戯」であり、「現実」を変えてしまうものではないのである。

二つめの「ファンテジイ」は、金を借りることができなかった現実を疑い、それをしようと思えば、妻のためならば、金を借りることができると想像するというものであった。その結果、並木の妻への思いが客観化された。「現実」には金はないが、相手への思いはしっかりと確かめられたのである。それを観客は共有することになる。

ただ、実際にこれらの共有は難しい。少なくとも三輪には分からなかった。並木の妻も、並木の思いは知れたものの、それを「ファンテジイ」として受け取れなかった。だから、気づきから恐怖や心配につながり、「微笑」することはできなかった。岸田が「このファンテジイがわかるかと、内心ちよつと新しがつてみた」というのもそこなのである。

［注］

（1）　一九二六年（大正十五年）十一月一日発行『演劇新潮』第一巻第八号に初出。本文引用は岩波書店発行の『岸田國士全集』に

拠る。以下、岸田國士関連の本文引用は基本的に同全集に拠るが、その都度の注は省略する。

（2）二〇一二年（平成二十四年）三月十五日発行『演劇映像学2011　第3集』。

（3）二〇一〇年（平成二十二年）三月二十五日、翰林書房発行『岸田國士の世界』

（4）「歳月」前記。一九三九年（昭和十四年）九月十日、創元社発行『歳月』の巻頭に「前記」として掲げられた。

（5）一九二五年（大正十四年）五月一日発行『文芸春秋』第三年第五号に初出。

（6）一九二四年（大正十三年）四月二十日二十二日『都新聞』に「新作家の立場から」のリレー連載のコラムに表記の題で掲載。

（7）一九二五年（大正十四年）五月十三日十四日『時事新報』。

宮本研「五月」と〝家庭劇〟

福井　拓也

1　〝家庭劇〟というジャンル

「家庭生活を中心として、其処に生ずる人情の葛藤、思想の衝突を題材として脚色した劇」として〝家庭劇〟をイメージし、「新派劇は多くそれである」とする理解は一般的なものだろう。[1]とはいえ新派との結びつきを特別視する必要もない。菊池寛「父帰る」（『新思潮』大正六年一月）や田中千禾夫「おふくろ」（『劇作』昭和八年三月）、森本薫『女の一生』（文明社、昭和二一年一〇月）と、新劇史を代表する戯曲の多くがこの種の〝家庭劇〟にほかならないからだ。ただし〝家庭劇〟という概念が新劇の表現史に問題を投げかけるのは、興味深いことに家庭という場がかえってその外部——政治的・社会的な文脈——と交錯するときであるようだ。この点をめぐり鋭い議論を展開しているのが林廣親である。[2]

まず林は木下杢太郎「和泉屋染物店」（『スバル』明治四四年三月）をとりあげる。周知の通りこれは「廃滅に向かう旧家の情調をバックに、一方に生々しい、ニュース性をもった社会主義青年を配置[3]した戯曲だが、林が注目するのは「社会主義青年」幸一の父に語りかける言葉が改稿を通じて全般的に抽象化され、同時に「夢想的な台詞」が「約三倍」にまで書き足された点である。この理由を彼は、「幸一の革命家としての物語を彼の生きてきた世界のことばで語らせたとすれば、リアルであろうとすればするほど（引用者注――対置される旧来的な世界観との）コントラストのみ目立って浮いてしまう」点に理解する。

次に林は「和泉屋染物店」の「宿題」に対する「回答」として久保田万太郎「かどで」（『文藝春秋』昭和六年四月、五月）を指摘する。旧態依然とした「袋物や」の私的領域に、「新しい世界のことば」を取り込むために採択されたのが「近代社会の制度と結びついたことば」を「徹底的に差別化して取り込むという方法」、そして「〈幸一〉そのものに当たる〈政さん〉を舞台から遠ざけ、その代わりに〔…〕ことばの使い《メッセンジャー》と化していた〈秀太郎〉を帰宅させる」プロットだった。

こうした「和泉屋染物店」と「かどで」の「それぞれの到達点と限界」に「〈演劇の近代〉の宿命的なアポリアの一つのかたち」を林は確認するのだが、本稿ではその展開を考えてみたい。はたして劇作における戦後的課題やその実践に、〝家庭劇〟の様式はどう関与したのだろうか。とりあげたいのは宮本研の戯曲「五月――エピローグのある三幕四場――」（『テアトロ』昭和三三年一月）である。

「五月」は〝家庭劇〟としての位置づけ、先行する戯曲表現との近しさに作者その人も自覚的な作だった。宮本は後年、「久保田万太郎とわたし」（『悲劇喜劇』昭和四六年八月）[4]に次のように記している。万太郎に「よかったら書いたものを読ませてくれないか」と言われたが「書いている芝居のお宗旨がちがう」と避けていた。しかし再びの催促を前に「「五月」という三幕の家庭劇をもって行くことにした。むろん、いろいろと考えたうえでのことである」（傍点引用者）。その後も万太郎は折々「新しい作品はまだか」と尋ねたのだが、それには「いつも言葉をにごしていた」。「反応工程」（『悲劇喜劇』昭和三四年八月）や「日本人民共和国」（『テアトロ』昭和三六年一一月）、「メカニズム作戦」

（『新日本文学』昭和三七年七月）――後に『ザ・パイロット　宮本研作品集』（晶文社、昭和四五年一二月）にまとめられる「戦後史四部作」[5]――については「なぜか、万太郎師匠にはいえなかった」。

「五月」という〝家庭劇〟ならば「芝居のお宗旨がちがう」万太郎にも見せることができるという判断。ここに示唆されているのは、万太郎劇はもちろん〝家庭劇〟というジャンルにも抱かれていた宮本の〝宗旨違い〟の感覚だろう。

この感覚は「五月」の二年後に書かれた「リアリズムとしてのサークル演劇」（『日本文学』昭和三五年一一月）にも確認される。そこで宮本は「五月」を例にあげ、「茶の間」での「ぶつかり合い」は「独立した人間同士のぶつかり合いということよりも、家族同士がなんとなくくっつき合い、もたれ合っている感じの方が強い」ため「ドラマの対話というのは成り立ちにくい」とこぼしているのだ。

ただしこれら「五月」以後に示された見解から、「五月」執筆時の宮本研と〝家庭劇〟との距離を自明視することも危うい。特に「久保田万太郎とわたし」は『革命伝説四部作』（河出書房新社、昭和四六年八月）をすでに書き上げた作家によって記されている。その時点の認識から〝宗旨違い〟の感覚が逆算されたきらいもある。また「五月」を読んだ万太郎がその後も「新しい作品はまだか」と尋ねてきたと、あえて記している点も気になるところだろう。この点を重視するとき「久保田万太郎とわたし」は、「万太郎師匠」のお眼鏡に叶う〝家庭劇〟を書き上げる技芸を示しながら、それと異なる方向に自らの道を切り開いた劇作家〝宮本研〟を説話化するテクストとして読み解かれねばならないのである。

さらにこの点に、「五月」執筆当時の宮本の得意の念を推察することさえ可能であるかもしれない。「五月」は彼なりに〝家庭劇〟をアップグレードさせた自信作で、だからこそ堂々と「万太郎師匠」に提示できたのだと、〝宗旨違い〟の感覚とは裏腹のありようを想定することにも無理はないのである[6]。

こうしてみるとやはり、「五月」の表現を丁寧に読み解いていくよりほかなさそうだ。そこから改めて〝家庭劇〟

と彼の考える「ドラマ」との脈絡を検討してみよう。そこに戦後における〝家庭劇〟というジャンルのありようもまた、明らかにされるはずだ。

2 「五月」のさわやかさ

先に「和泉屋染物店」と「かどで」に対する林廣親の見解を確認した。興味深いのはそれら二作と「五月」との間に確認される、あまりに鮮明な差異である。

「五月」の舞台は「佐久間家の茶の間兼居間」(7)に限定されている。しかしその家の主人である量平の課長への「急」な昇進と長女雪枝の縁談は、量平の勤める農業省の汚職に関連するもので、また長男の弘は労働組合の書紀を務め、農業省絡みの合理化問題を追及している。雪枝・弘とは腹違いの泉・達二（量平と君子の子）はまだ若いが、泉はサークル演劇に励み「ストライキ位やったことある」し、達二も親がかりの大学進学に拒絶感を抱く現実感覚の持ち主だ。だから「佐久間家の茶の間兼居間」では驚くほど気安く、「ストライキ」や「現地交渉」「労働組合」「アカ」「共産主義」「メーデー」といった言葉が口にされる。(8)

なかでも量平と弘の対話は質・量ともに圧倒的だ。「国内需給調整肥料の政府賃上げ」、それに付随する生産合理化をめぐり、具体的な法制度や数字をあげて長々と議論が展開されるのである。もちろんこれは量平の昇進の裏事情を明らかにするもので劇の構成上必要不可欠なわけだが、それでも弘の背後に「和泉屋染物店」の幸一や「かどで」のい、い、政さんの姿を思うとき、隔世の感は否めない。

さらに注目すべきは彼らの示す相互理解である。弘は父に「間違った判断」をしないように迫るが、それでも父の立場への理解を示すことを忘れない。[9] 量平にしても同様で、「何いってるのか、さっぱり分らん」と口では言いながら、正しく弘の言葉を理解している。[10] こうした父子の示すスムーズな相互理解と「和泉屋染物店」の対話――「世界が違ふのです。お互に理解しないのです。〔…〕行きませう、ねえ、その世界へ。広い広い緑色の世界へ」「幸一、お前は気が狂つたのか」――との差異は明らかだろう。

そして「五月」のプロットは、こうした新旧の世代の言葉の通い合いを通じて形作られている。戦後の生を謳歌する若い世代への羨望の念、それを量平も雪枝も口にしていた。[11] しかしまだ手遅れではないのかもしれない。泉や達二のように自分たちも新たな生を目指すべきなのだと、自覚するに至るプロセスを「五月」は描き出している。その意味で「間違った判断」を回避した末の量平の左遷も、それに伴う雪枝の破談も〝新生〟への一ステップであり、悲観すべきものではない。

「五月」は「茶の間兼居間」を舞台としながら、政治的・社会的な言葉が当たり前のように飛び交い、共有される劇だった。一見したところ、こうした言葉のリアリティや流通性に対する書き手の信頼が劇の対話を支えている。そしてその信頼は、それらの言葉が約束する望ましき未来への希望にも通じていよう。だから「五月」では〝新生〟へ向けられる登場人物の期待が社会の前進と柔らかに、しかし切れ目なく結びつくことになる。「エピローグ」がメーデー――これには弘と泉が参加している――の当日に設定されたことも肯ける次第だ。

劇の結びをみてみよう。「子供たちの人生が始まってるんだよ。――おれも、やっと分った」。自身の再出発への抱負を胸に秘めつつ、量平はそう口にする。そして自らの言葉を裏づけるかのように彼は達二や雪枝を追いかけ、二階へ上がる。その上昇運動にあわせるように「歌声、次第に高くなる」。

この幕切れは宮本の事実上のデビュー作「僕らが歌をうたう時」（『テアトロ』昭和三二年七月）を想起させる。「僕らが歌をうたう時」はサークル演劇の苦しい現実、しかしそれに打ち勝つだけの希望を、「歌声、だんだん高くなる」ラスト・シーンに仮託した佳作だ。それと同じように「五月」の幕切れでは「次第に高くなる」メーデーの「歌声」

が、初夏の「風にのって」佐久間家に流れてくる。それは佐久間家の〝新生〟を寿ぎつつ、いつの日かきっと訪れるよりよき世界をさわやかに予告するようである。

ただし残念なことにこうした解釈は単純化のそしりを免れない。幕切れの場にただ一人取り残される君子、二階へ上がる夫を尻目に「かたくなに坐りこんでいる」君子の姿に目を瞑ることによってのみ成り立つ解釈だからである。「私は、あなた（引用者注――量平）のようには悟りきれません」。夫妻のへだたりは、母の干渉を拒み「自分のことは自分でやってみたい」と宣言する達二への対応の差にも表れている。量平は「もう一人で何でも出来る、やらなくちゃいけないんだ、これから先、なあ」と応じる。この物わかりのよさは先の「子供たちの人生が始まっている」と同じく、自身の〝新生〟への抱負に動機づけられたものだが、君子には納得できない。「勝手にしたらいいよ。どうせ離れればなれになるんだから」。これが君子の答えである。

佐久間家の〝新生〟は君子にとって断念にほかならなかった。こうした彼女の位置づけをどのように理解すべきなのだろうか。さらに細かく検討してみよう。

3　「五月」の空々しさ

実のところ君子が取り残されるのは、佐久間家が〝新生〟へと向かう「エピローグ」ばかりでない。むしろ彼女は劇を通じて終始、言葉のレベルで疎外されている。「五月」が軽やかに形成する相互理解の輪の外部に君子は位置づけられているのだ。

たとえば「達二にまで変なこと教え込まないで下さいよ」と言い、「アカですよ。共産主義ですよ」「近頃は、泉まで変なこと口にするようなことになりましたからね」と君子が続けるシーン。彼女の不安は「変なこと?」「共産主義?」(弘)、「あら、あたし」(泉)と鸚鵡返しにされる。ここに君子と子供たちとの意識のズレが確認されるのだが、殊に「おばあちゃんが何とおっしゃろうと、佐久間家の位牌は弘さんにあずけられません」と話を結ぶもそれが「沈黙」をもって迎えられる点に、彼女の一人相撲の印象はきわまっている。家庭の安定的な持続を求め、(12)「位牌」や「跡目」にこだわる君子の姿勢と上手くかみ合うのは、皮肉にも彼女が対立する姑のぬい一人なのである。

言い換えるなら「五月」には、二種の関心とそれを口にする二種の言葉が、すれ違うかたちで同居している。しかし劇中ぬいが死を迎えることで、君子の言葉は行き場を失う。だから君子はもはや、彼女自身が口にしたように「馬鹿みたいにボカンとして暮ら」すよりほかない。それを端的に表すのが幕切れで「かたくなに坐りこ」む彼女の姿であるのだ。

このとき君子の断念は、佐久間家の〝新生〟を語る言葉の側の優勢――ひいては「次第に高くなる」メーデーの「歌声」に込められた期待が成就する予感――を裏打ちするものであるかのようだ。しかし細部に目を配るとき、こうした整理を突き崩す表現ばかり「五月」には確認されるのである。

まずは二種の言葉が対峙する場合をみてみよう。そもそも観客が濃密なリアリティをもって受け止めたのは君子とぬい――二人の〝母〟(13)の間の対立だった。(14)たとえば雪枝の縁談に対する君子の姿勢を、「本当の親子」でないからとぬいは難詰する。憤る君子は「私は、もうおばあちゃんの指図は受けません」と言い切る。ぬいは「量平――君子にこんなことをいわせてもいいのかい。親に向かって、こんな口を叩くんだよ」と応じ、君子は「親子じゃありません。おばあちゃんとは、他人です。赤の他人です」と返す。

こうした確執はいかにも万太郎的な〝家庭劇〟(15)を思わせるものだが、ここで重要なのは、二人の対立を仲裁するだけの言葉を量平が持ち合わせていないことだ。量平は雪枝を呼んでぬいを二階に連れて行かせること、君子に「駄目じゃないか、年甲斐もない」「馬鹿なことをするもんじゃない」と言うことしかできない。しかもその言葉さえ君子の無言と「間」によって処理されてしまう。[16] こうした量平の扱いは、「エピローグ」で〝新生〟の希望を語る彼の言葉に、皮肉な趣を与えずにはいられまい。

政治的・社会的な言葉がそれ自体を骨抜きにするパターンも仕掛けられている。たとえば泉は「やればいいじゃない、実力行使」「メーデーでさ、気分うんとこさ盛り上げちゃってさ、ぶっつけちゃうの、バーンと」「あたしだって、ストライキ位やったことあるんだから」と他愛もなく口にする。この気軽さは、的外れに思われる君子やぬいの発言――「女の子でアカだなんていわれると、お嫁に行けないよ」と言う君子、大学を退学に追い込まれた弘の過去について「いいじゃないか、旗位振ったって」「ハシカみたいなもん」と言うぬい――と泉の理解に、どれほどの違いもないことを印象づけてしまう。

先述の通り「五月」において政治的・社会的な言葉は、一定のリアリティと流通性が前提とされ、家庭という場に持ち込まれていた。しかし日常的な語彙として家庭に持ち込まれるようになったとき、そうした言葉からはすでに挑発的な実効性が洗い落とされてしまっている。政治的・社会的な言葉が広く行き渡り、了解される事実それ自体のうちに潜むある種の空々しさを、泉の台詞は表面化させているのだ。[17]

そして実は「エピローグ」のメーデーも、同様に理解すべきものである。量平と達二との対話はそれを明らかにする。「お父さんの役所の前を通るのがあるだろう。あれは何コースっていうのかな」と問う量平に、「それが中部だよ。――とっぽいな、毎年汚職やるなってデモかけられてるじゃないか」と達二は答える。しかしまさにその役所の汚職が「五月」のプロットの根幹を成していたのである。デモもメーデーも汚職をやめさせることはできない。つまりメーデーの「歌声」は皮肉にも、それが約束する未来の到来をむしろ疑わしく感じさせるものとして舞台に響くのである。このとき佐久間家の〝新生〟の可能性だけは別枠だと、期待することは難しい。

このように個々の表現は〝新生〟の希望を相対化する。そこで〝新生〟をめぐる輪から疎外された君子が、かえって等身大の共感を誘うことになる。だから「君子が〔…〕中心的主人公となって観られたこと」が「作者が意図しなかった」ことであるなら「結局誰を通じてなにを描こうとしたのかという点に多少の混乱があったということ」で、「そこに起因して全編を通じてのいささかの冗長さと、ほりの浅さをも生み出す結果にもなっていた」という劇評[18]が提出されたのだろう。

ただし「五月」に「混乱」を指摘したいのであれば、さらにもう一つのベクトルがそこに存在することを見落としてはならない。その役を担うのが雪枝である。

4　「五月」の〝新生〟

雪枝の寡黙さ、さらには存在感の希薄さを強調するように「五月」は構成されている。

初めて舞台に登場する「第一幕　第二場」での彼女は、「量平の着物を持って」きて「おばあちゃん、何にも食べたくないんですって」と告げ、父の「お見合いが決まったそうだね」「嬉しそうじゃないか」という問いかけには「ええ」「いやだわ、お父さん」と答えるだけで、すぐに「出てゆく」。そして君子とぬいの言い争いの後、量平に呼ばれた彼女はぬいを「抱えて上がる」。「第二幕」では横山夫人に挨拶をし、弘には「いつ帰ったの?」と尋ね、君子に時刻への注意を促す。それだけである。

対して「第三幕」では、泉から続けざまに問いを投げかけられる。しかし「嬉しい?」「お嫁に行くの」という問いにはシンプルに「そうね」と、「どんな人?」「お酒飲むの?」には「温順しそうな、キチンとした人」「飲まないって」と、やはり言葉少なに答えるだけである。また見合いの席で「どんな」話をしたのか「例えば?」と問われるや、「例えば、そうね。――いやよ、そんな話」と話をそらしてしまう。

この控えめな応答は雪枝になるほど相応しい。しかし観客の心を焦らすための作為も感じられる。彼女の縁談の裏事情は弘の推測というかたちで、「第二幕」の時点ですでに明らかにされているからだ。彼女の縁談は量平の昇進と同様、省幹部の収賄を隠蔽するための保険にすぎなかった。しかしいったい当事者たる雪枝は縁談にどう向き合っているのだろう。素直に喜んでいるのであれ、自分に選択の余地はないのだと諦めているのであれ、劇の展開を楽しむうえで彼女の想いはぜひとも把握しておきたいものだ。泉と雪枝の対話は、こうした観客の関心をくすぐりつつ、はぐらかすのである。

　しかしこうしたはぐらかしが、量平が破談を告げる決定的なシーンでも変わらないとなると話は少し変わってくる。量平が「先方からいわれる前に、はっきり断って来た。理由はお母さんが知っている筈だ」と言い、「お父さん、こんな人間で、お前に何にもしてやれないが、この位のことならしてやれる。――分かってくれるね」と言葉を継いでも、雪枝は「はい」と「泣く」だけで、そのまま二階へ上がる。これに続くのは「今度帰ったらひとつ、何十年振りに阿蘇に登ってみるかな〔…〕そして、腹の立て方をひとつ、習って来にゃいかん」と「笑う」量平の姿で、観客の心に雪枝の悲しみに寄り添う隙間を設けない。そしてふたたび降りて来る雪枝は、すでに祖母の死を認め「真青な顔」をした雪枝である。破談への彼女の想いをあっという間に劇の関心の外部に追いやるよう、巧まれているのだ。

　つまり雪枝の存在は一貫して、取るに足らないものとして扱われている。だからこそ「エピローグ」における変容が際立つことになる。量平の左遷への同行を誰も疑わなかった彼女が、不意に「あたし――熊本には参りません」と切り出し、内面を吐露するのだ。

君子　――今度のこと、あんたには気の毒だと思ってるよ。

雪枝　そんなことじゃないんです。――何ていうのかしら――あたしって、今まで随分お父さんやお母さんに頼っていたと思うんです自分《ママ》の生活ってものを持ってなかったんです。――今度のことにしたって、何から何まで人任せで、あたしっていえば、じっとして、お父さんやお母さんが、おむこさんを探して来て呉れるのを待っていたんです。――でも、それじゃ、あんまり自分が可哀そうです。――初めは、熊本に行く心算でした。でも、熊本に行ったら、あたしはもう駄目になるような気がするんです。東京に残ります。東京で自分の生活を見つけます。――一人で食べて行けるかどうか分りませんけど、やれるだけやってみようと思います。――あたしって、一番大きいくせに一番弱虫ですけど、達ちゃんたちと一緒だったら、何とかやって行けそうな気がするんです。

先述の通りメーデーの「歌声」と結びついた〝新生〟の期待は、およそ当てにならないものとして値踏みされていた。しかし雪枝はそれと別の水準で静かに、それでいて鮮やかに〝新生〟の第一歩を踏み出していたのである。ここに「五月」における〝新生〟の意味合いは複雑化する。

「自分の生活」の必要に目覚めた雪枝の姿は、「誰の世話にもならないで、自分でやってみたい」という達二、あるいは結婚相手は「自分で探しますから」という泉に通じている。そして君子にとっては、こうした自立への意志こそが「分らない」当のものだった。

もちろん達二や泉の意志は単純に肯定されてはいない。達二の進学のために「入学金や何やで、五、六万のお金」を「妹のところから借り」、「どのくらい肩身の狭い思いをしているか」とこぼす君子を知る観客の目に、それは達二自身が口にしたように「甘ちゃん」のわがままとして映ったことだろう。だから「お母ちゃんはお母ちゃんのことだけを考えてればいいんじゃないのかな」という彼の言葉の印象もさして深くない。しかしこれを雪枝の決断と接続させるとき、どうだろうか。

雪枝は君子と同様に「自分の生活」という発想と無縁の存在だった。その雪枝がゼロから「自分の生活」を築き上げることを望むまでに変貌を遂げる。これは君子の「かたくな」な姿勢への観客の同情にゆらぎをもたらすものだろう。君子もまた「自分の生活」という観念に手を伸ばすべきであり、それは決して不可能なことでない。君子の悲しみを味わいつつ同時に距離をとる複眼の必要を、雪枝を通じて「五月」は提示するのである。

とはいえ雪枝の〝新生〟を手放しで喜ぶこともまた難しい。彼女の宣言を受けて量平は「生活、生活って、口でいうと綺麗に聞えるが、大変なことなんだよ」と、常識的な訓戒を与える。しかしこれが相応の説得力をもつことを否定することはできない。雪枝自身「知っています」と応じている。彼女はぬいの保険金を「あたし要らないから、学校の費用に使ってほしいの」と達二に渡そうとする一方で、「一人で食べて行けるかどうか分りません」とも口にしていた。このように彼女は悲観も楽観もしていない。それでも「そうかね。それじゃ、お父さんはもう何にもいわない」と、量平が飲み込んだ現実の諸相は、彼女の先行きの困難をありありと突きつける。こうして雪枝の〝新生〟のはかなさを前にするとき、政治的・社会的な視座の重要性を――それが言葉にされるとき、どれだけ浮薄なものであろうが――意識せずにはいられまい。

つまり「五月」には三すくみの構図が、きわめて整然と成り立っているのだ。量平や弘の口にする政治的・社会的な言葉の指し示す公的な正義は、エゴイスティックで視野狭窄な、だからこそ身近でもある君子の情愛によって相対化される。この君子の姿は雪枝の主体的な選択の凛々しさによって相対化される。しかし雪枝の〝新生〟のナイーブさもまた、やはり無傷のままではいられないのである。

こうした構図は後ろ向きに、それではいかなる視座・言葉が必要なのか、問いを浮き彫りにする。それがあくまで問いにとどまるゆえに、「混乱」が見出されたのだろう。しかし簡明な処方箋の存在が信じられない現代において「五月」の慎ましやかなスタンスと、それでもたしかに印象づけられる雪枝の〝新生〟の清新さは、説得力を増しているだろう。

5　〝家庭劇〟の戦後

「五月」の一年後、宮本は「職場演劇におけるドラマの問題」（『文学』昭和三四年四月）を発表している。これに加筆修正を施したのが、先に名をあげた「リアリズムとしてのサークル演劇」だ。ここまでの「五月」の分析を踏まえ、「リアリズムとしてのサークル演劇」に示された演劇観を検討してみよう。

まず宮本はサークル演劇の歴史を二期に区分する。「ストライキおよびそれに関連した労働者の生活」を扱い「常に勝利」を描いた第一期（一九四五〜一九五〇）、「政治的な立場、組合の立場、労働者という立場というものを一応ぬきにした時点で、自分たち、人間、あるいは生活を見つめていくという書き方」による「スケッチ劇」が生まれてきた第二期（一九五〇〜）とである。

さらに続けて第三期の構想を「スケッチからドラマへ」という道筋をもって宮本は提示する。「ドラマの問題」の「手がかり」は、「日本の風土」や「日本人の生活がどこかで変っていかなければ、あるいは変っているとすればどこかでそれをつかまえなければ」、つかむことができない。「たとえば日本人の発想の仕方」に「一つのパターンがある」とするとき、「そういった発想自体をなんとか変えていくことはできないものか」探りゆく姿勢が「ドラマを発見していく」ことに不可欠であるというのだ。

こうした宮本の見解は、「五月」を評した岡田豊(19)が「作者自身のパンフレットに寄せた」ものとして引用した次の一節とも響き合う。

日常茶飯事の万遍ないくりかえしである毎日を、そのまま書いたのでは芝居にならない。しかし毎日の生活の中でたえず動いているなにかを書けば芝居になると思った。だがどう書くかが問題だ。スケッチからドラマへというコースの道筋を確かめながらこの芝居は書かれているが、アクチュアリティがまだまだ勝っている。「小市民」を書こうとしたことは、その意味で損だ。

「毎日の生活の中でたえず動いているなにか」を見出そうとする姿勢を「五月」に確認することはたやすい。そして「日本人の発想の仕方」の変化する様、つまりは「ドラマ」の一端を雪枝が体現している。しかし「アクチュアリティがまだまだ勝っている」。雪枝の〝新生〟の「ドラマ」は現実を前にあまりにもろく、また政治的・社会的な理念もそれを支えるだけの実効性を欠く。ここに個々人の実存的な選択の「ドラマ」がもつ限界もまた示唆されている。しかしそれは本当に「損」なのだろうか。

たしかに「小市民」を扱う「五月」は「日常茶飯事の万遍ないくりかえし」の印象を明晰に刻み込む。そこに政治的・社会的な言葉の空々しさが暴き出されるのだが、周到に仕組まれた三すくみの構図を忘れてはなるまい。それが示すのは、「ドラマ」の可能性を徹底して疑いつつ、その先に「ドラマ」の樹立を見出そうとする強い志向だ。とすればこのとき「小市民」という設定は、むしろ必要不可欠な負荷であったと理解すべきだろう。「得」な道など端から存在しなかったのである。

こうして捉えるとき、戦後の劇作における〝家庭劇〟の特性を「和泉屋染物店」や「かどで」の反転として理解できそうだ。これら二作の表現は「新しい世界のことば」がリアリティを伴わないことを前提としていた。しかし一方でリアリティに富む庶民的な言葉を置きざりに、刻々と社会は変わりゆく。つまり必要なのは二つの言葉をまずは切り分け、そのうえで「新しい世界のことば」を間接的に持ち込むことで劇を構築する方法で、その一つの選択肢が〝家庭劇〟だったのだ。

対して「五月」の段階では、政治的・社会的な言葉はすでに市民権を獲得している。しかし現実はそうした言葉の指し示す未来へとまっすぐに通じていない。そこで政治的・社会的な言葉と日常の言葉は、むしろないまぜにされるべきものとなる。その混在する様が否応なしに現実を明らかにするのであり、そこに見出されたのが戦後における〝家庭劇〟の可能性だったのだろう。その地点から「五月」では、個人の生の充実と社会の前進とが結びつき「ドラマ」を構成する道が、後ろ向きのかたちで探索されたのである。

こうした目論見が正しく理解されたわけでないことは「混乱」を指摘する評が示す通りだ。また宮本自身、完全には自覚していなかったようだ。たとえば彼が娘を泉と名づけたことを思えば、その身の内に未来への「明るい信頼」[20]が素朴に残っていたことは否定できまい。それでも「五月」という〝家庭劇〟が彼に手渡したのは、そうした「信頼」[21]とは程遠い三すくみの構図で、ここに彼のその後は決定づけられたようだ。

直近の課題となったのは、三すくみの構図の積極的な解決だ。君子の悲しみを正当に引き受けたうえで政治的・社会的な正義を目指すこと、それを雪枝の決断に重ねることで「ドラマ」を導くことが求められる。そのためにはまず自分自身の実存を問い直さねばならない。「わたしの戦後史」[22]としての「戦後史四部作」への展開は必然だった。また「男・女・夢についての三部作」[23]や『うしろ姿のしぐれてゆくか』（晩成書房、昭和六一年一〇月）へと続く長い道のりも、「五月」から理解できそうだ。少なくとも「明治の柩」（『新劇』昭和三八年一月）のタツ子に君子の影を見出すことはたやすい。「五月」を君子中心に捉える誤解は〝母〟や〝女性〟の観念の難しさ、同時にそれらが劇にもつ力についての根本的な思索へと宮本を促す端緒になったのだと、これは仮説的に付記しておきたい。

［注］

（1）　小林花眠［編］『新しきことばの泉』（博進館、大正一〇年一二月）

（2）　林廣親「〈演劇の近代〉と戯曲のことば――木下杢太郎「和泉屋染物店」・久保田万太郎「かどで」を視座として」（『戯曲を読

む術』笠間書院、平成二八年三月）

（3）村田稲造「木下杢太郎と「和泉屋染物店」」（諏訪春雄、菅井幸雄［編］『近代の演劇』1、『講座　日本の演劇』5、勉誠社、平成九年二月）

（4）引用は『宮本研戯曲集』第一巻（白水社、平成元年五月）より。

（5）「反応工程」「日本人民共和国」「メカニズム作戦」に「ザ・パイロット」（『新日本文学』昭和三九年一〇月）を加えて言う。

（6）「かどで」も「五月」の「第三幕」も、朗報を携えて帰宅するはずの人物を待ち設けるも、その帰宅が思いもよらない報告をもたらす展開をとる。この共通性は示唆的だ。

（7）『僕等が歌をうたう時』（テアトロ、昭和四二年一月）収録の際、「佐久間家の茶の間と居間」と書き換えられた。

（8）「かどで」が「差別化して取り込」んだ「近代社会の制度と結びついたことば」として、林は「登記所」「新聞」「税務署」「区役所」「労働」「ストライキ」を列挙する。

（9）「お父さんは、雪枝姉さんや達二のことを〔…〕おばあちゃんやお母さんのこと、家族のみんなのことを考えてるんでしょう。分りますよ、僕」（弘）。

（10）だからこそ「間違った判断」を回避した量平に、弘は「お父さん――有難う」と言い、量平は量平で「嬉しいね、有難うなんていわれると。――弘。だけど、お前に負けたんじゃないぞ」と応じる。そしてもちろん弘は「分ってるよ」と返すのである。

（11）「しかし、羨ましいね」「仲々いいね、若い人たちは」（量平。泉のサークル演劇仲間の松本に対して）、「でも、羨ましいわ、あたし」「泉ちゃんたち」「戦争、早く終わっちゃったんですもの」（雪枝。泉に対して）。

（12）「お父さんも課長さんになられたし、雪枝さんの話も決ったし、家もどうやら、先の見通しがついて来ましたからね、みんなで気をつけて、平和を乱さないように」（君子）。

（13）「泉と達二が生まれると、今度は、私が自分の子供にばかり甘いとか何とかいって、雪枝さんと弘さんばかり可愛がって」「おばあちゃんは、「弘は佐久間家の跡取りだから、躾はわしがする」といって、お離しにならなかったじゃありませんか」（君子）。

（14）たとえば松浦竹夫は「おばあさんが非常に頑固で、後妻に来た君子という女に対する依怙地な所など、どこにでもある様な形ですがうまく書いてある」と指摘している（倉橋健、松浦竹夫、西沢揚太郎「戯曲合評」『悲劇喜劇』昭和三三年三月）

（15）たとえば初期の戯曲「陰影」（『三田文学』明治四四年一〇月）にはすでに「義理ある弟なら――義理があれば義理があるだけ

それだけの事をしなくちやならない筈ぢやあないか。義理があると思へばこそ私なんかは随分政之助には遠慮してゐる。だけどそれがあの人には解らないんだ」といった一節が見出される。

(16) これは先に確認した君子の言葉に対する弘と泉の「沈黙」を裏返した構図といえる。「五月」における異種の言葉の争闘は、一方の無言をもって処理される。家族同士のなれあいの感じに「ドラマの対話」の不成立を宮本は確認したが、実のところ「五月」の表現は「なれあい」の不成立を軸にしているのである。

(17) また横山夫人の「お勤めはどちら」との問いに、弘が「組合の書紀やってます」と応じてからのやりとりは見ものである。
――「組合と申しますと?」「労働組合です」「は?」「ストライキやるところです」「ストライキ。――はあ、じゃ、あのう。――いえ、仲々活発なお仕事で結構でございますよ」。

(18) 岡田豊「第十回職場演劇祭を観て」(『テアトロ』昭和三三年一月)。ほかにも倉橋健、松浦竹夫、西沢揚太郎「戯曲合評」(前掲)で松浦は、「作者が何を本当に書きたかったかという、そういう焦点の曖昧さは感じます」と評し、「一家の人間像を通して汚職という現代的な悪をもっと色濃く書こうという形で、筆を進めていったのかもしれないけれど、全幕共、この家の茶の間という設定の為か、何かそれが現代版「父帰る」的な感じの人情劇の方に走りすぎていった」と続けている。

(19) 岡田豊「第十回職場演劇祭を観て」(前掲)

(20) 宮本研「あとがき」(『僕等が歌をうたう時』前掲)

(21) 大笹吉雄は「歌の季節」(『宮本研戯曲集』第一巻、前掲)で「既成の前衛党の枠の外で、民衆と歴史の進み方、それへの明るい信頼が、宮本研をして歌を選択させた」と初期作品を整理している。

(22) 宮本研「四つの作品について」(『ザ・パイロット　宮本研作品集』晶文社、昭和四五年一二月)。ここで宮本は「戦後史四部作」とそれ以前の作との間に「どこかに、あるきわだったちがいがあるようにわたしにはおもわれる」と記している。また「そこからの出発、そこへの回帰」(『悲劇喜劇』昭和五五年九月)で宮本は、「麦の会のために」書くことと「自分のために」書くこととのズレに言及し、「僕の書きたいこと」を書いたのが「反応工程」であったと位置づけている。

(23) 「櫻ふぶき日本の心中」(『テアトロ』昭和四八年一一月)「からゆきさん」(『文藝』昭和五二年四月)「夢・桃中軒牛右衛門の」(『文芸展望』昭和五一年四月)。併せて『夢・桃中軒牛右衛門の――男・女・夢についての三部作――』(河出書房新社、昭和五三年九月)に収載された。

※　引用は原則として初出により、ほかはその都度引用元を注記した。引用に際して一部旧字は新字に改めルビ・傍点は適宜省略し、引用文中の省略を〔…〕によって示した。

※　本稿は二〇一六年度日本近代演劇史研究会七月例会での口頭発表に基づいている。貴重なご意見を寄せてくださった皆様に御礼申し上げます。

井上ひさしの戯曲『イヌの仇討』とラジオドラマ『仇討』

――「自作自演」の「物語」としての「忠臣蔵」――

伊藤　真紀

「忠臣蔵」と井上ひさし

歌舞伎のみならず「忠臣蔵」のタイトルで広がる「赤穂事件」を題材とする文芸作品、映画・演劇作品の裾野は広い。各分野に展開し、日本人特有の心性が表現されているとの考えから、しばしば日本人論でも取り上げられる。「赤穂事件」は、人口に膾炙し、近世のみならず近代にあっても、多くの日本人の思想に影響を与えたと考えられよう。戦後の一時期アメリカ軍の占領下の「統制」もあったが、その後また映画やテレビ放送の年末番組等をつうじて国民的な「物語」に返り咲いた。

一九八〇年代にもブームがあり、忠臣蔵論として著名な丸谷才一の『忠臣蔵とは何か』（講談社、一九八四年）や、森村誠一の『忠臣蔵』（一九八四年から『週刊朝日』で連載）が評判になったが、井上ひさしも一九八〇年代初頭から、小説『不忠臣蔵』を発表して好評だった。(1)『不忠臣蔵』には、タイトルからして、井上ひさしの「忠臣蔵」という国民的「物語」に対する考え方が反映されているが、その後、一九八八年九月に、こまつ座の第一六回公演として、東京新宿の紀伊國屋ホールで初演された作品に『イヌの仇討』がある。この『イヌの仇討』の初演は、台本が間に合わず初日が四日遅れとなった。井上の台本が初日に間に合わなかった例は、これに限らないが、『イヌの仇討』の初演は、先行する『不忠臣蔵』の劇化かとの期待からも外れた作品であったためか、開幕時には、後述の劇評にあるとおり、さほど高い評価を受けることは出来なかったようである。

ところで、もともと、井上が考えていた戯曲は『イヌの仇討』ではなく『長屋の仇討』であったようで、最初の構想からの変更が、結果的に遅筆をもたらしたのかもしれない。井上は、当初予定していた『長屋の仇討』（長屋を舞台に繰り広げられる「仇討」）に関連して「たしかに赤穂浪士の敵討は『事件』としてはメチャメチャにおもしろい。しかしおもしろいのは異例中に異例、例外中に例外だからであって、それをそのまま日本人の鑑であると押しつけられてはかないません。」と述べている。(2) もとは『長屋の仇討』と題されたこの作品の構想は、牛久藩の元締役の武士が、ある夏の朝機嫌良く起きて朝日を拝み、いつものように元気に御用を務めるつもりでいたが、ふとしたことから、その正午には敵討ちの討手となり、日没には返り討ちにされ、夜には、もうむくろとなって御長屋の一室に横たえられたいた、というものだった。(3) この『長屋の仇討』はその後、タイトルが『イヌの仇討』となり、「長屋」が舞台ではなく、赤穂浪士に討ち入られた吉良邸が舞台となった。そして、吉良上野介とその家中の人々の籠城から滅亡までの物語になった。

原案の『長屋の仇討』より、『イヌの仇討』のほうが、その改稿の成功、不成功は別として直接的に『不忠臣蔵』のように、「忠臣蔵」の戯画化を目論んだ作品と言えそうである。『イヌの仇討』は数ある「忠臣蔵もの」の一つに数えられる。パロディとしての面白みは『イヌの仇討』の魅力を支えているので、その後も再演を重ねている。しかし、日本の国家や日本人論を展開した井上ひさしの「忠臣蔵もの」として考えた場合に、どこか未消化の印象を受ける。

井上が一九八八年一〇月という時期に、自身の「忠臣蔵」ものとして、この戯曲を世に出すことは、従来の「忠臣蔵もの」の演劇への「挑戦」の意味もあったのではないだろうか。残念ながら、『長屋の仇討』から『イヌの仇討』への変更の詳細を明らかにすることはできない。そこで、本稿では井上ひさしが『イヌの仇討』の前に手掛けていたラジオドラマ『仇討』（一九八二年一二月一四日一九時からTBSラジオにて放送した芸術祭参加作品。シナリオは『海』一九八三年一月号に掲載）を、井上ひさしによる、「仇討」ものの一つとして捉え、その構成との比較をとおして、あらためて『イヌの仇討』という作品について検討してみたい。

なお『仇討』は、一九八三年一月号の『海』に掲載された後、一九八三年一一月に中央公論社から単行本が刊行され、『井上ひさし全芝居　その三』（一九八四年七月、新潮社刊）に収載されているが、本稿では『井上ひさし全芝居　その三』の本文を参照する。また、『イヌの仇討』は、数種の本が確認されるが、[4]各本に大きな差異がないので『井上ひさし全芝居　その五』（一九九四年一〇月刊）で読むこととする。その他、各作品の初演に関する情報も『井上ひさし全芝居』（新潮社刊）各冊掲載の「初演記録」に拠る。

ラジオドラマ『仇討』――井上ひさしの「仇討」もの

ラジオドラマ『仇討』は、一九八二年一二月一四日、毎年泉岳寺では義士祭の行われる討ち入りの日に合わせて放送され、脚本は年が明けてから翌年一月の『海』に掲載された。なお、同じく一九八二年の大晦日に、つかこうへいの『つか版・忠臣蔵』がテレビで放送され、[5]こちらも脚本が、『仇討』と同月の一九八三年の一月の『新劇』に発表された。ラジオドラマ『仇討』は、井上の『イヌの仇討』のもともとの構想（前述）にもあったらしい牛久藩（山口家）を舞台にしており、[6]同藩山口家家中、火之番役の及川孝之進が主人公となっている。以下、少し長くなるが、梗概を述べる。

牛久山口家家中・火之番役及川孝之進は、父の及川神右衛門の親友である山崎蔵人の娘の糸と結婚することとなって、ドラマはその祝言の宴の場面から始まる。この幸福な若者、孝之進に対して、孝之進の母と嫁の糸に、妻を殺された蚤が、復讐のために孝之進の全身を四十七カ所刺す。(7) 孝之進は「孝経」の教えに背いて自身の身を傷つけたことを責めて切腹しようとする。しかし、儒者の伊藤銀蛾の思いつきで、孝之進は切腹ではなくて「仇討」をすることになる。そのために、藩主から「仇討免状」を取り寄せて蚤を相手に「仇討」をすることになり、その「免状」も届いて、孝之進が蚤を相手の「仇討」をしようとしているところへ、幕府の巡検使が来合わせ、無意味な「仇討」を咎められることになってしまう。その不首尾を埋め合わせるために、今度も銀蛾の提案により、孝之進の妻の父である山崎蔵人に孝之進の父及川神右衛門を殺させ、その「仇討」として孝之進に、義父の山崎蔵人を殺させることになる。これに否を唱える余地もなく、山崎蔵人も及川神右衛門も納得してその提言に随い死んでいく。

主な登場人物と配役（擬人化された蚊・蚤も含む）は、及川孝之進（牛久山口家家中・火之番役、矢崎滋）、糸（孝之進の新妻、桜田淳子）及川神右衛門（孝之進の父、佐藤慶）及川静（孝之進の母、渡辺美佐子）、登世（孝之進の伯母、吉行和子）、山崎蔵人（牛久山口家の家中・糸の父、及川孝之進の義理の父、名古屋章）、岡部又兵衛（牛久山口家の家老、若山弦蔵）、伊藤銀蛾（牛久山口家藩儒、財津一郎）、権助（及川家若党、桑山正一）、お種（及川家下女、新藤乃里子）、江戸の薬売（じつは公儀巡検使、蔵一彦）、その他に蚊たち（あでや蚊、平川真理子・はなや蚊、矢代静子・しとや蚊、後藤緑・おおら蚊、蔵一彦・ほがら蚊、中西和久・なんと蚊、松熊信義・老大蚊、小沢正一、蚤、その嬶といった人間たちと蚊と蚤（人間と二役）で、演出は、林原博光、岩沢敏、田中健一郎、製作は宮川史朗であった。前述のように、年末の討ち入りの夜に合わせての放送で、出演者も非常に選び抜かれている。(8)

さて、この作品で特に印象深いのはラストシーンで、儒者の伊藤銀蛾の提案を受け入れて、孝之進による蚤の仇討を親の敵討にすり替えるために、自ら死のうとしている蔵人と神右衛門が最期に二人で将棋を指す場面は秀逸である。

もちろん、『仇討』は、「黄表紙」の仕掛けにならい、蚤が擬人化されており、人間の言葉を話し、その蚤も人間を相手に「仇討」をしようというのであるから、紛れもない喜劇であり、全体に人間社会を蚤の視点から見ているところに面白みがあろう。しかし、単なる喜劇（ラジオドラマ）というだけでは足りないスケールの大きさを持っている。それは、それまでの喧噪を一気にひっくり返すシリアスな結末によるものである。

「孝経」狂いの及川孝之進は、最終的には、自分の父の神右衛門も義父の蔵人も殺すことになってしまうのであるが、その前に藩儒の「詭弁」を「真理」に「鋳直し」て蚤の「仇討」を親の「仇討」に転換させるために、自ら死のうとしている蔵人と神右衛門が最期にふたりで将棋をさす場面となる。

神右衛門　しかしどうせなら共に戦さの場で討死したかったな。
蔵人　戦さのない世じゃ、太平の世じゃ、太平の世の死に方としては気がきいている部類さ。
神右衛門　そうか、これも討死の一種か。
蔵人　うむ。王手じゃ。
神右衛門　さて、どっちへ逃げるか。
蔵人　どっちへ逃げようが、頓死じゃな。
　と、将棋をさしつつ、家族の行く末の算段をしながら、
蔵人　神右衛門、どこかでわしを待っていてくれよ。
神右衛門　落ち合う場所は三途の川の渡し場。どうかな。
蔵人　よかろう。神右衛門、許せ。
　蔵人、神右衛門を切る。神右衛門は縁へ落ちる。
（『井上ひさし全芝居　その三』三三四～三三六頁）

このシーンのあとで、蔵人は孝之進を誘って寺の向こうの空き地に行き、孝之進による「仇討」のシーンの前まで、このドラマは終わりとなっている。ここで、「蚊の羽音が離れて高く舞い上がる」、というト書き（指示）があり、いつの間にか儒者の述べる「教理」に絡め取られて狂ってしまった人間の「仇討」の展開を見てきた蚊が「いやです。見たくはありません、これ以上。この小さなハネのつづくかぎり遠くへ行ってみるつもりです。」と言って、蚊の歌う歌となって終わる。最終場面には、蔵人が孝之進に討たれるために空き地へ向かう時に口にする「我死なば焼くな埋むな野に捨てよ痩せたる犬の腹を肥やさん」（伝・小野小町）の歌が響く。

この作品では、井上ひさしが「戯作」から学んだ手法が活かされており、特に人間以外のものが「蚤」という大きさからしてかなり隔たりのある生き物、特に小さいものを、人間に立ち向かわせて、力なき蚤の無力を笑うようにしておきながら、最後には、その蚤も目を覆うような愚行に走る人間の姿を見せる、という展開になっている。最後の歌にいたってはまるで、人間の愚行を全て無に帰す禅世界の雰囲気さえ感じさせる。井上ひさしは、基本的に作品を書こうする対象から、「段上に立つか、段下に立つか、とにかく次元をずらさないと笑いというのはなかなか生まれにくいのです。」と松田修との対談で説明しているが、(9) この作品でも、「次元」をずらし「へだたり」による効果を生み出している。井上ひさしの作品には他にも犬が人間の言葉を話す小説『ドン松五郎の生活』や、『十一ぴきのネコ』（脚本）、『珍訳聖書』、乃木将軍の馬が全編おしゃべりを展開する『しみじみ日本・乃木大将』などがある。『仇討』は井上ひさしが自家薬籠中の戯作的手法を使った「仇討」ものと言えよう。

ところで、シナリオ『仇討』のなかで、「赤穂事件」との直接的な繋がりは見え難いが、基になっている馬琴作の『敵討蚤取眼』の「身・体・髪・膚、之を父母に受く。敢えて毀傷せざるは、孝の始めなり」（孝経）を土台にし「忠臣蔵の弥五郎が『石碑成就するまでは、蚤にも食わせぬ此の身体』と云ひしこそ、よき武士の亀鑑なり」を引き、(10) また孝之進が蚤に喰われた箇所は、四十七箇所とされており、「仇討」のために身をやつす、という場面でも神崎与五郎以下の例が参照されている。孝之進を追い詰める儒学者伊藤銀蛾の教えは「孝経」を基礎にしており、これは近世期の文化において「孝よりも忠義は二十三多し」「二十四の孝より四十七の忠」という川柳に反映されているごとく「本朝二十四孝」等の物語でひろがっていた「孝」の概念の、さらに昇華したものが義士の「忠義」であるという認識が江戸時代には広がっていたことを前提にしていると考えられる。(11) この「孝経」を中心にした「赤穂事件」の捉え方は、井上ひさしの基本的な見解とも考えられるので、次に『仇討』という作品の背後にある「孝経」とともに『仇討』についてみておきたい。

「孝経」――「忠義」という「論理」と家族崩壊

ラジオドラマ『仇討』は、作品の背景となっている論理、すなわち孝之進が信奉した「孝経」の教えが、作中でていねいに示されているので、誰が聞いても分かりやすいという強みを持っている。ここから、その点を確認していきたい。「孝経」の教えを蚊が説明する場面は以下のとおりである。

蚊　エー、人の身体は髪の毛一筋まで、すべて父母から授かったもの、これを傷つけぬように細心の注意を払うことが、孝の第一歩である。身を立て、道を行い、名声を後の世にまで揚げ、そのことによって父母の名をも又、顕すこと、これが孝の究極《きわみ》である。こんなところでしょうか。

全蚊　やっぱり、よくは、分りません。

蚊　つまり、親孝行があらゆる徳の大本だというのです。そうしてその親孝行の第一歩、イロハのイの字が両親から授かった身体を損なわぬようにすること。そこで蚊だの蚤だのに身体を喰われては大の親不孝者ということになります。だから彼奴は蚊や蚤を目の仇にしているのですね。我身を傷つけるものは見つけ次第叩き潰すこと、それこそが最上の美徳だと、彼奴は固く信じているのです。じつにこの家は怖い、恐ろしい……。

（中略）

蚊　お静かに。落ち着いて。ここは大黒柱の天辺近く、いくら五尺五寸の孝之進でも、ここまでは手が届きません。さあ、落ち着いて。

しかし六匹はなおも騒ぐ。喜劇の底に悲劇の芽を孕んだ音楽。

（『井上ひさし全芝居　その三』二九八〜二九九頁　傍線――伊藤注）

孝之進の特異なキャラクターと、それに敵対する蚊たちの大騒動の様子の対照が面白い。しかしこの喧噪はラストシーンに向けて計算されたものでもあることを、「喜劇の底に悲劇の芽を孕んだ音楽。」という意味深長な指定が示している。

そもそも「孝経」における「孝」とは、この作品では「蚊」が教えるように、親子の関係に基があり「身・体・髪・膚、之を父母に受く。敢えて毀傷せざるは、孝の始めなり。身を立て道を行い、名を後世に揚げ、以て父母を顕わすは、孝の終わりなり。」（現代語訳――人の身体は、毛髪や皮膚に至るまで、すべて父母からいただいたものである。これを大切に扱い、たやすく損なったり傷つけたりなどしてはならない。それが孝の実践の出発である。そのように孝を第一として実践するならば、りっぱな人という評判を得、その名を後世に伝えることができ、父母の誉れとなる。それが孝の実践の完成というものである。）（加地伸行『孝経』全訳注　講談社学術文庫、二〇〇七年六月、二五〜二六頁）ということで、第一に自分の身を大切にすることが「孝」の基本的な教えで、身を大切に名を騰げてこそ父母への「孝」は最終的に完成する、と説かれていたはずである。それがいつのまにか、歯車が狂って父親を殺すことになる。もちろん、それを狂わせたのは、伊藤銀蛾という儒者の計略だが、展開を追うと、「孝経」の以下の部分に対応しているとも考えられる。「孝経」は先の部分のあとで、「夫れ孝は親に事《つか》うるに始まり、君に事うるに中ごろし、身を立つるに終わる。大《たい》雅《が》に云う、爾《なんじ》の祖《そ》を念《おも》うことなからんや。厥《そ》の徳を聿《の》べ修《おさ》む、と。」（現代語訳――さて、人は子どものころ親にお仕えすることから始まり、中年になると、社会において［親に対してお仕えする気持ち・態度で］君主にお仕えし、［老年に至るまで］孝の実践を続けることによって父母や祖先に栄誉を贈る生涯となる。『詩』大雅にこうあるではないか、「祖先を忘るな。祖先に光りあれ」と。）（同前、二五～二七頁）という。結局、孝之進の肉親を超えた繋がり以上の「君に事うる」の部分での「孝」で歯車が狂っている。「孝経」では、「士章」（第五）でも次のように述べられており、江戸時代を通じて武士の主従関係を支える基となっていたという。すなわち、父や母への『愛』や『敬』をもって、身分の上のものへ仕える、たとえば君主に対しては父への敬をもってし、父に対してはその愛、敬をともに尽くす、したがって「（父に対する）孝の気持ちをもって君主に尽くすとすれば、「（敬の上に愛まで加わるのであるから気持ちが充実して）」まごころとなる。」とされ、「まごころや従順を失わないでその上司に尽くす。そうしてはじめて自分の官位・俸禄を保ち、祖先の祭祀を長く続けることができるのである。これが士の孝である。」とされた（同前、三九～四三頁）。この「孝」から「忠」への展開は、同じく加地の『孝経（全訳注）』の解説の中で「親子は血縁関係によって成り立っているので、物的には先天的であり、精神的には運命的な絶対的関係を離脱することはできない。そこから〈孝〉という観念が生まれた。しかし、血縁の関係がない他者との関係においては、〈孝〉以外の観念によってその人間関係を成り立たせなくてはならない。そこで、〈まごころ〉という観念を設定することになる。それが朋友との関係においては〈信〉、主君との関係においては〈忠〉として表わされる。」と説明されている（同前、第三部『孝経』の歴史「四　忠について」二二三～二二四頁）。

　ここでみてきたように、もとの「孝経」における、父母から頂いた身体を傷つけずに活躍するべきだという血縁という先天的な関係においての「孝」から、非血縁における主従関係の主君への「忠」については、現代の感覚では大きな飛躍が感じられる。孝之進は限りなく父母に孝であったつもりが、伊藤銀蛾の「論理」の操作により、気が付けば、自身の行動で「孝」どころか、家族崩壊を招いてしまった。父母への「孝」から、主君への「忠」への、そのおおきな飛躍が、終盤の大胆な展開にも重なっているのではないだろうか。

また、この作品の特徴として、孝之進が蚤を退治しようとして、それに対する蚤の「仇討」への進展が、ほぼ二日間の出来事に集約されていて、場面もほとんど変わらない。そのなかで、最後には前述のような、蚤も目を向けられないほどの惨事に展開する。西欧で生まれた「三一致」に近い、緊迫感を維持するような作り方となっている。本作はラジオドラマなので、装置の転換も不要である。また、「序破急」の美学を体現したようなテンポは、作品の凝縮度をあげ、完成度が高くなっていると言える。そして、次にみる『イヌの仇討』についても、ほぼ「三一致」に近い設定が作品の緊迫感を保持していると言える。

井上ひさしの「忠臣蔵」

さて、ここまで『イヌの仇討』に先行する『仇討』をみてきたが、本題である『イヌの仇討』は、『仇討』から、約六年後の一九八八年九月二六日から一〇月九日に、新宿の紀伊國屋ホールで、木村光一の演出により初演された。

井上ひさしは前述のように一九八〇年代の始めに『不忠臣蔵』という題名の小説で、仇討に関わらなかった人々に焦点をあてている。『不忠臣蔵』の発表時は、事前に自身でも予告しており「先だってTBSテレビで女たちの忠臣蔵をやっていましたが、僕は四十七士以外の忠臣蔵をやりたい。なぜ日本人は四十七人だけをとりあげるのか。赤穂には当時百数十人の武士がいた。もう討ち入りをした四十七人のことはわかった。逆に討ち入りをしなかった人、沈んでいった人。世の中が照明を向けていない部分に興味をもち、銘々伝の形で書きたい。資料集めも、七百冊ほど本もそろい、整ってきました」と語っていた。(12)このように「忠臣蔵」という「物語」を正面からとりあげた「忠臣蔵もの」を書く気のなかったことが分かるが、さらに言えば、銘々伝のかたちまで広く普及した「忠臣蔵」をその発想の根本から、全てひっくり返す意気込みがあったように思われる。ここでは、考察のため『イヌの仇討』が上演された一九八八年より以前に行なわれた、つかこうへいとの対談(13)からみておきたい。以下は、つかの『つか版・忠臣蔵』と、井上ひさしの『仇討』を発表後の、つかと井上との対談となっている。この引用は、拙論「シナリオ『つか版　忠臣蔵』――『滅私』型の自己表出(14)」での引用と重複するが、それぞれが「国」「家」と「忠臣蔵」に言及しているので再度引用する。

つか　で、「忠臣蔵」が育てた日本人というのは何ですかね、あれがあったから徴兵制とか布けたんだろうし、戦争もやれたんだろうみたいな……。〝お家のため〟っていいますかね。

井上　お上《かみ》に奉公する精神、これを忠臣蔵は育てたのではないですか。公《おおやけ》に奉公するのではなくお上に奉公する精神です。これが大きな流れで、小さな流れとしては、リーダーとしての大石内蔵助とかいろいろある。たとえば「プレジデント」はしつこいほど大石内蔵助を特集している。それからＮＨＫがやる。お上への奉公は、会社への奉公に読みかえられて、その中でどうリーダーシップを発揮するか、そういう特集が売れるのですね。（傍線　伊藤注）

とのべ、その後の箇所では次のように述べている。

井上　そもそも「忠臣蔵」をあんまり好きじゃないのは、あの浅野内匠頭という殿様があまりにも愚かすぎるからなんです。これは乃木大将の指摘でもありますが、それほど上野介が憎いのならなぜ突かなかったかという、大問題があるでしょう。

というと、つかも、

つか　ええ、頭悪かったんでしょうね。瘤癪持ちかなんかだったらしいですよ。

井上　ぼくらが教わったころの「忠臣蔵」というのは後ろから切りつけた、ということになってなかったんですね。（後略。『国ゆたかにして義を忘れ』「忠臣蔵が育てた日本人」一七六～一八六頁。傍線――伊藤注）

と答えた。二人の発言はほぼ同じ方向を向いているようだが、つかこうへいは、一九四八年の生まれで井上ひさしは、一九三四年に生まれている。(15) 井上ひさしが終戦時に、十歳を超えていたのに比べると、つかこうへいは、戦後生まれである。その他出身地の違いもあるが、井上ひさしが「ぼくらが教わったころの」とわざわざ述べているのは、そこに大きな違いがあると意識していたからであろう。右の発言に示されている内匠頭に対する井上の捉え方は、現代ではじゅうぶんに理解できようが、井上の幼少年時代には、情報統制により、そのように考える余地さえ与えられていなかった。

ここで、井上ひさしがまず先に大石賛美を批判するのは、正しい「武士道」の考え方からみても、道理にはずれているから、という理由に拠るものと考えられる。右の対談の別の回（「筋を通すために」）でも、「ぼくはいつも葉隠の山本常朝のことばを思い出すのです。家老というものは、非常の場合に格別の働きをするものであってはいけない。普段、よく働くものでなければならない。自分の仕える殿様におかしなところがあるなら、びしびし忠告して、問題を起させないようにするのが、真の家老なのである、と山本常朝が言っています。この伝で行くと大石内蔵助も家老としては落第ですね。（中略）ぼくは大石内蔵助には筋が通っていないという印象をもつのです。」と語っているが、山本常朝が『葉隠』において「諫言」こそが本来の「忠」と理解していた、ということを根拠に否定しているものと考えられよう。(16)

以上みてきたように、井上の「忠臣蔵」に対する理解には、そこに流れる「不合理」な精神や、「公」（引用中傍線箇所）ではなく「お上」（引用中傍線箇所）第一という封建制度と思想統制への反発があろう。そのために、生まれてから十年ほどの間、戦中の教育を受けることになった井上の場合と、つかとでは「忠臣蔵」観に大きな差があったことが想像される。

幼少期の井上ひさしは浪曲で「忠臣蔵」に出会っている。浪曲といっても、プロの浪曲師ではなく、セミプロ浪曲師で、本来の仕事はその多くが建設業者であり、井上の住んでいた町では、仕事が無くなる冬の間（東北では他の多くの職業も同様だが）建設業者が季節労働のようなかたちで浪曲師として農家に雇われてやってきた、と語られている。もちろん実演は座敷で行われるのだが、井上も土間の隅からそれを聞いたのだという。そこで聞こえてきたのは、赤穂義士銘々伝や乃木大将と辻売りの少年などであったとされている。(17) 井上は幼少期から「忠臣蔵」という「物語」に触れたが、その矛盾を近世に流布した「孝経」における「矛盾」と解して、戯画化した見せたのが『仇討』という作品で、「忠」の「欺瞞」を指摘したのが、『イヌの仇討』ではないだろうか。

戯曲『イヌの仇討』――「自作自演」の物語としての「忠臣蔵」

さて、ここから『イヌの仇討』の戯曲本文をたどってみる。最初に戯曲の指定により時と所が明らかにされているので見ておきたい。「時」は「元禄十五年壬午（一七〇二）十二月十五日の、七ツ時分（午前四時頃）から夜明け時分（午前六時頃まで）」で、「所」は「本所、諸宗山無縁寺回向院裏の吉良屋敷。もっと詳しくは御勝手台所の炭部屋兼物置」とある。すなわち、この作品では、世間に流布している「忠臣蔵」で、大石内蔵助が討ち入りをしてから、炭小屋に隠れていた吉良を見つけて討ち取る直前までを全一幕で、大石側ではなく、吉良側から描くという「趣向」になっている。(18) したがって、登場人物も、「忠臣蔵」で一般に知られている吉良家の武士の名前が登場する。その意味ではパロディらしい面白みもあるが、しかし、単純なパロディではない。

主な登場人物は、吉良上野介、と清水一学らの近習と茶坊主牧野春斎、その他に、上野介付きの御女中頭のお三さまとお吟さま（上野介付行火）と、将軍綱吉から吉良上野介へと下賜されたお犬さま、そのお犬さま付のおしの、おしん、という女中二人、その他、本来の「忠臣蔵」には全く関係のない砥石小僧新助という盗賊（盗ッ人）が登場する。砥石小僧の新助は、もと砥石屋の小僧であったが、綱吉の発した「生類憐みの令」のために、犯罪者とされることとなり、そのため盗賊に転落した人物である。この作品は、基本的に吉良上野介とその家中の人々の最後の籠城の時間を描いているが、新助だけは外部から闖入した全く架空の人物で約二時間の間、炭部屋兼物置という狭く息苦しい空間の内側で展開するこの芝居のなかで、おおいに「笑い」の種を提供する人物でもある。後で述べる「庶民」の代表、という意味でも重要な登場人物となっている。

さて、『仇討』の場合と異なり、この作品では、人間以外のもの、すなわち「イヌ」は、蚊や蚤のように、言葉を発することはない。以上の吉良家側の登場人物の他には、火の用心の番人、そして大石内蔵助率いる赤穂浪士たち、吉田忠左衛門兼亮、神崎与五郎則休や、堀部安兵衛武庸等の赤穂浪士が九人も登場するが、炭小屋に聞こえてくる声のみ、という設定であり、また大石内蔵助は、重要なポイントでお犬さまを斬るが、舞台には登場しない。

冒頭で述べた指定で、この作品は、大石に討ち入られた吉良が邸内を逃げ惑い、やっと女中のお吟の導きで炭小屋に逃げ込むところから始まる。そして、何かを悟った吉良が、大石らに斬られるために自ら炭小屋を出るところまでで幕となっている。以下、展開を記す。

第一幕。急襲を受けた吉良上野介は、なぜ自分には非がないにもかかわらず、大石が自分を襲うのか、それが理解できない。そのことを考え続けているのだが、どうしても答えが出ない。そのまま女中に導かれて、将軍から拝領したお犬さまと一緒に炭小屋に逃げ込んでくる。炭小屋に潜伏することとなった者たちが全員で善後策を考えていると、そこになぜか大切な茶道具が汚い布に包まれて置かれているのを発見する。この混乱に乗じて、吉良邸から名物を盗み出して世間をあっと言わせようと目論み、侵入した盗賊、砥石小僧の新助の仕業だ。ここから吉良家残党の人々のなかに、この新助が入り込むことになるが、新助は、「生類憐れみの令」に苦しむ世間の実情や、赤穂の浪人と吉良家の動向についての噂を吉良家の人々に伝えるので上野介は怒る。ただし、上野介にとって庶民の窮状は関心事ではなく、ひたすら、自分が大石から恨みを買う筋合いはない、大石が今恨んでいるのは自分自身ではないのか、との自問自答を繰り返すうち、上野介は極度の興奮状態に陥る。外ではいよいよ大石らによる家捜しが始まるので、上野介は、近習らの当身によって静粛にさせるために気絶させられ、しばらくは、家来たちを中心に状況の打開策が検討されるが、意見が対立してまとまらない。

第二幕。未だ上野介が気絶しているとみて、新助が世間では大石と吉良をどう見ているのかを近習たち、女中たちに説明する。調子に乗り、この事件についての世間の噂を語る新助を近習たちが成敗しようとするところへ吉良が、浄土の世界かと思われるような夢から目覚めて、先ほどとは変わって、家来の成敗を留め新助を「その男の、ありがたい台詞がまたとない活になった。」として助ける。いよいよ炭小屋に危機が迫るが、ちょうどその時、お犬さまがふとした拍子に炭小屋から走り出たとおもうや、外で斬られしまう。斬ったのは大石だった。このことを知った上野介は、考え続けていた大石の「討ち入り」の本当の理由にたどり着く。大石の討ち入りの狙いは、お上のなされ万端に対して弓を引き、楯をつき、挑みかかること、すなわち「お上への挑戦」にある、と。そして、自分もその「異議申し立て」のために、「死武者」となって、大石の免許無き騒動を立派な美談にしてお上に挑むのだと言い、脇差を握り直し、ゆっくりと戸口から出ていく。最後のト書きには、「やがて女たちとお犬さまの死骸と戸口からの朝の光を音楽が包みはじめる。」となっており、戯曲は、登場事物たちが全て死に絶えたことを暗示して終わっている。

『イヌの仇討』は、初演のあと、二〇一七年に久しぶりに東憲司（桟敷童子）の演出で上演された。東の演出が好評のようで、こまつ座では、二〇二〇年、二〇二二年と再演されている。

次の対談は、『イヌの仇討』の初演より後に行われたものであるが、井上ひさしの「歴史」についての基本的な考え方が述べられていて興味深い。二〇〇三年の『国文学　解釈と教材の研究』誌上の坂手洋二との対談で「現代を芝居化する」というタイトルがついている項[19]である。

井上　世界情勢について話しますと、紙芝居を使って、東京裁判を書いたのは、国家がいつまでも最高の道徳、正義であっていいのかと考えたからでした。国家を超えた道徳、正義を見つけないと、かえって国家そのものが破産してしまうのではないか。（中略）国家の道徳、正義を超えた、いわば人間の道徳、正義を書いてみようと思ったのですが。

と、原子力や石油など世界のエネルギー問題、新国立劇場の上演作品等について述べているが、その後、話者は坂手に移り、三島由紀夫、世阿弥、シェイクスピアに及ぶ。そして、井上は「国家」と「歴史」に言及して、次のように語っている。

井上　ぼくも歴史は繰り返さない派の一員ですが、しかし歴史の骨組みは繰り返される派のメンバーでもあります。たとえば「自作自演」という物語は常に繰り返されます。九・一一も、ぼくには自作自演の匂いがするんです。オイディプス王は、自分の知らぬ間に自作自演物語を演じていますし、黒澤明の『用心棒』から自作自演の要素を抜いたら、作品全体が崩れ落ちてしまいます。満州事変も第一次上海事変も日本側の自作自演から始まっています。最近では日本の真珠湾奇襲でさえも、じつはアメリカ側ルーズベルトの作演出ではなかったかという説が囁かれています。自作自演は、どうも人間の本性ではないのかしら。（傍線　伊藤注）

右の対談中の言葉にある、「自作自演」による「歴史」という考え方にはやはり、国家により作られた「歴史」への根の深い不信があるだろう。このあとで、井上は「人間の本性だから、人間がいる限り繰り返されるわけで、そういう意味で、歴史の骨組みは絶え間なく繰り返されると見ているのです。」と述べ、さらに別の視点から次のように続けている。「動物は自作自演はできない。内部と外部があって初めて自作自演ができる。内心というのは誰にもわかりませんから、いかにも被害者みたいな顔で、かわいそうに見えるように演じておきながら、内心ではまったく加害者の代表みたいな頭をしていることができる。人間が内部と外部を言葉によって切り離した瞬間にこの構造ができるわけです。」と述べ、動物と人間の比較をしている。

『イヌの仇討』のお犬さまは、言葉を持たず、最後には大石に惨殺される。イヌは「生類憐みの令」のために、自ら望まず加害者とも被害者ともなった。その姿は、将軍の「イヌ」としての吉良に重なるが、この騒動のなかで、将軍下賜の犬を大石が惨殺したことで、この事態がどう転んでも大石は「お上」にとりいって生き延びようという気のない「死武者」であると吉良は理解する。吉良上野介は、自由気ままに自分たちの命を左右する「お上」への「大逆」を決意する。もし、大石に見つからず、このまま自分が逃げおおせるならば、大石たちの「討ち入り」は物笑いの種にしかならないことを予想し、そうならないために、自ら姿を現して大石に討たれることを決意するのだ。「この仇討はいつまでもぴかぴか光る。歴史のてっぺんでいつまでも光る。大石の真意が埋もれずにすむ」と大石とともに、お上に操られずに、自分たちで「歴史」を作ろうとするのである。これは「公」への「忠」であろう。

さて、「対談」のなかに見た井上の「自作自演」=「歴史」説だが、実は、この考え方はかなりはやくから戯曲にも反映されており、初期の『四谷諧談』(一九七五年)では、つかこうへいの『熱海殺人事件』のほぼ全体をコピーするような形で、定年前の刑事による取り調べで、「三億円事件」という「物語」の「自作自演」が描かれている。四世鶴屋南北の『四谷怪談』が「忠臣蔵」の裏面史を描いたことが意識されているかもしれない。

まさしく「忠臣蔵」の「演劇性」を知悉していた井上ひさしは、「お上」が作ろうとしている「物語」に対して、大石や吉良のほうから「自作自演」を目論む演劇を考えたのだと思われる。たとえば「小説」の『不忠臣蔵』が描いたのは、「『忠臣蔵』が依拠する『事実』を認めたうえで、それならまったく同等に、その『事実』にむかわなかった『事実』も認めよ、というところから始めることだった、相手を認めながら同時に相手を空洞化してしまうこと。」とされるが、[20]「お上」の意のままになって、お上の「自作自演」のなかに埋もれることに抗して、大石と吉良が「自作自演」して、相手を空洞化した、ということが考えられるのではないだろうか。ただし、残念なことに、吉良がその企てに賛同して炭部屋から出ていくとき、その後ろ姿は、それまでいた同じ部屋の人々とのつながりを感じさせるものになっていないような印象を持った。第二幕で目覚める前に吉良の夢想した死後の世界の美しく穏やかな桃源郷も、吉良だけの空想に留まるように感じる。『仇討』と『イヌの仇討』は、ともに「忠臣蔵」を意識した「仇討」が描かれているのであるが、いっぽうには家族・親族の紐帯があるが、いっぽうには、目の前に迫っている「死」を共有する人々（吉良家の家人）との、まして「世間」や「庶民」の代表としての新助との心の通い合いはあまり感じられず、結果的に『イヌの仇討』では、孤高のリーダーたちの「公」への「忠」の選択のみが強調されているように思われる。

『イヌの仇討ち』の上演評からの考察

ここで、一九八八年の初演時の上演評を三つ見ておきたい。なお、この年『イヌの仇討』の初演とほぼ同じ時期に、新神戸オリエンタル劇場が開場し、そのこけら落とし公演として『仮名手本忠臣蔵』が蜷川幸雄演出（大星由良助役に近藤正臣）で上演されている。こちらは一〇月五日から三ヶ月のロングラン公演であった。

最初の劇評は、矢野誠一による批評（「上野介の死に方――こまつ座＝イヌの仇討」『テアトロ』一九八八年一二月号）であるが、「この芝居は、約二時間という舞台上の進行時間を、客席も共有するしかけになっているから、ここでの上野介の思考過程に、観客のほうもそのままつきあわされるわけである。仇討をされる側、つまり自分の生命をいまや他人にゆだねている立場の上野介の、いってみれば「いまはの際」の関心事が、しごくシリアスであることが、正直いわせてもらうとつきあわされる側には、いささかかったるい。」としている。

同じ批評から最終場面の印象も見ておこう。「二時間の流れを共有しながら、こちら側の抱く関心はといえば、もう吉良上野介義央、清水一学、大須賀治部右衛門、榊原平左衛門が、どうやって死んでいくのかにしかない。（中略）これがまた実に凡庸な結末なのである。ああしたかたちで、ひとつの論理を展開させていけば、こうした帰結を招くよりしかたがないといった、その通りの決着を見せつけられて、やはり欲求不満の想いが残る。」とある。上野介の胸中は、赤穂浪士の「討ち入り」を義挙とみるか否かについての諸説に詳しいものならともかく、ごく一般の演劇ファンには想像の範囲外であり、矢野の指摘にあるように、上野介だけが浮いているような状態になっていたのかもしれない。

矢野の批評以外にも、川本三郎が『悲劇喜劇』の同年一二月号（演劇時評）で、「小窓から流れる星を眺める場面がある。[21]最近の井上作品によく出てくるモチーフで、人間の存在を超えた大きな宇宙との交感のようなものですね。しかし今回は、それが必ずしも十分に効果をもたらしてはいない。やはり難産しただけの弱点でしょう。」と述べているが、ここで、もうひとつ別の批評に触れておきたい。以下は、上演から時間が経ってからの記事である点に注意を要するが、高橋敏夫の「現在の奥の、未知なる現在へ――井上ひさしの『時代もの』をめぐって」（『悲劇喜劇』二〇〇〇年四月号「特集　歴史劇と時代劇」）では、次のように書かれている。「一九八八年九月の終り、自粛一色に染め上げられた『帝都』は新宿の紀伊國屋ホール。作品は井上ひさしの『イヌの仇討』である。（中略）『いや、お上への挑戦じゃ』『上野介の首は大逆隠しよ。大石の真意は、お上のなされ方万端に対して、弓引き盾突き挑みかかることにある』。お上への挑戦、大逆――この言葉と同時に、それまでずっと静まりかえっていた劇場のあちこちから、拍手がおきた。そして拍手は、『死武者となって大石の免許なき騒動を立派な美談にかえてしまうのじゃ。大石と組んでお上に挑むのよ。末代までの語り草になろうぞ。ちがうか』という言葉にいたって、この劇場に依然としてたれこめていた重苦しさをはらいのけるかのように、おおきなものとなっていった、気がつくとわたしも拍手を送っていた……」。そして批評は、「それじしんが出現する『いまとここ』という時空にもっともふかくかかわる演劇というスタイルに、おそらく、この日の劇場は最適のコンディションを用意していた」と記す。すなわち、一九八八年秋から翌年にかけての「歌舞音曲」等の「自粛ムード」一色に染め上げられた、という閉塞感に敏感に反応しつつ観劇したものにとっては、それが『イヌの仇討』の白無垢の吉良による「お上への挑戦」であり、上野介が「自ら討たれて大石のお上への大逆」に加担する、という最終場面も特別な意味あいを持ったのかもしれない。

以上、見て来たとおり、日本の国家や日本人論を展開した井上ひさしの「仇討もの」「忠臣蔵もの」として『仇討』と『イヌの仇討』を捉えた場合、基本的に「仇討」という行為を「孝経」に基づいて捉えつつ[22]、しばしば歴史の「物語」を、為政者が「自作自演」してきたために、多くの名も無き人々の命が野に打ち捨てられるように失われていったことが描かれているように思われる。

特に『仇討』では、小さな蚤に喰われた「孝経」狂いの青年が、作られた「物語」の犠牲になって、自分も親も、家族全体までが滅亡していく様子は、繰り返しになるが「我死なば」で、一種虚無的な領域にまで表現が及んでいる。併せて考察した『イヌの仇討』では、タイトルにもなっている「イヌ」そのものが、井上の得意とする動物にものを語らせて人間の本音と建て前を語らせる、『しみじみ日本・乃木大将』のような戯曲とも異なり、将軍から下賜された、言葉を持たないイヌのあり様は、多くの日本人というよりは、吉良その人のイメージのみに重なる部分が多い。『イヌの仇討』で、名もない一般の人々を代表している砥石小僧新助も、単なる狂言まわしほどの役割しか担わされていないように思われる。そのため、最終場面で吉良が「お上のなさりように異を立てたいという上野介の一分、わしの真面目、それを立て貫かせてくれ」と戸口へと歩き出したときに、一心同体となる吉良家の家人たちとは違い、砥石小僧新助は真っ先に刺され、吉良との結びつきは、ほとんど感じることが出来ない。その点で、『イヌの仇討』は、井上ひさしが「昭和庶民伝三部作」などで描いた「庶民」とは切り離された「物語」となっており、先行する『仇討』のほうに、より巧みに、為政者により都合よく作られた「孝経」に依拠する国民的な「物語」に翻弄され、その犠牲になる人々の命の虚しさが表現されているように思われる。ただし、高橋敏夫が書いているような、一九八八年の初演時の、天皇の病気平癒のための「音曲停止」といった「自粛」の閉塞的なムードが劇場のみならず、世の中全体をおおっていたことを思えば、通常の「忠臣蔵」のストーリーとは逆に、吉良が自らの意思で炭小屋を出ていく「大逆」のシーンには、昭和の終焉を見詰める井上によって特別な意味合いが付与された可能性も考えられる。しかし、上演時期との特別な関係性の検証は、ここでの考察の範囲を超えるので、本稿は以上とする。(23)

［注］

（1）『すばる』一九八〇年五月号から一九八四年一二月号まで断続的に連載。一九八五年一二月に単行本が集英社から刊行され、文庫本が一九八八年一〇月、『イヌの仇討』の上演月に刊行されている。

（2）『長屋の仇討』パンフレット（井上ひさし　エッセイ集7『悪党と幽霊』中央公論社、一九九八年五月）所収。

（3）注（2）に同じ。

（4）早稲田大学演劇博物館に、初演時の台本が所蔵されている他、初演時に文芸春秋社から単行本（一九八八年一〇月）が刊行され、その後文庫本化（文春文庫、一九九二年四月）も出されている。

（5）『つか版・忠臣蔵』については、日本近代演劇史研究会編『つかこうへいの世界』（社会評論社、二〇一九年二月）の拙論「シナリオ『つか版・忠臣蔵』――『滅私』型の自己表出」で論じた。

（6）『不忠臣蔵』の「武具奉行　灰方藤兵衛」でも、赤穂浅野家の家臣の灰方藤兵衛が旅先で出会い、深く想いを寄せることになった浪人、村木隼人の出自が常陸国牛久沼山口家とされている。綱吉時代に多数の藩が取り潰され小藩が戦々恐々であったことを踏まえていよう。

（7）「忠臣蔵」を意識した蚤の「仇討」という構想じたいは、曲亭馬琴作『敵討蚤取眼』〈かたきうちのみとりまなこ〉（近代日本文学大系一二巻『黄表紙集』一九二七年六月、九一五～九二七頁）にある。

（8）演出者、制作者、配役等は『井上ひさし全芝居　その三』巻末の「初演記録」を参照した。

(9) 井上ひさし・松田修「対談 戯作の可能性」『国文学 解釈と教材の研究』「特集 戯作——笑いと反俗」一九七三年一二月号。
(10) 注(7)に同じ。
(11) 『孝経』については、加地伸行『孝経』全訳注を参照したが、同書(「四 孝と日本人と」講談社学術文庫、一八二四、二〇〇七年六月、三四一頁)に「川柳」を引く。出典は、徳田進による『孝子説話集の研究——二十四孝を中心に』三巻。
(12) 「インタビュー 井上ひさし」山本健一『悲劇喜劇』一九八〇年四月号。
(13) 『月刊 カドカワ』誌上で、一九八四年に連載。後に単行本『国ゆたかにして義を忘れ』(一九八五年)に収載され、同書は二〇一七年に文庫本化(角川文庫)もされている。
(14) 日本近代演劇史研究会編『つかこうへいの世界——消された〈知〉』社会評論社、二〇一九年二月、所収。
(15) 井上ひさしとつかこうへいの没年はともに、二〇一〇年で四月に井上ひさしが、七月につかこうへいが没した。
(16) 単行本『国ゆたかにして義を忘れ』二〇〇頁。「孝経」では、「諫言」も重要視していることが、加地伸行の『孝経 全訳注』の「序」四～五頁にある。なお、『葉隠』は『不忠臣蔵』の「在々奉行 渡部角兵衛」でも言及されている。
(17) 『しみじみ日本・乃木大将』『the座』第一九号、一九九一年九月四日、五頁。
(18) なお、井上ひさしは一九九〇年八月の「日本の仇討」(『オール読物』)で、赤穂事件の主因は「刑罰の割当の不公平」で「あの白髪の品のいい老人が気の毒でならぬ」と吉良に同情的な見解を示している。
(19) 「特集 コードネームは〈井上ひさし〉」の「井上ひさし・坂手洋二「対談:世界を引き寄せる」二〇〇三年二月。
(20) 高橋敏夫による、集英社文庫『不忠臣蔵』(一九八八年一〇月)の「解説」(四三五頁)による。
(21) 一幕の後半で、大石の動きについての情報が唯一外部と行き来できる僧春斎によってもたらされる場面。『井上ひさし全芝居その五』本文三六頁上段。
(22) 孝経における「孝」と「忠」の在り方について、加地伸行は「例えば孝は宗教性を持つ一方、道徳性もある、儒教において最も重要なものである。ところが朱子学の時代になると、その地位がやや微妙になる。と言うのは、朱子の時代は、宋という中国の正統的国家が北方の金という国家の圧迫を受け、たいへん苦しい時期にあった。そのため宗教道徳としての孝の他に、君に対する臣のありかたをはじめ大義名分とは何かなど、家族よりもより広い社会における道徳論が盛んとなりつつあった」とし、近世期における展開について「江戸時代を迎えたとき、為政者は完全に武士となる。そこで彼ら武士自身の道徳としても、また大義名分論や君に対する臣のありかたとしても、孝よりも忠を強く意識するようになり、江戸時代の日本朱子学は独特の展開をしてゆくことになる。」と説明している（加地伸行『沈黙の宗教――儒教』ちくま学芸文庫、二〇一一年四月、一九九四年七月刊行の単行本に加筆訂正、一四六頁）。井上の基本的な理解もこうした「孝」「忠」の理解を踏まえていると考える。

（23）本稿は、二〇一二年二月に日本近代演劇史研究会例会で行った発表資料を基にしている。「孝経」については全て、加地伸行氏の著作に拠っているが、他に板野長八『中国古代における人間観の展開』（岩波書店、一九七二年）「第七章　孝経」および末永高康訳注『孝経・曾子』（岩波文庫、二〇二四年四月）を参照した。

II

演劇の現在

野田秀樹の時代

――核のイメージ『パンドラの鐘』『オイル』を中心に――

今井　克佳

現代戯曲と核のイメージ

一九四五年八月に、広島、長崎に投下された原子爆弾は、いうまでもなく世界で初めて実際の戦争で使用された核兵器であり、被爆地広島・長崎の被害とその後の世界情勢への影響については計り知れない。当然のことながら、これらについて多くの戯曲とその上演が戦後、行われてきた。

これらについて、端的にまとめられているのが『原爆を読む文化事典』（川口隆行編著、青弓社、二〇一七年）の「42核・原爆を演じる　――戯曲・演劇」の章（中谷いずみ執筆）であろう。

中谷は、まず『日本の原爆文学12戯曲』（ほるぷ出版、一九八三年）所収の戯曲七篇を挙げているので、ここでも同様に挙げることとする（ここでは年代は初出のみ記し、初演等の詳しいデータは省く）。

堀田清美「島」（一九五五）、田中千禾夫「マリアの首」（一九五九）、小山祐士「泰山木の木の下で」（一九六二）、別役実「象」（一九六三）、宮本研「ザ・パイロット」（一九六四）、ふじたあさや「ヒロシマについての涙について」（一九六八）、大橋喜一「銀河鉄道の恋人たち」（一九七一）。以上が、一九八三年の『日本の原爆文学12』には掲載されている。一九八三年時点での「原爆戯曲」の代表作として、もっともな選定だと感じる。

つづいて中谷は、戦後から一九八〇年代までの多くの戯曲を挙げながら「新劇や自立演劇など戦後のリアリズム演劇が、早くから核・原爆を題材としてきたことを再認識できる」とし、さらに、つかこうへい「広島に原爆を落とす日」（一九七九）[1]や北村想「寿歌」（一九八〇、これは広島、長崎の原爆ではなく、近未来の核戦争を想定したものであるが）、井上ひさし「紙屋町さくらホテル」（一九九八）に加えて、野田秀樹「パンドラの鐘」（二〇〇〇）も挙げている。以降、被爆者を扱った松田正隆、坂手洋二らの小劇場演劇からの成果や、多田富雄による新作能に至るまで、短い紙幅で、「戯曲」分野を網羅しており、参考になる。一九八三年の『日本の原爆文学12』に、すでに発表されていたつかや北村の作品が入らなかったのは、編集時期が近かったことや、いわゆる「原爆戯曲」に選定できる内容とは少し異なっていたという事情もあるだろう。つかの作品には戯曲として公刊されたテキストがなかったということもある。

さて、『日本の原爆文学12』の巻末に付された、木下順二の「解説――ふたたび、創造の主体について」では、「この七篇は大体二つに分けられるようである」としている。一つ目は「第一。原爆が投下されたという現実を、そのまま現実として描こうとしているもの」であり、「島」、「泰山木の木の下で」が典型的、「ヒロシマについての涙について」、「銀河鉄道の恋人たち」はやや「自然主義から離れた手法」が使われているにしても、このカテゴリーであるとする。二つ目は「第二。あとの三篇は、原爆を契機とする何らかの問題を、どういう意味かで象徴的に描こうとする」ものであるとして「ザ・パイロット」、「象」「マリアの首」についての短いコメントを付しているが、年代順ではなく最後に「マリアの首」が置かれているのは、「この作品から受けた感銘をどういうことばで表したらいいのか、私はたちすくまないわけにはいかない」と最も高く評価しているからであり、自らの評言ではなく、宮崎嶺雄の文章を引用し「さまざまな妄執を抱いて、しかし純粋に生きる人々を、あたかもマリアの慈悲のようなおおらかな愛情で包みながら、幻想と現実の交錯する詩と真実の世界を歌いあげている」とした。

この木下の二分法は当を得たものである。一方でリアリズムによって、原爆投下とその影響を克明に描き、表現し伝えたいという思いによって、多くの戯曲が書かれただろう。それはまた新劇のリアリズムの伝統に従ったものであったといえる。一九八〇年代以降も、こうしたリアリズムによる「原爆戯曲」は書かれてきた。その代表的なものが、井上ひさしによる、いわゆる「ヒロシマ三部作」(2)などであろう。最近でもいわゆる「原爆乙女」を扱った、古川健「その頬、熱線に焼かれ」(3)などがそれにあたる。

一方で、やはり原爆投下を原点として、被爆の諸相を扱ってはいるものの、リアリズムから離れ、象徴的な手法が感じられるのが、木下が「第二」としたカテゴリーである。これは、核爆発による大量死とその影響という未曾有の出来事を表現するためには、新たな表現方法、象徴的登場人物や場面、難解な詩的語り、などが要求されてくるということではないだろうか。

もちろん、戦前からの「未来派」などの前衛的芸術運動（それも第一次大戦の荒廃から発生したともいえる）、西洋における第二次世界大戦後の荒廃を背景に現れたベケットの不条理劇など、世界的な潮流の影響もあるが、もともとリアリズム主義の新劇に属する書き手である田中千禾夫や、宮本研が、そうした手法を選んでいくところに、それだけではない問題意識を感じる。

さらに、反リアリズムの傾向のある三篇のうち二篇が、「長崎」の原爆に関する戯曲であることに注目したい。さらにいえば『日本の原爆文学12戯曲』所収の七篇のうち、「長崎」原爆についての戯曲はこの二篇のみなのである。

長崎原爆投下の広島に対する特殊性はいくつかあり、もちろんウラン爆弾である広島型の「リトルボーイ」に対して、プルトニウム爆弾である「ファットマン」という核分裂を起こす機構の異なる原爆が使用されたということもあるが、投下目標として、直前に雲、または煙によって投下目標が目視できないという理由で投下が小倉から長崎に変更されたという事実、また投下された長崎の浦上地区が、浦上天主堂を中心としたカトリック教徒の多い土地柄、もっといえば、いわゆる隠れキリシタンの里であり、江戸期を通じて数度の発見、弾圧が起こり、明治初期にも「浦上四番崩れ」と言われるキリシタンの弾圧事件が起こった地であり、そこにさらに、原爆が投下されたという衝撃的な事情がある。

こうした事情、さらには田中千禾夫が「マリアの首」を執筆するきっかけとなったであろう、浦上天主堂跡を被爆遺構として保存せず撤去するという長崎市の決定（一九五八年）など、複雑な戦後の事情とそれにまつわる人々の思想や心情を、多角的に捉え表現するためには、どうしてもリアリズムでは限界があるという思いも強く働いたと考える。

田中千禾夫は、島根藩医の家柄に生まれたが、父親は長崎で医院を開業、自らも長崎で育つが、終戦時までには両親を伴い島根に戻っていたという。(4)また宮本研は、熊本出身で、長崎で生活したことはないが、学徒動員中に、天草から長崎の原爆投下を目撃したとされる。(5)長崎原爆が取り上げられたのは、このような作家の個人的な土地との繋がりもあろう。

本稿では、野田秀樹が書いた核に関する戯曲も、これらの長崎原爆を取り扱った反リアリズム戯曲につながる要素があるものとして捉え直したい。

『パンドラの鐘』の位置

野田秀樹もまた長崎県の佐世保沖、炭鉱の島である蠣浦島（崎戸町）で生まれ育ち、四歳で家族と共に東京に移転している。三十歳ごろ、崎戸を再訪して、自らの原風景を確認したという体験を、野田は何度か語っている。(6)

また一九九九年の『パンドラの鐘』(7)を書くことになった契機として、ロンドン留学中に大英博物館で見た中国展示室の大きな鐘が、長崎型原爆「ファットマン」に見えたということ、ロンドンで知り合い盟友となった、演出家サイモン・マクバーニーがそのことを聞き、長崎生まれの野田にしか、その発想は生まれないので、戯曲を書くべきだ、と勧めたことなどは、折に触れ野田の口から語られてきたため、よく知られたエピソードとなっている。

一九八〇年代に、劇団「夢の遊眠社」で出発した野田は、破天荒で非現実的な世界観をその作品で表出し、多くは、複数のストーリーが展開し、終末部で、それらが混じり合うという複雑な構成の舞台を、ダジャレや地口、笑いを満載し、激しい身体表現とともに作り上げ、人気を博してきた。そのような「軽い」演劇を作ってきた、自分が原爆のようなシリアスな素材をとりあげてよいものか、という逡巡が本人にもあったという。

しかしながら、野田演劇は、遊眠社時代後期の『贋作・桜の森の満開の下』、『透明人間の蒸気』などでは、日本国家の誕生や天皇制という問題意識を、作品に入れ込むようになっており、次第に歴史、社会問題への問いかけが、作品の表面に現れるようになってくる。

長崎原爆をモチーフとした『パンドラの鐘』に続いて、広島原爆投下が終着点となる『オイル』(二〇〇三)を結節点として、二篇に挟まれた『カノン』(二〇〇〇)では連合赤軍事件、その後、『ロープ』(二〇〇六)でベトナム戦争、『ザ・キャラクター』(二〇一〇)でオウム真理教事件、『エッグ』(二〇一二)で七三一部隊、『逆鱗』(二〇一六)で人間魚雷、『Q：A Night At The Kabuki』(二〇一九)ではシベリア抑留、『フェイクスピア』(二〇二一)では日航機墜落事故、『兎、波を走る』(二〇二三)では北朝鮮拉致問題と、第二次大戦から近年に至るまでの重大な社会問題をモチーフとした作品を舞台化し続けている。

それらはみな、最終的に見えてくる事件とは関係ないファンタジックな世界が最初に描かれ、笑いに包まれていたその世界が次第に、グロテスクな歴史的事象を浮かび上がらせてくる、という構造を持つようになる。

『パンドラの鐘』の構造と象徴

しかし『パンドラの鐘』の構造は、それ以前に見られる、二つの世界が並行して描かれ、次第に関連性を増していく、という形態により近いといえる。

冒頭は、より歴史的現実に近いと思われる、太平洋戦争開戦直前の日本（長崎）と思われる場所での発掘作業から始まる。考古学者「カナクギ教授」の元で発掘作業に従事する弟子の「オズ」、「イマイチ」、「オズ」の恋人でありながら「カナクギ教授」に色目を使う女性「タマキ」と、その母親であり発掘作業のパトロンである「ピンカートン財団」のオーナー、「ピンカートン未亡人」などが、絡み合う世界である。（「ピンカートン」がベルディのオペラ「蝶々夫人」の登場人物であるため、ここに「蝶々夫人」のイメージが重ね合わされており、長崎のイメージがつながっている。しかし、それ以外では長崎であることは全く示唆されない。最終部に至って、日米開戦を見越して、「ピンカートン未亡人」と「タマキ」が日本を去る際に、「オズ」が「長崎でまた会いましょう。天主堂の前を流れる浦上川の畔で必ず。」と言うまで、具体的に長崎は名指しされないのである。）

ここで発掘されていくのが、実は古代王国で「パンドラの鐘」と呼ばれた遺物であることが次第にわかってくる。「鐘」の中には古代人の骨が発見される。弟子である「オズ」の発見や発想を盗み、「パンドラの鐘」があった古代の王国の存在を発表しようとする「カナクギ教授」は、官憲に連れ去られ、実は「オズ」の書いた、古代の女王「ヒメ女」の存在と死に方を書いた論文を破棄するように迫られる。

一方、古代の王国では、王の葬儀が行われるが「葬式屋」の一人、「ミズヲ」が棺桶に入っているのは猫の死体だったことに気づくところから始まる。王は死んだのではなく「狂王」として幽閉されたのであった。妹である「ヒメ女」が女王として王権を継ぐ。「ヒメ女」の乳母である「ヒイバア」、将軍である「ハンニバル」らが「ヒメ女」の側近となる。この古代王国は、海外に軍船を差し向けて、略奪を行い、略奪品を持ち帰る海賊行為を行う国家である。そのため世界中からの略奪品がこの国家に集まっている。王の葬儀が偽りであることに気づいた「ミズヲ」は処刑されそうになるが、機転を以て「ヒメ女」にとりいり、処刑を免れ、「葬式屋」を続けながら、「ヒメ女」と心を通わせる存在となる。略奪品の一つが「パンドラの鐘」と呼ばれるようになり、死体を埋めるたびに「ミズヲ」によって鳴らされるようになる。

「女王」の国家であること、世界中から略奪品を集めていることなどから、ここには帝国主義国家としてのイギリスのイメージが重ねられていることがわかる。まさに「パンドラの鐘」の発想のもととなった大英博物館である。イギリスが植民地支配した世界中からの貴重な文化物が集められ、展示されている大英博物館とイギリス国家が、古代王国の一方のイメージである。

一方でこの古代国家は、戦前、大正末期から昭和初期の日本国家が色濃く象徴されてもいる。「狂王」として幽閉される兄王は、望遠鏡（遠眼鏡）を逆さまに見るという奇癖を持つが、これは、大正天皇が国会で起こしたとされる「遠眼鏡事件」に端を発する大正天皇の精神病説をもとにしていると考えられる。戦後も巷に流布してきた大正天皇の都市伝説的なイメージである。(8) もちろん、大正天皇の符牒となるだけではなく、この「遠眼鏡」は未来を見ることができる装置として、「狂王」と「カナクギ教授」を繋げる（この二役は初演では同一の俳優が演じた。）この幽閉は「ヒメ女」が画策したことではないが、少なくとも「狂王」の後継であるため、「ヒメ女」は、位置づけとしては昭和天皇となるだろう。このように詳説しなくとも、物語が進むに連れ、この王国では「イクサ」に負け続け、大量の死体が沿岸に流れ着くようになり、雪の日のクーデターが失敗し（二・二六事件のイメージ）、やがて敵の使う「もうひとつの太陽」によって、この王国が滅ぼされるという「狂王」の見る未来が明らかになることによって、原爆投下に近づいていく戦前の日本の写し絵であることが明らかになってくる。「ヒメ女」は「パンドラの鐘」に、自らを閉じ込め、土に埋めることによって、この未来を防ごうとし、それを行うことを「葬式屋」の「ミズヲ」に頼むこととなる。「ミズヲ」はこの最終部に至って、自分の過去を思い出す。「ミズヲ」は原爆によって被爆した子どもであり、時間軸を飛び越えて古代に転生したのであった。

ミズヲ　俺のはじめての記憶、赤い景色、あれは初めての記憶なんかじゃない。最後の景色だ。
ヒメ女　なに言ってるの？
ミズヲ　このパンドラの鐘の真下で見る未来だ。その日、俺の頭の上で、もうひとつの太陽が爆発するんだ。思い出したぞ。未来のその日を。八月のとある一日を。俺の頭上でおこる、真っ白い光を。その直後に目に見えるすべてが、焼けたセルロイドのように、真っ赤に揺れていくのを。「水をくれ、水をくれ」。はじめて俺が覚えるコトバだ。赤く焼けたすべての人間が木が建物が風景が、俺のことをそう呼ぶ。「水をくれ、水を、水を」。それが俺の名前になる。誰もが、俺をそう呼ぶ。「ミズヲ！　ミズヲ！」。俺は、そうして死に絶えた。この世のすべてのものを土の中へ帰してやろう。そう思ったんだ。そして俺は、この古代へ還ってきた。
（後略）(9)

こうして「ミズヲ」の手により、「ヒメ女」は「鐘入り」し（ここは能『道成寺』の鐘入りよろしく、戯曲では「パンドラの鐘」が「ヒメ女」の上から落ちてくる、との指定がある。）、明示されないが幻想の古代国家では悲劇は避けられたと推測される。戯曲の最後は鐘に封じ込められたがまだ話ができる状態の「ヒメ女」に対する「ミズヲ」のセリフで終わる。

ミズヲ　賭けをしましょう。あなたの服に触れた日のように、いつか未来が、この鐘に触れずに、あなたの魂に触れることができるかどうか。滅びる前の日に、この地を救った古代の心が、ふわふわと立ちのぼる煙のように、いつの日か遠い日にむけて、届いていくのか。ヒメ女、古代の心は、どちらに賭けます？　俺は、届くに賭けますよ。

一方、戦時中の日本と思われる時間のストーリーでは、「オズ」が書き、「カナクギ教授」が盗んで発表しようとした論文は、この「ヒメ女とミズヲの物語」だったことが明らかになるが、それは発表されず永遠に破棄される。「一九四一年十二月八日」、日米開戦の日に、「ピンカートン未亡人」と「タマキ」は発掘された「パンドラの鐘」を携え、オズと次のような会話をしてアメリカに向かう。

オズ　アメリカは力のある国だ。この古代の知恵を借りて、もうひとつの太陽を爆発させたりしませんよね。
タマキ　しないわ。それに、そのことを知っているのは、あたしたち二人だけよ。大事に、大事に、しまっておきましょう。何もおこりませぬように、これを守るだけ。だいいち。
オズ　なんです。
タマキ　日本には王がいるわ。
オズ　え？
タマキ　あたし達だけは知ってるじゃない、ヒメ女とミズヲの物語。もしアメリカが、もうひとつの太陽を爆発させようとしたって、王が守ってくれる。滅びようとする日のあのヒメ女のように、ヒメ女が、この土地を救ったように、王ならば、必ずその地が滅びる前に、きっと、わが身を埋めるでしょう。

ここに至って、当時の日本の王、すなわち昭和天皇が言及され、その後の歴史を知るものには、「ヒメ女」の犠牲の物語は、裏返しの歴史であったことが明らかになる。ここまで詳述する必要もなく、昭和天皇の戦争責任批判であることは、初演当初から指摘されている。(10)それと同時に、原爆を落としたアメリカ、それだけでなくアメリカの「根源的な暴力」に向かい合っていないという批判もある。(11)

にもかかわらず、一方で、商業的、通俗的な意味でではあるが、この戯曲が魅力を見せるのは、そうした政治的な主張を象徴しながらも、「ヒメ女とミズヲの物語」の疑似恋愛的ロマンティシズムが、メインとして浮かび上がってくるからだろう。

『パンドラの鐘』と先行戯曲

筆者はこの古代の王国の女王である「ヒメ女」に、長崎の被爆にまつわる「被爆マリア」のイメージを繋げてみたい。田中千禾夫『マリアの首』では、被爆者である登場人物たちが、ほぼ爆心地といってもよい浦上天主堂の残骸の中に残された、マリア像を解体し盗み、秘密の隠し場所で復元しようとする。最終部、雪の降る浦上天主堂跡に集まった同志たち四人は、残骸の中に残ったマリアの首を運ぼうとするが、そこでマリアの首の声が登場人物たちに聞こえてくる、という非現実的な終幕を見せる。主人公の一人、「鹿」は次のようにマリアに声をかける。

鹿　（十字を切り）マリア様、こうして十字を切ってお祈りする資格のなかことはよう知っとります。知っとります。ばってん、あなた様、ケロイドのあなた様は、あの八月九日の火と風の永遠の証人としてぜひとも入用ですばい。あの秘密の部屋にお移りば願うて、うちたちの憎しみの焔、常夜の燈を掻きたてて下さらねばならんとです。お願いでございます。用意はよかとか、皆。(12)

マリアの首を運び出そうとする他の三人のかけ声に合わせて、マリアの首は「早う連れて行かんね、うちば」と声を出し、人々は驚き慌てる。マリアの首はさらに声をかける。

マリアの首　皆さんに、うちのお乳ばたっぷりのましておあぐっけんな。とっても甘か、甘かとば。そうしてからゆっくり、皆さんのご相談にのりまっしょ、ね、ね！

このマリアは自らも被爆し、また被爆者の憎しみを受け止めてなお、慈悲にあふれている。土着の長崎弁で話しかけるのも特徴的だ。まさに土地の、「長崎」のマリアなのである。田中が書いた慈悲の象徴としての詩的な、そして長崎に土着の、かくれキリシタンから続くマリアのイメージは、どこか『パンドラの鐘』の「ヒメ女」につながっていないだろうか。

野田が『マリアの首』を参照したかどうかはわからない。また、石像である「マリアの首」が声を出すのは、戯曲の最終部でしかないが、「ヒメ女」はメインのキャラクターとして古代王国のストーリー全般に登場する。田中千禾夫が被爆者としての登場人物を戦後の長崎に生活させ、その生活の苦しみを描きながら詩的哲学的セリフを紡ぎ出したのに対して、野田は、歴史を象徴するとはいえ、ファンタジーとしての非現実な物語で「政治」を描き、被爆者としては、その転生としてのミズヲ（しかも過去を完全に忘却している）のみを登場させるなど、一見二者は著しく相反している。

しかしながら、古代王国の敗戦のすべての責めを負い、自らを犠牲に「もうひとつの太陽」から国を救おうとする

「ヒメ女」は、聖性を持つ女性的象徴として、『マリアの首』に現れる長崎の土着のマリア像とつながるものであり、そのことにより『パンドラの鐘』の「長崎」性は担保される可能性を指摘しておきたい。

一方で『パンドラの鐘』は、宮本研『ザ・パイロット』の表現とも類似性を持つ。一九六四年に書かれたこの戯曲は、戦後二十年である翌年、一九六五年八月に起こったこととして描かれ、原爆を投下したアメリカ軍の元パイロット「クリス」が、謝罪のために長崎を訪れ、被爆者らに対峙するという話である。

登場人物名の「祝」（名字）、「筆」「和平」など、象徴的な名付けとともに、「祝」家の父「六平太」を昭和天皇に、「クリス」をアメリカ大統領の位置において、対峙させていると考えることもできる。[13]また「クリス」は一種の「狂人」ともなっており、原爆資料館からマリア観音の「首」を盗み出し、別の胴体とつなぎ、「祝」家の祖母「筆」に差し出そうとするなど、「マリアの首」からの発想も含まれている。

時間設定の現実とのずれ、ありえなかった歴史を象徴的に入れ込む（アメリカの謝罪）など、「ザ・パイロット」は、宮本研が歩んできたリアリズムの伝統を大きく超えたものとなっており、初演当時も衝撃を周囲に及ぼしていた。宮本自身も「勝手に跳ね回る断片的なイメージ」を用いたとし、能『安達原』を参考にした「空間と時間とが、はげしく対立し、緊張し合いながら作り上げる静かな世界」に近づけようとしたという。

「静かな世界」とは言えないが『パンドラの鐘』の表現は、明らかに、宮本が「長崎原爆」を描こうとした方法論とつながっている。もちろん、これは野田が宮本の影響を受けたということではなく、もともとの野田演劇の資質であることは、初期からの野田演劇の作風から明白ではあるが、「長崎原爆」を演劇によって表現しようとした問題意識において、田中千禾夫、宮本研、野田秀樹という線をつなげてもよいように思う。

ただし『パンドラの鐘』では、能『道成寺』の鐘入りのモチーフを用いながら、「ヒメ女」を純粋な慈悲の存在としたために、もともとの能『道成寺』にあった、鐘に入る毒蛇となる女性の恋の妄執という要素は消えてしまった。最終部、「パンドラの鐘」はむしろ「パンドラの匣」の神話のように、すべての災厄が鐘から出ていき、「希望」だけを残すというイメージに収斂し（それはそれで美しいが）、『マリアの首』や『ザ・パイロット』の作者たちが、登場する被爆者たちに込めていた「憎しみ」や苦しみのありかが見えない、という欠損があるように思われる。それを補うように書かれたのが、『オイル』（二〇〇三）ではなかったか。

『オイル』――時間意識と復讐

幕切れに、広島への原爆投下のシーンにたどり着くので、長崎の原爆を書いた野田秀樹がついに広島の原爆を書いた、と考えてしまうが、この作品のほとんどの舞台は、広島ではなく、島根である。ベースとなる「時代」は、第二次大戦の敗戦直前、すでに原爆が広島長崎に落とされたという言葉も出てくる。ここに、早々と日系人で組織されたアメリカ軍の占領部隊（マッサーカ軍曹、ロイヤー伍長、コーラバーガ二等兵ら）がやってくる。彼らは、島根をアメリカの領土として買い上げようと、島根の「日本人」たちに掛け合う。一方で特攻隊から戦闘機ごと脱走してきた「ヤマト」「ヤミイチ」も登場し、島根の「日本人」たちに、燃料としての「石油」がないか問う。古代出雲神話を研究する「大國教授」は、「出雲イズラモ神話」（イズラモはイスラムのもじり）を唱え、島根から石油が産出するとする。「日本人」たちは、その石油さえあれば日本はアメリカに勝てると期待する。「大國教授」は、実は弟子であった「ヤマト」が研究していた「出雲イズラモ神話」説を、「ヤマト」が出征したために自分の説として剽窃していたのであった。この構図は、『パンドラの鐘』の「カナクギ教授」と「オズ」の関係の写しであり、『オイル』には『パンドラの鐘』と相似するモチーフが散見される。ただし、『パンドラの鐘』では、メインのストーリー展開が、古代王国と終戦前後の日本と、ほぼ同等な濃度があるのに対して、『オイル』での古代出雲での展開は薄く、ほとんど、終戦直前と直後、一九四五年の八月と九月を往還する、こみいってとらえどころのない終戦前後の時間（仮に「古代」と対応させるためにこの終戦前後を行き来する時間を「現代」の時間と呼ぶ）にメインのストーリーやキャラクターは展開される。

『オイル』で、「古代」と「現代」を媒介するのは、「富士」という女性キャラクターである。「富士」は、「電話交換手」として冒頭から登場し、唐突に「神さま」に電話をかけるなど、「狂女」であり、「神がかり」の様相を持っている。「富士」は時々昏倒し、「マホ女」（まほめ、マホメットのもじり）として、古代出雲の時間と往還する。

「マホ女」は、古代出雲の被征服民（原住民）と思われる時間意識のない「ヨナレヲセヌヒト」らに時間意識を植え付け、征服者たち（「マサカ」「ロイヤ」「コラバガ」という神々）への復讐を煽る。「ヨナレヲセヌヒト」の一人「ナマコ」が過去を思い出し、復讐の英雄となる。

これは古事記神話等にある、天照大御神と大国主命の「国譲り」説話を発想の元としているが、元の神話とも違い（むしろ「現代」の時間のゴタゴタのほうが神話に近いか）、被征服の自覚のない民が、「マホ女」によって、復讐の戦いを煽られるという単純な構造となっている。そして、「ナマコ」が思い出す、過去こそが、「被爆」の記憶なのであった。この構造は『パンドラの鐘』における「ミズヲ」が被爆孤児としての記憶を蘇らすように、過去が未来と接続しているのである。

ナマコ　随分昔、たった一日で、お前等の手で15万3337体の死体が川の傍に積み上げられた。その日、この土地からは時間が奪われた。俺からはコトバが奪われた。昔、命と時間とコトバが奪われた。(14)

「15万人」云々は、一説に年内の死者が十四万人とも言われる広島原爆の死者と呼応し、そこでは時間とコトバも奪われ、復讐も忘れてしまったというのである。

「ナマコ」に続く「ヨナレヲセヌヒト」の蜂起に、古代の征服民である神々は、一斉掃射をかけるが、「ヨナレヲセヌヒト」らは「潜んでいた小さな獣のように」現れ続ける。
これに先立ち、はじめて「オイル」が「現代」の島根に噴き上げたシーンで、「オイル」は巨大な竜としてイメージされる。

地響きが聞こえてくる。
巨大な竜の頭が見えてくる。
それは、オイル。
そして龍が天に昇りオイルが噴き上がる。

ここで「オイル」は、復讐のイメージとしての竜の形象を与えられる。「マホ女」＝「富士」は「ヨナレヲセヌヒト」らに次のように言う。

富士　さあ、あなたたちは何も恐れることはない。老いて、老いて、オイルになるの。そしてこの古えの物語の中に死体を積み上げよ。天国に届くほど積み上げて、天まで噴き上げるオイルになれ。死んでも老いて、腐って溶けて、それでも忘れぬ、火黒き燃える水になれ、さあ!! 天国が約束されているのよ。このマホ女のコトバで。

「富士」が「マホ女」であり、「出雲」が「イズラモ」であり、「大國教授」が唱える「出雲イズラモ」には「復讐法」があった。このオイルが出る古代出雲は、現代におけるイスラム原理主義（国家）のイメージが被せられている。

一方で、「現代」の「富士」は「石油」を掘り当てる「神の手」を持つ存在となるが、それは、不時着した特攻機から運び出した燃料を使った狂言である。古代出雲では、預言者として、復讐の戦いを起こすことができた「マホ女」＝「富士」は、「現代」では、「ニセ預言者」となってしまう。しかし、実はすでに亡くなっている弟であった「ヤマト」や死んだ魂たちの復讐として、二機の戦闘機を飛び立たせようとする。そして「富士」は、二〇〇一年九月十一日、ニューヨークの同時多発テロの二棟のワールドトレードセンタービルの崩壊と、二発の原爆を対応させる。

大國教授　アメリカのどこだ？

富士　ニューヨークよ。

ヤマト　ニューヨーク？

富士　八月に原爆を二つ落とされたから、九月に飛行機を二機飛ばすのよ。片道分だけのオイルを積んで……。

しかしこの恐ろしいイメージは「マッサーカ軍曹」の見た夢に回収されてしまい、唐突にも、日系人占領軍は島根からの撤退を命じられ、原爆投下の標的とされた島根から広島に移動する。しかし、島根に落ちるはずの原爆は、天候不順により広島に落とされてしまう。やはり広島に逃げていた「ヤマト」から姉の「富士」にかけられていた電話の声が途切れ、原爆投下の瞬間が電話の向こうで訪れる。

長谷部浩は『オイル』を評して、「劇詩人の悲鳴」と表現したが、[15]幕切れの「富士」のセリフこそそれにあたるのではないか。多少長いが、すべてを引用せざるを得ない。

富士　電話の向こうで人が溶けてあたしの耳に声が残った。石段に腰をかけていた人が溶けて、その石の上にその人の影だけが残ったように、あたしの耳に声が残った。電話の向こうで十万人の人間が溶けて、十万人の声があたしの耳に残った。残った声は幻?このオイルが幻だというのなら、それでもいいの。幻のオイルを補給して、どうしても幻の零戦を飛ばしてやる。ヤマト、もう一度教えて。復讐は愚かなこと? たった一日で何十万人の人間が殺された。その恨みは、簡単に消えるものなの? 一ヶ月しかたっていないのよ、あれから。どうして、ガムをかめるの? コーラを飲めるの? ハンバーガーを食べられるの? この恨みにも時効があるの? 人は何時か忘れてしまうの? 原爆を落とされた日のことを。その翌日、歩いたその町を焼けて流れて爛れて溶けたあの町とそこに張り付いていた人影を。そして、あたしの耳に残った、ヤマト、あなたの声を……もしもし、もしもし…… 天国があるというのなら、何故あの世に作るの? この世にないの。どうして、天国が今ではなくて、アフターなの? その答えを教えてくれたら信じてもいいよ。あなたのこと……ごめんなさい。嘘ついた。ほんとは助けが欲しい……あなたの。聞こえていたら……返事して……神さま。

このように『パンドラの鐘』の四年後に書かれた『オイル』は、その後起こった、九・一一の同時多発テロから、上演時に開戦に至ったイラク戦争に至る、アメリカ帝国主義とイスラム原理主義テロリズムとの復讐の連鎖ともいうべき関係を、古代の日本神話と接続させながら、戦後日本と対比させ、戦後から続く日本のアメリカ従属を問うかたちになっていると言える。

『パンドラの鐘』ではすっぽりと抜け落ちてしまっていた「憎しみ」、怒り、苦しみ、「復讐心」といったものが『オイル』の中心的なテーマになっている。それは原爆を落とした側への糾弾であり、落とされた側への（糾弾を行わないことへの）糾弾でもあろう。

「オイル」が、復讐心の象徴となり、巨大な竜の姿となるのも、『パンドラの鐘』で使われた能『道成寺』の、もともとの「鐘入り」で鐘に入った白拍子が怨念とともに変化し、毒蛇となることと（蛇と竜の差、そして恋の妄執と戦争で殺された恨み、との違いはあれ）イメージの繋がりがあるのではないか。こうした意味でも『パンドラの鐘』と『オイル』は、続編的であり、相互補完される戯曲と言えるだろう。

さらに、『オイル』における「長崎原爆」の要素について指摘しておきたい。最終部、原爆の投下目標は唐突に島根から広島に変更される。「富士」にかかってきた「アマテラス大御神」と名乗る電話によれば「出雲上空は、霧が濃い故に、目標を出雲より広島に変更」となる。これは歴史的には、長崎原爆の投下事情を反映している。広島原爆はもともと広島への投下が計画され実行されたが、長崎については第一目標小倉、第二目標が長崎とされていた。小倉上空では、霧、または煙により視界が十分でなく、投下を諦め、長崎への投下に向かったとされる。『オイル』では、この事情を、島根から広島への投下変更にあてはめ、原爆の不条理性を際立たせようとしている。

またすでに引用した「富士」の幕切れの「絶唱」とも言えるセリフの最後は、「神さま」への問いかけで終わっている。「ほんとは助けが欲しい……あなたの。聞こえていたら……返事して……神さま。」というセリフは戯曲の冒頭の「富士」のセリフにも含まれており、笑いと謎に包まれていたセリフが、終幕にあって重い意味を持つという野田演劇に特徴的な使用法ではある。が、ここでの「神さま」とはどのような神なのであろうか。『オイル』には日本神話の「アマテラス大御神」の名も出てくるがそのようでもなく、戦いを先導するイスラムのアラーの神のイメージも持たない。ましてや作中で神から人になったと言及される昭和天皇に救いを求めるということはありえないだろう。やはりこれは「天国」を「この世」に作らず「あの世」「アフター」に作った神、キリスト教的な文脈での神への問いかけ、神の「沈黙」への問いかけと読むことができるのではないだろうか。もちろん、作中にはキリスト教的な文脈での宗教性や神は全くと行っていいほど現れず、ここでの神への言及も表層的で唐突なものと捉えることもできよう。しかしながら、「長崎原爆」の問題を負いつつ、このセリフに到達するとき、そこには、キリスト教（カトリック、かくれキリシタン）の里に落とされた「長崎」の原爆という意識が、噴出しているといってもよいのではないだろうか。もちろん、それが「長崎」だけでなく、「広島」も含めた、原爆被害の不条理性を神に問う、という普遍性にも到達しているといえよう。

おわりに：『正三角関係』――ふたたび長崎

原爆投下を扱った野田戯曲はその後もあり、美輪明宏の生涯をモチーフとした『ＭＩＷＡ』（二〇一三年）では、少年期の主人公が長崎の原爆被害を受けるシーンがある。原爆についての重要なセリフもあるが、作品の主要なテーマにはなっていない。さらに本稿執筆時での最新作『正三角関係』（二〇二四年）では、日本側の原爆開発と、長崎への原爆投下が、隠しモチーフとなって、最後に大きく前面に現れる趣向となっている。

この『正三角関係』は、ドストエフスキー『カラマーゾフの兄弟』の翻案、日本の「とある時代のとある場所」の「花火師の一族」「唐松族」の物語として始まる。原作では最終部に置かれる裁判の場が、全体の枠となっており、そこでの証言による回想場面との二重の筋が入れ替わる構造となっている。

しかし、早い段階で、場所が長崎であることが示唆され、浦上の地名も出てくる。また時代は、やはり原爆投下を目前とした、第二次大戦末期であることが明らかになる。

「唐松族」の三兄弟の次男「威蕃《いわん》」は、神を信じない物理学者となり、日本での原爆開発プロジェクトの一員となっている。また長崎のロシア領事館夫人「ウワサスキー夫人」（原作の「ホフラコワ夫人」にあたる）も登場し、「ロシア」（当時は「ソビエト連邦」のはずだがその国名は使われない）の対日関係も含めて、虚実入り交じったストーリーが展開されるとともに、終幕部ではより直接的に、長崎への投下目標変更と、投下シーンが表現される。この作品では『パンドラの鐘』『オイル』とはまた違った視点から、「長崎原爆」、あるいは核兵器全般への問題が取り上げられている。しかし、戯曲が公刊されているとはいえ、執筆時に初演がまだ上演中であることでもあり、『正三角関係』における核の問題は、別の機会に論じることができれば、と思う。[16]

[注]

(1) 中谷は戯曲が書籍として出版され戯曲名と同様の場合は『　』で囲んで紹介しているようで、引用元では『広島に原爆を落とす日』としているが、簡略にするために、ここでは戯曲名は「　」に統一している。木下順二の『日本の原爆文学12』「解説」では逆に、木下はすべて戯曲名を『　』で囲んでいるが、こちらも同様に「　」とした。

(2) 「父と暮らせば」(一九九四初演、一九九七初演、一九九八初出)、「紙屋町さくらホテル」(一九九七初演、一九九八初出)、「少年口伝隊一九四五」二〇〇八初演)を指す。なお「ヒロシマ三部作」の語は、大笹吉雄がこまつ座の「水の手紙・少年口伝隊一九四五」上演パンフである『the座』No.66(二〇一〇年一一月)で用いているがあまり定着はしていない。

(3) On7(オンナナ)第二回公演『その頰、熱線に焼かれ』、初演は二〇一五年九月一〇〜二〇日、こまばアゴラ劇場。古川建作、日澤雄介演出。

(4) 田中千禾夫の来歴に関する記述は、大笹吉雄、岡室美奈子、神山彰、扇田昭彦編『日本戯曲大事典』白水社、二〇一六年九月、の「田中千禾夫」の項(石澤秀二執筆)による。

(5) 「原爆譜⑧　被爆の呪い　いずこ」(宮本研へのインタビュー記事)、「朝日新聞」一九七〇年八月四日夕刊、に記されている。

(6) 野田秀樹の来歴、およびこれに続く、『パンドラの鐘』執筆の事情については(4)の『日本戯曲大事典』の「野田秀樹」の項(内田洋一執筆)による。

(7) ここからは、上演された演劇の題名として戯曲名を扱うため、野田以外の戯曲も含めて、『　』で囲み、続く(　)内は初演年としている。『パンドラの鐘』初演は、一九九九年一一月六日〜一二月二六日、世田谷パブリックシアター、演出野田秀樹。主演は堤真一、天海祐希。なお、この公演は、同時期に蜷川幸雄演出によって、Bunkamuraシアターコクーンでも上演され、同じ戯曲を用いた演出対決として話題になった。蜷川版の主演は、勝村政信、大竹しのぶ。

(8) 原武史『大正天皇』朝日新聞出版、二〇一五年四月、の「序章　悲劇の天皇」によれば「一定年齢以上の人であれば、大正天皇と聞いて必ず思い出す逸話」としてこの「遠眼鏡事件」を挙げ、いくつかの証言を引用しながらその真偽に疑問を投げかけ「天皇の精神状態を印象づけるために多分に脚色された風説」であったろうとする。（同書一五〜二二頁）

（9）ここからの『パンドラの鐘』の引用はすべて、野田秀樹『20世紀最後の戯曲集』新潮社、二〇〇〇年九月による。

（10）長谷部浩は、「●演劇の現在　劇詩人の悲鳴――野田秀樹作・演出『オイル』をめぐって――」、『文學界』二〇〇三年六月号（五七巻六号）、文藝春秋、で『オイル』と『パンドラの鐘』の共通点を挙げ、『パンドラの鐘』は「天皇の戦争責任を問う一種の政治劇」であるが、ミズヲとヒメ女の「ラブロマンス」をしつらえることによって「政治劇に対する観客の拒絶反応が起こることを警戒していた」とする。また初演時の反応ではないが、（6）でも注記した『日本戯曲大事典』「野田秀樹」の項（内田洋一執筆）の『パンドラの鐘』の解説も「秘法を永遠に封印するため鐘入りするヒメ女の犠牲は、戦争終結を遅らせた昭和天皇を批評する効果を生む」としている。

（11）日比野啓『三島の子どもたち　三島由紀夫の「革命」と日本の戦後演劇』白水社、二〇二〇年一二月、所収の「第七章　野田秀樹と「神秘主義と悲劇」――あるいは「片づける」方法について」による。

（12）『マリアの首』の引用については、『二十一世紀戯曲文庫　ベストセレクションvol.1 ⑦「マリアの首――幻に長崎を思う曲――」（電子本）、一般社団法人日本劇作家協会、から行った。

（13）『ザ・パイロット』についてのこうした戯曲分析は、拙稿「『ザ・パイロット』散乱するイメージとドラマ」、『革命伝説　宮本研の世界』社会評論社、二〇一七年二月、で行っている。

（14）ここからの『オイル』の引用はすべて、野田秀樹『21世紀を憂える戯曲集』新潮社、二〇〇七年一一月、による。

（15）（10）でも記した、長谷部浩「●演劇の現在　劇詩人の悲鳴――野田秀樹作・演出『オイル』をめぐって――」、『文學界』二〇〇三年六月号（五七巻六号）、文藝春秋、による。

（16）野田秀樹「正三角関係」、『新潮』二〇〇四年九月号、新潮社所収。

「私」を演技する劇団青い鳥
――「青い実をたべた」の上演――

久保 陽子

はじめに

劇団青い鳥は一九七四年一一月に、東京演劇アンサンブル養成所にいた女性六人で始動した。「最初は本当に少女マンガ風な芝居」だったのが、「コンセント・メモリー」（一九八二）あたりから「抜け出てきて、女が作っている色あいが自然に出てきて、演劇的になった」という。[1]「シンデレラ――ぬか床にひとつ釘を！」（一九八二）でその名を演劇界で広く認知されるようになり、フェミニズム演劇が台頭した一九八〇年代に、女性だけの劇団として名を知らしめた。

劇団青い鳥の特徴として、即興と共同創作が挙げられる。旗揚げから「十年間、即興にこだわって舞台を作ってきた」[2]彼女たちの舞台を、劇評家の扇田昭彦は「演技がいわゆる芝居っぽくならず、もぎたての果実のような新鮮さを保っているのがとてもいい」[3]と紹介している。上演における即興性のみならず、「青い鳥方式」と呼ばれた共同創作の方法は、稽古を即興で行いながら創作していく。自分の思うこと、考えること、感じることを自分の言葉で語り、それをテープレコーダーに記録し、残したい言葉を取捨選択しながら録音を繰り返し、即興稽古を重ねて台詞を紡いでいく。西村博子は、立ち稽古からシーンを作っていく方法を取った例は早稲田小劇場など今までもあったが、「それより遥かに民主的自発的であり、台詞も〝本歌取り〟ではなく自分の言葉を基礎にしようとしたところ、遥かに大胆であった」[4]と述べている。また「自分が表現の根拠であると同時に自分が表現の手段」[5]とも評しているように、彼女たちの共同創作の特徴は「私」に主軸が置かれているところである。

自分たちの思うところを出し合って長い時間をかけながら作品を創作する方法は、他の追随を許さない彼女たちの顕著な創作方法だったといえる。現に日本の演劇界は六〇年代アングラ演劇が、一人の才能ある（男性）劇作家兼演出家を創作の中心としたことから、そのスタイルが現在も引き継がれている。圧倒的なカリスマのもとで創作を行う方が、はるかに効率的である。民主的な話し合いは膨大な時間がかかり、また多数決で折り合いをつければ突き抜けた独創性よりも平均値に偏る。議論の中で結論を急げば意思決定やイニシアティブを取るリーダー的存在が浮上するのは必然で、平等な力関係は保てない。

実際、メディアへの露出が多くリーダー的存在と目されていた創立メンバーの一人である木野花は、「いつか見た夏の思い出」（一九八六）を最後に退団した。メンバーの得意不得意を互いに補い合っていたとはいえ、木野は演出の「八割方、わたしが見て物を言ってる（ママ）かも知れない」[6]と述べているように、実質的にも実力を持ち、「青い鳥スペシャル！」と銘打たれたキャリル・チャーチルの翻訳劇「クラウド9」（一九八五）で、既成の台本を使い劇団外のキャストを招き演出家デビューを果たしている。

木野の退団は、劇団内外に動揺を与えたが、残ったメンバーたちは木野が「非能率的で「限界がある」と否定し」[7]たという「青い鳥方式」を採用し創作を続ける。テレビCMなどに出演し活躍の場を広げていった木野に対し、劇団のメンバーたちはアルバイトを続けながらも、演劇創作を人生における自己表現や自己探求の場と捉え創作を続けていった。[8]では彼女たちがこだわった自己表現、それも平等で対等な役割における自己表現による創作方法とは、またそれによって生み出された作品はいかなる特徴を持つだろうか。

本稿では木野が抜けた直後の作品「青い実をたべた」を取り上げる。人気と実力とともに兼ね備えたこの頃、劇団の紹介本『なかよし読本——劇団青い鳥の世界——』（白水社、一九八六年一〇月）も刊行された。ここに「青い実をたべた」の初出台本が「初日三週間前の一応の決定稿」として掲載されている。加えて創作過程の記録「役に立つ制作日誌青い鳥の作り方——『青い実をたべた』版——」（以下、制作日誌と記し、引用もここからとする。引用の際、「，」を「、」に、「．」を「。」に改めた）が収録され、彼女たちの共同創作の一端を伺い知れるものとなっている。この制作日誌と台本を読み比べながら、劇団青い鳥の特徴である「私」を主体とした共同創作がいかなるものであったのか、具体的に作品を通して明らかにしたい。

1 「自然に」作ること

劇団青い鳥の第二一回公演「青い実をたべた」は、一九八六年一〇月二三日～三一日（青山円形劇場）に初演され、同劇場での追加公演を経て、翌年にかけて国内を巡演した。一九八九年には「つめたい水おいしい水」と副題が付され再演（四月九日～一七日、五月二日、青山円形劇場）、また二〇〇八年には副題を「さと子の場合」とし結成三五周年記念公演として再再演（六月四日～八日、青山円形劇場）されている。本作と前作「いつか見た夏の思い出」が評価され、紀伊國屋演劇賞個人賞も受賞している。共同創作のペンネームである「市堂令」に個人賞が与えられたことからも、枠に収まらない彼女たちの創作が伺える。本論では流布している「平成二十年上演台本「青い実をたべた——さと子の場合――」[9]を用い、適宜初出台本について触れていく。

物語のあらすじは、自分のことを一〇歳の少女だと思い込んでいる八七歳のさと子が、記憶を辿るために子供時代に過ごした地へ船出しようとする。一度は乗船を拒否するものの、四人の家政婦たちと子供時代の遊びに興じるうちに、最後には老いを受け入れ、船出するというものだ。好評だった前作「いつか見た夏の思い出」でノスタルジックな子供時代の教室や夏休みの風景を舞台上で見せたのに引き続き、さと子の記憶としての子供時代を扱いながらも、今作では初めて老いという題材を取り上げた。

劇評では、「たいへん美しいシーンが随所に見られ、また円形劇場というステージの特色をたくみに生かした劇」[10]といった印象的なシーンや劇場空間の使い方の工夫が高く評価されている。加えて主人公を演じた伊沢磨紀の「ういういしい、すばらしい演技」[11]とともに、少女時代の遊びが「生き生きと、しかも恐ろしく豊富」[12]に展開され、また「追憶の世界」が「楽しく表現されている」[13]と好評を得ている。その一方で、「素人っぽい演技」[14]や「間合いの取り方が不足している」[15]という演技に関する指摘や、老いを受け入れるという結末は「小さくまとめ過ぎていた」[16]とする批判もある。このように作品に対する賛否はあるものの、これらのシーンや演技やストーリーが、共同創作という場でいかに作られていくのかをみていく。

青い鳥の創作は、「ねえ、みんな、今どういうことを考えているの？」[17]という問いから始まるという。その際にあくまでも「自然に」というところにポイントがあるようだ。以下、制作日誌を引用する。


そしてこの（お喋りの＊注引用者）ごった煮の連続の中から、全員の問題の共通項がいつの間にか醸し出されてくる。そこから自然に物語の設定が生まれる。

大切なのはこの時の「いつの間にか」と「自然に」だ。そうでなければ「青い鳥」である意味がないとすら全員が思っている。だから稽古に入るまでとても時間がかかる。はしょって問題を結論づけたり、一人でも「この設定じゃヤダ」とか「何となく雰囲気違う」と言うものがいるうちは絶対先へ進まない。

ここで述べられている無理強いや強制はしない「いつの間にか」と「自然に」という創作方針は、劇団の存在意義にも関わる重要なものであることがわかる。自然体の自分の内面を探り当て、相手の意見も捻じ曲げない。彼女たちの創作は受け手である観客を意識した対外に向けられる以前に、「私」あるいは「私たち」という内側に向けられている。軸は「私」である。だからこそ彼女たちは、アングラ演劇人のように演劇論を声高に主張することもなく、フェミニズムや主義も主張しない。そして自分の内面に向きあうことは、思い出したくない記憶や自分の嫌な部分を掘り起こし、時には苦痛を伴う。「自然に」まかせた創作はメンバーへの信頼や配慮あるいは自他への思いやりとしてのケアがなければ達成できない。

青い鳥の共同創作の作業はセラピーとも称され、心理学者の小倉千加子からコンシャスネス・レイジング（CR）の実践として注目されていたように、[18]フェミニストたちの間で行われていた無意識を意識化する自己発見の方法と類似している。第二波フェミニズムが「個人的なことは政治的なこと」を標榜し、個人的な事象こそを政治的なダイナミズムのなかで問い直そうとしたが、彼女たちの創作の第一義は「個人的なこと」に「自然に」関心を向けることである。内部から自然と湧き出て来る言葉を、自他ともに尊重しながら創作していくという共同創作の特徴は、作品にも反映されている。

一場では、さと子と四人の家政婦たちのとめどないおしゃべりが繰り広げられる。持ち物を点検し合ったり、集合写真を撮ったり、コンタクトを落としたりと、会話はあちこちに脈絡もなく飛び、自分の好きなことを好きなようにおしゃべりしているようにみえる。その中で、さと子が子供の頃に育った地へ向かうことやそれへの不安がさりげなく示され、そのさと子を励ますように家政婦たちから言葉がかけられる。どこに向かうとも知れぬおしゃべりの中で披露される、パスポート無くす、梅干しを忘れる、フラッシュが壊れる、コンタクトを落とすといった個々のエピソードは、さと子の欠損し壊れていく記憶とゆるやかに関連している。[19]さと子を安心させようと家政婦たちが引き合いに出すのは、自分たちの子供時代の記憶や天使の恵家政婦会／ヘルスエンジェルスに入るまでの経緯であり、キャラクターの支えとなる記憶（エピソード）のある四人と記憶が不明で曖昧なさと子とが対照されてもいる。

このおしゃべりの様相は、「お喋りがはてしなく続いている。あっちへ飛びこっちへ跳ね、当然話題は逸脱に逸脱を重ねている」（制作日誌）という創作風景をそのまま引き写したようである。誰に与えられた台詞でもなく、自分の中から自然に思いついたことを台詞にしていく共同作業は、舞台において、前作「いつか見た夏の思い出」で多分に取り入れられている本番での即興を成立させる磁場となっているほか、舞台での「アンサンブルのよさ」となり、「そのセリフのやりとりの楽しさは、まるで仲の良い高校生のおしゃべりを聞いているよう」[20]と評され、親近感のある生き生きとした舞台を創出している。

親密さは相互の労り合いからなるが、そもそも老婆と家政婦たちという設定が、ケアの概念と密接であることを物語っている。ケアはまず当事者である相手に関心を向けることが第一歩となるが、認知症という言葉もなかった一九八〇年代において、介護する側ではなく、当事者としての女性の老いをテーマに選んだことも、彼女たちの個々の問題意識を掬い取った結果であろう。「天使たちのブレーン・ストーミング」と名付けられた三場では、家政婦たちがさと子という人間について想像をあれこれ巡らせる。さと子の過去やなぜ一〇歳だと思いこんでいるのかを議論し、その際に自分の経験を引き合いに出し参照しながら他者について考えようとする。さと子について考えることは、老いやそのキャラクターを考えることであり、ここで披露される「他人の発言を否定したり批判することなく、自由にアイディアを出しあって連鎖的に頭脳の回転を刺激する創造的集団思考法」（『精選版日本国語大辞典』）であるブレーン・ストーミングは、共同創作の風景と二重写しになっている。

このように共同創作と地続きの舞台は、共同作業で掘り下げた自らの言葉を舞台に乗せることでリアリティを持たせ、また「自然に」口をついて出た台詞の積み重ねはロゴスでまとめ上げられた作為とは異なる創作へと繋がっている。個人的なことを気ままにおしゃべりしていく作風を持つ青い鳥は、素人のような演技を含めて「女の井戸端会議」と揶揄されたというが、それを否定するどころかむしろそれを「理想かもしれない」とあっけらかんと肯定してしまうところに、[21]この劇団の真髄があろう。

時に「感性」[22]的と評される彼女たちの作品は、他者を想像する共感力と他者を否定しない寛容さと、「私」の内面から「自然に」紡ぎ出されるとりとめもないおしゃべりに満ちている。ことさらフェミニズムを主張しなくとも、共同創作が「暗黙のうちに、それまでの男性優位の劇団体制への批判になっていた」[23]という扇田の指摘のみならず、「私」の内面と向き合う創作方法そのものが、フェミニズム的営為と深く結びつき、題材や言葉選びをはじめ青い鳥の作品を特徴づけている。

2 偶然性と遊びによる創作

彼女たちの舞台の楽しさは、親密なおしゃべりの様子だけでなく、遊びに興じる子供たちの楽しさでもある。本節では遊びという点から、作品と創作の特徴をみていく。船出を拒むさと子と家政婦たちの追いかけっこは、場面の転換とともに二場では、いつの間にかさと子お嬢様と女中の遊びへと変わっていく。カンカン竹馬、だるまさんがころんだ、スケートボードでの競争、特大折り紙で作った舟で鬼退治や料理、かくれんぼといった様々な遊びが次々と披露されていく。

この遊びのシーンは初出台本ではト書きで説明されていたものが、個々の台詞として具体的に落とし込まれている。その結果、台本の分量が倍以上になっており、即興稽古を重ねていくなかで大きく膨らんだシーンであることがわかり、即興がシーンに勢いを与えている。鴻英良は「澱みなく溢れでてくる、枯れることのない思い付きのために、青い鳥の舞台の思い出のなかの世界は、絶えず新鮮に感じられる」(24)と述べている。

このように本作の魅力の一つである遊びであるが、遊びは物語において現実を絶えず中断する役割をもつ。女中たちは掃除の仕事を忘れいつしか遊びにのめり込んでいき、父親に言いつけるというさと子の言葉に我に返るように、現実は遊びによって中断される。また物語は記憶を求める自分探し＝意味と、遊び＝無意味によって織りなされている。過去の記憶を辿る船出は追いかけっこに（一場）、家政婦たちのブレーン・ストーミングはマントをつけたさと子が登場し魔法使いのごっこ遊びに（三場）、土を掘り返す＝記憶の掘り出しは、土のなかから出てきたおばあさんたちの「楽しい遊び」に（三場）なり、自分探しは絶えず中断されている。

意味を求めようとすると無意味な遊びへとずらされるが、その一方で、ここでの遊びは無意味とは言い切れない。さと子の遊びに女中たちが付き合う二場の途中、女中の一人である章やが「さと子さん、大丈夫かしらね」や「こんなことで効果あるのかな」と言い、これが家政婦たちの現在の時間でもあることが示される。家政婦たちはさと子の記憶を取り戻す、あるいは認知力が衰えたさと子の精神を支えるケアという意味ある仕事をしている。「私たちが決して口にしてはいけない言葉、「こんなことが何になるの」」という春やの台詞のように、一見すれば無意味にも見える遊びではあるが、「効果」を期待したケアであれば、ここで遊びは無意味と意味と両方の意味合いを帯びる。

ところで「青い鳥」という劇団名が象徴するように、彼女たちの作品は自分探しの物語が多い。(25)しかし西村は作品の変遷を追うなかで「探すために旅立つことやその途中の遊びのほうにより関心があったと結論しないわけにはいかない」(26)と述べている。さらに、「Playとは芝居のことであり同時に遊ぶということ」で「八〇年代メタシアターの典型的な一例」(27)とする。遊ぶさまを舞台で見せ、その遊び自体へと関心が向けられていったというが、本作では、先述のように遊びと自分探しが表裏となっている。

遊びが真面目でもあり、無意味が意味でもあるのは、共同創作のあり方にも当てはまる。舞台上の遊びだけでなく、指摘したいのは、稽古場の風景を舞台に引き写す方法をとったこの劇団の、共同創作にも遊びの要素が多分に含まれていることだ。作品を創るという真面目な目標に向かいながらも、とめどないおしゃべりに興じることは、作為や意義や意味から逸脱した無意味＝遊びのように思われる。加えて、共同創作にはロジェ・カイヨワが遊びの定義の一つとして挙げる「未確定の活動」(28)(傍点原文)、つまり偶然性も多分に取り入れられている。

「むしろ逸脱の行きつくはてから、何かとんでもないものが飛び出してこないかと、期待しているようなところさえある」(制作日誌)というおしゃべりの逸脱という偶然性が期待されているだけでなく、思いつきも作品に取り入れられる。「結局芝居は、やる自分たちが楽しく面白くなくては意味がない」(制作日誌)と述べるように、まず自分たちが作りたいシーンや着たい衣装といった「部分」が「全体」より先に決まるという。本作では、老いというテーマやストーリーが決まる前に出された、劇場全体を布で覆う、鼓笛隊の登場、箱庭、港のシーンなどのアイデアが実際の舞台に採用されている。

また稽古中でのハプニングも取り入れられている。合宿中に散歩に出かけ、屋外でいつの間にか稽古が始められた際に、飛行機の音がしたり、南部夜貴子(後に天衣織女に改名)が人工衛星を発見したり、葛西佐紀が腹痛でトイレに駆け込んだりということがあったと制作日記には記されている。これは台本に採られそのメンバーが演じる役の言動にいかされている。思いつきやハプニングも取り入れた結果、ストーリーの流れからすれば、いびつな要素も多分に含まれることになる。ともすれば、作品とは無関係に思われる要素も、作品の一部として取り込まれる。このように意味と無意味、仕事と遊び、真面目と不真面目、稽古と休憩、稽古と本番は、「私」の「感性」を前景化する創作においてその明確な区分は消失していく。

創作に用いられるのは、思いつきやハプニングといった偶然性だけではない。カイヨワが遊びの役割の一つとして挙げるアレアは、ラテン語でさいころや賭けを意味する。自分の実力が及ばないアレアとしての遊びについてカイヨワは、「ここでは、人は偶然の不公平を除去しようとしない。それどころか、偶然の気紛《きまぐ》れそのものが、遊びの唯一の原動力となっている」と述べている。[29] 楽しいおしゃべりさながら、心の赴くままに創作する彼女たちの方法は、意見の衝突がなかったわけではない。劇団創設三〇周年という節目に製作されたドキュメンタリー映像のインタビューで、芹川藍は一センチのケーキを取り合う局面では、じゃんけんをして決めるのが青い鳥のやり方であると述べる。[30] 互いに譲れない最も真面目で真剣な場面でこそ、じゃんけんという遊びの偶然性に任せてしまう。その潔さが、共同創作を支えるキーでもあり、「自然に」決着をみる方法であったということだ。

本作では、主役のさと子をアミダくじで決めたという。[31] 創立メンバーらのベテラン勢を差し置いて、他劇団でのキャリアはあるものの新人の伊沢を主役に抜擢することは、ヒエラルキーの顕著な劇団ではあり得まい。主役をくじで決めるのは、作品に対して無責任な態度にも思われる。しかし、主役の老婆を誰がやっても面白そうだと誰もが納得した上で最終的な判断を偶然性に任せた。このことは劇団が意思決定者を持たない平等な集団であったという証左であり、遊びの原動力である不公平さは、彼女たちの真面目な創作を支える手段でもあったということである。

3　老いへのアプローチの方法

このように偶然性を多分に取り入れた創作であるが、皆が共通して関心を寄せていたのが老いである。制作日誌によれば、「雑談会」のなかで「全員の関心が、「すごく年をとること」のまわりにある」ことを見出し、主人公を老婆にすることに決めたのだという。上村柚梨子がここで話した認知症の祖母の異常な心配性や誰かが家にいる錯覚や昔と今が混ざるというエピソードや、お嬢様時代に女中がいたという伊沢の祖母の話や空襲の話も作品にいかされている。とりわけ老いへの関心は「時間の流れの中で自分というのは一体どこにいるのか」という「私」そのものへの関心であった。上村の母親が書いた祖母の看護日記を読み、「記憶や時間があてもなく交錯し、揺れている」祖母の言動のなかで、「私とはは（ママ）一体誰なのだろう」ということに強く心惹かれたという。

だからこそ現在の老婆の時間を舞台にするのではなく、「記憶や時間」を「交錯」させ、少女時代の記憶を通してさと子を描いた。少女をバイパスにして老婆を描く本作について、扇田は、「「少女」と「成熟」が共存可能な世界がすでに開かれている」(32)と述べるように、本作では少女時代のエネルギッシュな野放図な遊びの展開を見せ、それが老婆の精神世界として重ね合わされていくことに特徴を持つ。元気で生き生きとした老婆などと言葉ではいくらでも表現できようが、老婆を少女そのものとして表現したところが演劇的であり画期的である。

そもそも過去としての少女と未来としての老婆は、同じ時間軸の延長線上にいながらも、そのベクトルは別の方向を向いている。「をとめ」を「間《あわい》に浮遊するもの」とした本田和子は、少女の特性を「無意味さと交感し得る能力とその非成長性に起因する」と述べている。(33)無意味さと非成長として特徴づけられるのが少女であるならば、その時間を経て最終的に老いを受け入れる成熟としての老婆の時間は相容れない。では両者は作中でどのように縫い合わされているのだろうか。

老婆と少女を折り重ねる手法は、既に指摘があるように、高野文子が漫画「田辺のつる」（漫金超一号、一九八〇年一月）で用いたものである。高野は『なかよし読本』の装丁やカット等を担当し、また公演ポスターも手がけるなど劇団と縁が深い。漫画というメディアにおいて、認知症の老女つるは少女として描かれ、読者ははじめはつるを少女として見るが、読み進めていくうちに少女の姿をしているものの老婆と認識するという「視点の二重性」(34)を導入した。

本作でも「最初はおばあさんだとわからない。おばあさんの芝居をしない」（制作日誌）とあり、物語の中でさと子の時間が巻き戻ったり進んだりすることで、その身体に注がれる観客の視線が変化していく。老婆かつ少女という「視点の二重性」を利用しているものの、「田辺のつる」と違うのは少女の表現である。老婆つるが「きいちのぬりえ」のような少女として作画され、人形やリボンといったいわゆる少女的な可愛いものに興味を示す一方で、さと子は活発な少女として表象されている。二場以降で展開される遊びは、竹馬やスケートボードでの競争、特大折り紙で作った舟に乗って冒険するというもので、その様子は、従来の少女像とは程遠い。「大正九年」生まれで幼少期には「さと子さま」と呼ぶ女中が三人もいるお金持ちのお嬢様であるなら、なおさらである。

こうして従来の少女像を覆す活発な少女を舞台で見せたが、そのことは当時この劇団が「「少女」をキーワードとして語られることが多[35]」かった状況とも無縁ではなかろう。青い鳥が劇評に取り上げられ始めたのは一九八〇年代はじめ、そこで「女の子」や「少女」というキーワードが用いられはじめる。とりわけ川本三郎が少女論に特化して論じ[36]、『なかよし読本』でも「明るい対談永遠の少年少女」というタイトルで少女に関する同氏と木野の対談が設けられている。しかし市堂令の名が付された同著のあとがきには、「少女性なんていう言葉で言われると、ちょっとこそばゆいけれど、少女は児童であることもあるから、青い鳥は、大人の女性の児童の劇団[37]」と定義する。「少女は児童」とし、「大人の女性の児童の劇団」と自らを語るように、ことさら「少女性」として語られることへ抵抗する姿勢がみられる。

確かに青い鳥作品に登場する子供について、川本は「あまり少女っぽくない」と述べ「むしろ少年であってもおかしくないような子供」（前出の対談）と評すが、その一方で、彼女たちの問題意識は「大人の女性」という性差に根付いている。健全で元気な少女が描かれるにしても、少女時代が甘いノスタルジーを誘うのは、産むという女の性を一定期間免れているからに他ならない。本作ではさと子が母親である時間はすっぽりと抜けている。母親としてのさと子について語られるのは空襲で娘をなくしたという簡単なエピソードのみである。産む性から距離を置く少女かつ老婆であるさと子と対照的なのは、さと子の母親である。

トマトを栽培しその手入れをする母親は、種から赤い実へと成熟するまで、科学的な根拠のもと、栄養や成長のために必要なことや注意することなど、栽培の実用的な手順を語る。母親は大切にトマトを育てあげるという意味のある仕事を担っている。その母親の話をさと子は突然のチャンバラ合戦という遊びで遮り、さらにトマトの成長に喩えられる自身の人生を、「トマトさ、実になった時、こんな小っちゃな種だったこと、覚えてるかな」と記憶の問題へとずらす。母親は土を耕すのに対し、さと子は土を掘り返している。

このように母親を登場させることで、産むことから一時的に免れ自由にいられる少女の、ひいては老婆とのコントラストが織り成されている。母親になる前の無意味な遊びに熱中する少女の記憶は、老婆となった現在のさと子を支えるだけでなく、老婆の心性のあらわれとして、老婆のイメージを覆す。北原白秋「赤い鳥小鳥」(『赤い鳥』一九一七年一〇月)の詩では、青い実をたべた小鳥は青いように、成熟を待たずに少女時代のみずみずしい感性を抱えたままでいることがタイトル「青い実をたべた」にはこめられている。青い鳥としてのさと子は、元気いっぱいの活発な少女として舞台上を走り回り、「視線の二重性」によって老婆の持つ老いというネガティブなイメージを転換させている。

そして老婆と少女をつなぐキーとなるのは、ごっこ遊びであり、それにより現実と虚構が混交される。物語の時間は一場と三場が現在のさと子と家政婦たち、二場がさと子の少女時代の時間のように思われる。しかしながら、三場で再びマントを被ったさと子が登場し魔法ごっこの遊びが始まることで、二場の遊びが現在の遊びの可能性を帯び、加えて先述のように二場の遊びの途中に女中の章やが「春さん、こんなことで効果あるのかな」と漏らし、現在の時間を差し込む。また遊びの中で折り紙の舟で船出をするシーンは、一場の船出と重なり、遊びと現実の区別は曖昧化される。

さらに時間の扱い方も単純ではない。三場でさと子が土を掘り返す行為は、一場で大切なものを埋めたがそれが何か覚えていないという台詞と響きあい、記憶を掘り返すことである。しかし「その土の中から出てきたのは、どこか懐かしいおばあさん達」であるように、記憶を掘る行為は過去の時間とも現在の時間ともつながる。ここでの老婆たちは「ウキウキした様子」で「楽しい遊びを始める」ように、老婆はかつての子供の姿としてポジティブに捉えられている。その老婆たちがラジオ体操をするように、懐かしい記憶と現在のさと子の姿はつながっていく。

こうして少女である過去の時間と、老婆である現在の時間は、折り返され重ね合わされ、最終的にはさと子は老いの現実を前向きに受け入れていく。薄れていく記憶力や失っていく風景について語る長台詞の最後には、「青い実はいくつ赤くなっているかしら。明日が楽しみ」と成熟を肯定し、一度は拒否した船出に向かい、タラップを上っていく。ここからさと子が老いを受け入れたと解釈できるが、佐々木幹郎はこの幕切れについて、「みごとな老い方ができないからこそ、わたしたちは悲しみの淵に追いやられる」とし、その感覚こそが青い鳥の少女期のノスタルジーであったとし、「たとえフィクションであれその世界で理想を実現してしまったとたん、願いの希求力は衰弱する」と述べている。(38) 確かにこの幕切れはやや飛躍がありいささか綺麗にまとまり過ぎているようにも思える。

しかしながら、老いの受け入れ方に目を転じてみれば別のものも見えてくる。長台詞を言いながら、さと子は着物と草履に履き替え、髪を白く染め、老婆となっていく様子を舞台上でみせる。さと子はそもそも老婆であるのだから、ことさら老婆を演じる必要はないはずである。さらに長台詞の途中でカメラが近づき映画の撮影隊が入り込むことで、映画のワンシーンに早変わりする。老いていく過程を見せ、また何度も台詞を言い直して演技を調整していくように、老いもまたパフォーマティブな行為であることを、老いを虚構化することで示している。

その老婆さと子を演じた伊沢は、最後の長台詞について、「おばあさんっていうのがやっぱりわからない」と言ったところ、「自分の気持ちのそのままで言葉を言えばいいって。何も腰を曲げたりシワを描いたり、なにもしなくていいよ、おばあさんにならなくていいよって、みんないってくれた」という。(39) ここでも「私」が演技の軸となり、それにより、老婆という固定されたイメージから離れる。少女の時間と老婆の時間を、現在の「私」という一人の俳優の身体の上に共存させる演劇のイリュージョンによって、通念としての老いを異化したといえる。

おわりに

以上、劇団青い鳥の共同創作の方法を「青い実をたべた」を取り上げて、「私」の内面を掘り起こす共同作業とその舞台化についてみてきた。自他を尊重しながら自らの内面に「自然に」関心を向けていく創作は、舞台へと地続きにつながり、親密で生き生きとした対話へと繋がっていた。また創作には遊びの一要素である偶然性や不確定性が取り入れられ、偶然性という不公平による公平性が民主的創作のキーでありかつ物語に論理とは異なる広がりを与えていた。さらに従来の少女のイメージに抗う活発な少女を表出し、その少女の精神世界と老婆を重ね合わせることで老いのイメージを転換したが、錯綜する時間、遊びの時間の中で老婆と少女を往還する身体を立ち上げ、演劇的表現として老婆を捉え直すものとなっている。

本稿でも参照した劇団のドキュメンタリー映像が製作されたのは二〇〇三年である。そこには新しいメンバーを加えながら、アルバイトを続け、出産をし、自己表現としてのワークショップを行いながら、今なお活動を続けている彼女たちの日常の姿が映し出される。この映像の中でも、リーダーがおらず「平等な責任」(40)でやっていることが改めて強調されている。そして映像の最後には、このドキュメンタリー映像がすべてホームビデオカメラで撮られていることが告げられる。そこには自然体の「私」へのこだわりと、家族のような親密な関係の中で、虚心坦懐に等身大の自分を見つめ続ける彼女たちの矜持がある。

［注］

（1）山本健一「演劇十字路」、『新劇』三八四号、白水社、一九八五年、四一頁。木野花の発言。
（2）同前、四〇頁。
（3）扇田昭彦「浮上する〝女流演劇〟の成果――綺畸・青い鳥・３００」、『美術手帖』四九三号、カルチュア・コンビニエンス・クラブ、一九八二年、一七頁。
（4）西村博子「八〇年代のメタシアター・市堂令」、『演劇学論集』四三巻、日本演劇学会、二〇〇五年、四九頁。
（5）西村博子「青い鳥は私《わたし》シンデレラ」、『新劇』三五九号、白水社、一九八三年、三五頁。
（6）木野花「集団創作をつづける青い鳥」、『テアトロ』四八五号、カモミール社、一九八三年、七二頁。
（7）久田恵『トレパンをはいたパスカルたち劇団青い鳥ものがたり』透土社、一九八九年、五五頁。木野の退団によって青い鳥は「もう終わってしまうだろうと噂され」、また「一緒に芝居を作ってきた仲間から共同創作の方法を否定されたことは、青い鳥のメンバーそれぞれに、他からは想像の及ばないような傷を残した」とある。五六頁。
（8）朝田富次「演劇十字路」『新劇』四〇四号、白水社、一九八六年、四〇頁。朝田は「木野さんのいない青い鳥がどんな芝居を見せてくれるか、興味深くはある」とした上で「木野さんの最近は有名ＣＭタレントとして世に知られている」と述べる。
（9）台本は日本劇作家協会「戯曲デジタルアーカイブ」（https://playtextdigitalarchive.com/）に掲載されている。
（10）佐々木幹郎「少年の死体は歩く」、『新劇』四〇六号、白水社、一九八七年、三六頁。
（11）扇田昭彦「実際的ロマンスの成果『青い実をたべた』市堂令作・演出／青い鳥」、『現代演劇の航海』リブロポート、一九八八年、四二九頁。
（12）鴻英良「消えた手触り」、『新劇』四〇六号、白水社、一九八七年、三一頁。
（13）「追憶の世界、楽しく表現青い鳥公演「青い実をたべた」」『朝日新聞夕刊』一九八六年一〇月二八日。（展）と署名がある。
（14）同前。
（15）佐々木、前掲、三六頁。
（16）同前、三六頁。

(17) 久田、前掲書、二一八頁。
(18) 『劇団青い鳥ドキュメンタリー、女性だけの劇団30年の歩み、それから青い鳥はどう飛んだ?』、監督・構成/天衣織女、劇団青い鳥制作、二〇〇三年(早稲田大学演劇博物館所蔵)における小倉千加子のインタビュー。小倉は青い鳥の共同創作を主婦のエンパワメントや女性の意識革命としての役割を果たしたコンシャスネス・レイジングと重ね評価している。
(19) 初出台本ではガムを「ウワァスゥレェタァ」(=忘れた)という台詞から始まる。市堂令『なかよし読本——劇団青い鳥の世界——』、白水社、一九八六年、一一九頁。
(20) 「「青い鳥」に人気と実力子ども心生かす5人の女性」『読売新聞夕刊』一九八五年八月五日。(裕)と署名がある。
(21) 前掲のドキュメンタリー映像における芹川藍の発言。
(22) 和田勉は青い鳥について「役者という「肉体」というよりも、むしろ「感性」」だと述べている。和田勉「〝気分〟がストーリーの「物語り」市堂令との対話」、『テアトロ』五三六号、カモミール社、一九八七年、九〇頁。
(23) 扇田昭彦「女性の劇団全員が対等、演出も共同で(舞台は語る:24)」『朝日新聞夕刊』一九九九年一〇月二六日。
(24) 鴻、前掲、三一頁。
(25) 坂本麻衣は「コンセント・メモリー」(一九八一)について「市堂令作品の主要なテーマである「自分探し」が、最も直接的なかたちで表れ」ていると指摘する。坂本麻衣「市堂令「コンセント・メモリー」『20世紀の戯曲Ⅲ——現代戯曲の変貌』社会評論社、二〇〇五年、一八八頁。
(26) 西村、前掲(注四)、五八頁。
(27) 西村、前掲(注四)、五九頁。
(28) ロジェ・カイヨワ『遊びと人間』多田道太郎/塚崎幹夫訳、講談社学術文庫、一九九〇年、四〇頁。
(29) 同前、五〇頁。
(30) 前掲のドキュメンタリー映像における芹川の発言。
(31) 久田、前掲書、一九三頁。伊沢は「全然決まらないんで、もうこんなに決まらないのならアミダをやろうということになったら、なぜか私になっちゃった」と述べている。
(32) 扇田、前掲書(注一一)、四三二頁。

(33) 本田和子『少女浮遊』青土社、一九八六年、二六〇頁。
(34) 斎藤宣彦・横井周子「高野文子全著作解題」、『ユリイカ』四六四号、青土社、二〇一二年、一七二頁。「自分のことを少女だと思い込んでいるつるの、いわば妄想的世界からの視点」から「読者はつるの錯乱に改めて気がつき、苛立つ孫の存在する常識的現実世界の視点へと引き戻される」とある。
(35) 扇田昭彦「書評市堂令他著『なかよし読本劇団青い鳥の世界』」、『新劇』四〇五号、白水社、一九八六年、五三頁。また由里幸子「逃げか、あこがれか中年も男の子も夢みるいま、なぜ「小女」の時代?」『朝日新聞夕刊』(一九八六年七月二日)という記事では、少女文化の隆盛に関連して青い鳥が取り上げられている。
(36) 川本三郎「ことばの劇場青い鳥だ態変だ」、『新劇』三七五号、白水社、一九八四年。
(37) 市堂、前掲書、あとがき。
(38) 佐々木、前掲、三六頁。
(39) 久田、前掲書、一九四頁。
(40) 前掲のドキュメンタリー映像における葛西佐紀の発言。

＊本稿は日本近代演劇史研究会五月例会での口頭発表「劇団青い鳥「青い実をたべた」における少女という戦略」(二〇二四年五月一八日)に基づいて書かれている。ご意見を賜った諸氏に感謝申し上げる。

永井愛「鷗外の怪談」が描く森林太郎
――書くこと／読むことが織りなす「怪談」――

鈴木　彩

はじめに

森鷗外（本名・森林太郎）にはいくつもの顔がある。今日の私たちがまず思い浮かべるのは「舞姫」（『国民之友』、一八九〇年一月）や「高瀬舟」（『中央公論』、一九一六年一月）を書いた小説家としての顔だろう。しかしその他にも劇作家、評論家、翻訳家、陸軍軍医総監・陸軍省医務局長（一九〇七年就任）にまで出世する軍医、退任後に務めた宮内省帝室博物館総長兼図書頭《ずしょのかみ》（一九一七年就任）・帝国美術院長（一九一九年就任）などの顔があり、「この多面性は、日本の近代文学者中まったく類例をみない。」[1]と評されるにふさわしい。二〇一四（平成二六）年九月に初演された[2]永井愛「鷗外の怪談」は、その数多の顔から小説家と軍医の二つに着目し、大逆事件が起きた一九一〇（明治四三）年を舞台に、二つの顔の葛藤を描いた戯曲である。

登場人物は森林太郎（鷗外）、妻・しげ、林太郎の母・峰、大逆事件の弁護人の一人である平出修、小説家の永井荷風、林太郎の友人・賀古鶴所という実在の人物に、森家の新人女中・スエを加えた七人である。場面は「1」から「5」に分かれ、すべて森家の同じ一室で展開する。本作は様々な対話から成るが、主な出来事をまとめると以下の通りとなる。「1」では妊娠中のしげが峰と折り合いが悪いことが描かれた後、平出が訪れ、幸徳秋水らが逮捕された大逆事件が話題にのぼる。林太郎が帰宅し、平出と二人きりになると、林太郎は弁護の相談に乗り、社会主義・無政府主義と事件との関係などを話し合う。平出と入れ替わりに賀古が、大逆事件の処分を山縣有朋に提言する懇談会のことを林太郎に知らせる。「2」では賀古と峰、次いで荷風とスエがそれぞれ言論弾圧への反発を暗示する林太郎の小説「沈黙の塔」について話している。その後、賀古は林太郎に小説について山縣に弁明するよう告げ、林太郎はそちらへ向かうため家族との外出の約束を取りやめる。「3」では荷風と峰が林太郎の小説「食堂」の解釈を語り合い、平出と林太郎は再び弁護方針を相談する。しかし「4」で被告たちの多くに死刑判決が下り、荷風は「政権の内部にいる方」である「先生にしかできないことがある」と林太郎に訴える。林太郎は山縣に直談判に行こうとするが、賀古に止められ、また命を絶ってでも林太郎を止めると訴える峰が立ちはだかり、ただ立ち尽くす。「5」ではしばらくの時が経ち、しげは息子を出産している。平出は獄中の被告から届いた手紙を林太郎に見せ、幸徳秋水が「鷗外先生」の書くものを称えていたと伝える。出産後のしげと峰の関係は改善し、穏やかな生活が訪れたが、林太郎は「やっぱり、こういう顚末になったよ。おかしいだろ、エリス……」と呟き、幕となる。

本作は発表年に、第2回ハヤカワ『悲劇喜劇』賞を受賞するなど、高く評価された。(3)劇評や『悲劇喜劇』賞の選評でも、史実や鷗外の小説を元に、彼の二面性と葛藤を描いたことが好意的に評されている。(4)実際に「鷗外の怪談」は、大逆事件と鷗外をめぐる事実を丁寧にふまえている。作中では賀古が林太郎に懇談会の詳細を告げるが、一九一〇(明治四三)年一〇月二九日の鷗外の日記にも「平田内相東助、小松原文相英太郎、穂積教授八束、井上通泰、賀古鶴所と椿山荘に会す。晩餐を饗せらる。」(5)とある。中村文雄(6)は、何の会かは記されていないが「登場人物から考えれば、明らかに社会運動、社会主義思想に対する対策を練るための会であったことは想像に難くない。」と推測している。

また森潤三郎(7)（鷗外の弟）は平出修が弁護に必要な知識を求めて鷗外を訪ね、鷗外が「数晩に亙つて語つたのが非常に平出氏の参考とな」ったと回想している。また本作の林太郎の二面性は、鷗外研究において山崎一穎が「私人としての生活と官吏としての生活との間に生ずる摩擦や軋み」「森林太郎（鷗外）と大逆事件との関係を論ずる時、陸軍軍医総監・陸軍省医務局長森林太郎としての立脚地と、事件や社会の動向に言語を以て向き合う表現者森鷗外とを区別した上で、その対峙関係を分析する必要がある。」(8)と述べる点につながるといえる。

このように大逆事件と鷗外の状況を綿密に参照した「鷗外の怪談」が、政府による抑圧とそれに対する無関心への危機感をテーマの一つとすることは言を俟たない。荷風の「世の中のすべてのことを軽く見て、その成り行きにまかすという、極めて日本的な態度」を批判する台詞などにそれは表れており、劇評で二〇一四（平成二六）年一二月に施行された、特定秘密保護法と関連付けたもの(9)があるのも首肯できる。永井自身もインタビューで「秘密裁判への危機感など時代の空気は重なっている。鷗外が昔の人だとは思えませんでした」(10)と述べており、本作は大逆事件を鏡として、現代の私たちを取り巻く国家と個人のあり方を映し出し、考えさせるものとなっている。

だが一方で、林太郎を中心に妻のしげ・永井荷風・平出修といった小説を書くことに関わる人物が複数登場する本作には、小説を書く／読む場面が頻出し、書くことと読むことの相互関係もまた一つのテーマとして底流していることは見逃せない。本論は「鷗外の怪談」における書く／読む場面を分析し、本作を書く者と読む者の物語として捉え直すことを目的とするものである。そしてそれは、劇評・選評でも指摘のある林太郎の受動性と、その結末の意味を考えることにもつながるといえる。

国家による抑圧や無関心への恐ろしさを示唆しつつも、本作では林太郎が直接に反対の声を上げることは結果的になく、その他にも林太郎が自身の主張や立場を明確にする場面は少ない。『悲劇喜劇』賞の選評では、好意的な文脈ではあるが「森鷗外＝金田明夫は、タイトル・ロールの主役でありながら、周囲に翻弄されてしまうところが、この芝居のポイント」（小藤田千栄子(11)）、「どこが優れているのかといえば、それは、主人公のはずの鷗外をあえて一種の

「虚」として扱ったことです。」「それぞれの愛情のベクトルが最後にすべて鷗外という一点に集まるように演出したからだと思います。」(鹿島茂)(12)と受動性が特徴とされていた。ただし林太郎の意志や態度は本人から発信されない代わりに、彼の小説を通して他の登場人物から読まれていく。本作において林太郎はどのような書き手であり、彼の小説は、そして彼自身はどのように読み取られるのだろうか。まず次節では林太郎以外の人物も含めて「鷗外の怪談」に登場する書く行為に注目したい。

なお、本文のテクストは『悲劇喜劇』六七巻一一号(早川書房、二〇一四年一一月)に掲載された初出と、再演時に書籍として刊行された『鷗外の怪談』(而立書房、二〇二一年)があり、細かな表現などに異同が確認できるほか、初演映像(注二)では林太郎を説得する賀古の台詞が短縮されるなど変更点があるが、本論では紙幅の関係上、その点には言及せず、初出を分析対象とする。また、本論における引用部以外の呼称は原則として、実在の人物としての森鷗外・森志げを表す際は鷗外・志げ、「鷗外の怪談」の登場人物を指す際は林太郎・しげを用いた。ただし作中に登場する林太郎の小説については鷗外が発表した雑誌・年をタイトルの後に補っている。

1　書く者の意志——主に、しげの場合——

「鷗外の怪談」に登場する書き手たちは、それぞれどのように書くことと向き合うだろうか。最終場面の「5」には林太郎宅を訪れた荷風と平出が、これからについて語る箇所がある。荷風は赤ん坊の類に「あたしは文学者を名乗ることはやめようと心に決めましてねぇ……」と語りかけ、林太郎には「自分の芸術の品位を、江戸の戯作者や浮世絵師の程度にまで引き下げることにいたしました。江戸の末期を生きた彼らは、浦賀へ黒船が来ようが、桜田御門で大老が暗殺されようが、てめえの与《あず》かり知ったこっちゃねえと、すまして春本や春画を書き続けた。その心に呆れるより、むしろ学ぼうと思います。」と告げる。「2」では検閲批判の随筆を書いたことが語られ、「4」では前節に引いた台詞のように、大逆事件への無関心を嘆いていた荷風の、書き手としての姿勢は事件の幕引きを経て変化する。一方で荷風と入れ替わりにやって来た平出は、荷風の姿勢を「こういう逃げ方は許せない。」と非難するとともに「裁判の記録は、おそらくずっと公表されない。でも、小説に表せば一般読者の目に触れることになる。」と大逆事件を小説にしたいと語る（実在の平出も一九一三（大正二）年に小説「逆徒」を発表し、発禁処分を受けている）。方向性は違うが、大逆事件をめぐる動静によって生み出された、荷風と平出の書くことへの姿勢がここには描き込まれている。

そして本作の冒頭は、しげが自作の小説を読み上げ、その続きを書こうとする場面から始まる。しげは、林太郎が嫁姑の不和を書いた小説「半日」（『昴』、一九〇九年三月）に対抗するため「一日」という小説を書こうと試み、さらにはその中で『朝日新聞』の連載「危険なる洋書」(13)で林太郎と自分を非難されたことへの反論も示そうとしていた。冒頭でしげが読み上げる小説の一節は、実在の森志げが書いた「おそろひ」（『中央公論』、一九一〇年一二月）の一節を元にしているが、変更も加えられている。まずはしげが読む部分を引用する。（傍線引用者、以下同）

しげ　富子の夫は、先生だの博士だのと世の尊敬を集めているが、その実、金とは縁が薄い。それなのに、ほとんど病気ででもあるかのように、西洋の書物を買い入れる。そして、「芸者に注ぎ込むよりマシだろう」などと澄ましている。富子も仕方なく、「そうですね」なんぞと言っている。

しげ、座敷に入ってくる。

しげ　ところが最近ある方面の人たちが、「西洋の書物は危険だ」と言い出した。ついには、ある新聞が「危険なる洋書」という連載まで始めた。これによれば、夫が半生をかけて集めた洋書のほとんどは、危険なる思想に毒されているらしい。
（中略・イプセン、モーパッサンなど具体的な作家に対する非難の例が述べられる）
しげ　富子はこの連載を愛読した。そして、危険だと言われれば言われるほど、読みたくてたまらなくなった。ついにイプセンに手を出した。今では、「妻である前に、まず人間でありたい」なんぞと思うようになっている。ああ、恐ろしや、恐ろしや……

これに相当する「おそろひ」の本文は、やや引用が長くなるが次の通りである。

里子の夫は少しは名の知れた学者である代り金には縁の遠い方であるのに、殆ど病気ででもある様に和洋の書物を買ひ入れる。「芸者に金を遣るよりは増しだらう」と云つて、自分は落ち附き払つてゐても、里子は流石に学者が書物を買ふといふのに反対することが出来ない。それで先づ「全くですね」なんぞと云つてゐる。併し腹の底ではかう云ふ事を思つてゐる。近頃或る方面の人達が危険なる洋書といふことを唱へ出した。（中略）又あれは諷刺で、こんな風に言へば、どんな立派な西洋の大家にも、日本の学者や詩人にも完膚なしだから、当局者も少し考へたら好からうといふ心持で書いたのだらうといふものもある。いかにもしら〲しい誇張の文字があるのだから、物分かりの好い人が、却つて諷刺だなぞとも思ふのであらう。里子は分からないので夫に聞いて見たら、夫は「あれか、あれは手短かに云へば、デノンシアシヨン（公然の非難――引用者注）といふのだ」と云つた。里子は又其詞が分からないので、けげんな顔をすると、夫が「梶原様へ御注進といふたちさ」と云つた。そこで始て成程と思つたのである。さて里子の思ふには、デノンシアシヨンでもなんでも好いが、あんな事が盛んになつて、夫が西洋へ払う書物の代が耗つて来たら、内の経済が余程らくになるだらう。悪くないわけだなんぞと思つて見る。

冒頭はおおむね一致するが、「鷗外の怪談」では「富子」が「危険なる洋書」の連載を愛読し、イプセンを実際に読むのに対し、「おそろひ」では「里子」が「危険なる洋書」の評価は「分からない」人物とされ、「夫が西洋へ払う書物の代が耗つて来たら、内の経済が余程らくになるだらう」と家庭経済に注目している。他にも「おそろひ」では「夫が毎月のやうに、いろんな人に金を用立てるのが、どうも詰まらなく思はれてならない。」と夫の金銭の使い方への不満が綴られ、展開も兄の子と自分の子にお揃いの帽子を買おうとした里子が、お揃いの品は気に入らずに自分の子にだけ買うが、帰り道に反省し「あした又出直して鶴子（兄の子――引用者注）の帽子を買つて行かう。自分の小使で買ふのだ。さうしよう〳〵と腹の内で極めた。」と決意するもので、家庭経済を司る妻の立場と金銭の使い方が主題となっている。

また「おそろひ」の主人公の名は里子だが、「鷗外の怪談」でしげが書く小説では富子である。富子は森志げの小説のうち「波瀾」「あだ花」「友達の結婚、パックの大臣、流産」「産」「ぼつちやん」「記念」の主人公の名前で、「波瀾」では夫の仕事に従い小倉へ転居するなど、設定において志げ自身を思わせる人物である。「鷗外の怪談」でも峰がしげに「富子ってのがあんた自身だってことは、もう約束事になってる」と言うように、「鷗外の怪談」におけるしげの小説は森志げの作品を基盤としつつも、主人公＝しげという構図の強調がなされ、その主人公が「危険なる洋書」で扱われた書物を愛読する様子が追記されている。

実在の森志げは、「半日」で悪妻のイメージが示された後、鷗外から「自分で自分を天下に訴へる方法として」[14]小説を書くことを勧められたという。しかし志げは長らく〈鷗外の妻〉という枠組みでのみ捉えられ、鷗外の校閲を受けていたとされることからも、書く主体として適切に評価されてきたとはいえなかった。[15]そのような評価のもとにあった森志げは「鷗外の怪談」で「危険なる洋書」へ「あの書きようはあんまりだから、ちょっと言ってやろうかと思って。」「ここいらで、少し反論をしておいた方がいいかと思いまして。」と、自らの意見を主張するために書く女性・しげに造形された。朱筆の件も林太郎が「おかしな文章は直したりもするけれど、内容には干渉しないよ。」と言う場面があることで、独立した書き手としての姿が強調されている。また森志げの小説は「日常的で平凡な幸福への希望は志げが描いてきた女性主人公たちの多くに共通する価値観」[16]と評されるように、家庭生活で主人公が感じたことが主に描かれるが、しげは小説で「危険なる洋書」を読む女性を通じ、自己の主張を明確に打ち出そうとしている。また、峰の台詞に「私を悪く書いたつもりが、結局は林太郎の評判を落とすことになるんです。へえ、鷗外の家《うち》はこんなことになってるのかと……」ともあるように、「鷗外の怪談」の中では作品を作者本人と接続する読み方が強固にあり、それは後述する林太郎の作品の読み方とも関わる。そうした中でしげが自身であることが「約束事」となっている「富子」の話として主張を書こうとすることは、自身と結びつけられることを承知の上で、あえて自己を世に訴えようする書き方であるといえる。

　このしげの、自己を訴えようと書く姿勢の明瞭さに比べ、林太郎のそれは曖昧である。林太郎の書く姿勢への言及には、しげの「「小説というものは、何をどんな風に書いてもいい」と他ならぬ鷗外が言っています。」という台詞（森鷗外「追儺」（『東亜之光』一九〇九年五月）に登場する言葉）があるが、林太郎自身が発した台詞ではない。本人の言及としては「沈黙の塔」について賀古が「懇談会でもう結論は出ているのに、なぜ小説で蒸し返す？」と問いかけた時の「俺は賛成しなかった。その思いを書いただけだ。」という返答があるが、「思いを書」くことの意図や目的は具体的にはされない。世間への反論を主張しようとするしげ、大逆事件を後世に残すという目的で書く平出、そしてあえて無目的の姿勢で書こうとする荷風と、何らかの目的または無目的の姿勢が窺える三人との対比により、林太郎の姿勢の不明瞭さは浮き彫りになる。だがそんな林太郎の意図は「鷗外の怪談」の作品世界で、「思いを書」いただけという以上に、他の登場人物たちから読み込まれていく。

2 読まれることの意味——主に、林太郎の場合——

「鷗外の怪談」は読む者たちの物語でもある。先述のように冒頭はしげが小説を書く場面だが、続くしげ・峰・平出の対話では「危険なる洋書」が通常とは異なる角度からも読まれている。しげは「あの連載のお陰で、読みたくなってしまったんです。あれじゃ、かえって宣伝だわ。」と言い、平出は「そういう見方もできなくはない。」「政府の言いそうなことを繰り返し書くことによって、その馬鹿馬鹿しさを強調する。結果として、危険とされた洋書を逆説的に讃えることになる。」と答える。先の森志げ「おそろひ」にも「危険なる洋書」を「諷刺」と捉える見方（前掲引用・波線部）があり、この「危険なる洋書」の真意を深読みする視点は「おそろひ」に基づくと推測されるが、いずれにせよ「鷗外の怪談」が書く行為と読む行為の描写を、冒頭に配置していることは注目に値する。

こうした書き手の真意についての解釈は林太郎の作品にも与えられる。まずは「沈黙の塔」（『三田文学』、一九一〇年一一月）である。森鷗外「沈黙の塔」では「パアシイ族」のうち「危険なる洋書」を読む者の「虐殺」について新聞で読んだ「己」が「パアシイ族の目で見られると、今日の世界中の文芸は、少し価値を認められてゐる限りは、平凡極まるものでない限は、一つとして危険でないものはない。」などと考える。「鷗外の怪談」では「2」で賀古と峰が「沈黙の塔」を語るが、「『危険なる洋書』への反論でしょうな。」「文芸取締りに対しても、風刺していると言いますか……」と述べる賀古に、峰は「幸徳一派は殺される側のパアシイ族になりませんか？　だから、この中でおぞましく描かれているのは、あの者たちを殺そうとする側、つまり……」と大逆事件の暗示と国家批判を読み取る。賀古は「考え過ぎですよ。」と否定するが、後に林太郎に「幸徳一派を英雄扱い」した「沈黙の塔」の「弁明」を求めることから、賀古も大逆事件を読み取っていると考えられる。しかし林太郎は「弁明はおかしいだろう。パアシイ族の話なのに。」と、あくまで「パアシイ族」の話だとする。先述したしげの、自らのことと読まれるのを承知で書く姿勢とは反対に、林太郎は表面的に読む余地を残し、日本に重ねて書いたと解釈するかは読者に委ねている。しかしそれゆえに、荷風と女中・スエの会話に「幸徳一派は新しい道を行く人。それを迫害する政府は、反動者だと言い切ったようなものだから。」と荷風が「沈黙の塔」を称えるのに対し、スエは「そういうたとえで書かれても、私《わあし》などにはわかりにくくて……」と言う様子がある通り、読み手によってはそれが十分に伝わらない場合もある。

「3」では「食堂」（『三田文学』、一九一〇年一二月）が話題にのぼる。森鷗外「食堂」は役所の食堂で三人の男が無政府主義者について会話する作品である。「あの連中の目には神もなけりやあ国家もない。」と無政府主義者を批判する犬塚、無政府主義について「雑誌に諸大家の話の出てゐるのを読んで見たが、一向分からない。」と言う山田、そして二人の問いに答えて無政府主義を解説する木村と、それぞれ性格を異にする。峰は「幸徳一派に肩入れするわけじゃなく」「三人の男の関係がなかなかうまく書けて」いると評価するが、荷風は犬塚を「政府」、山田を「言論統制でますます愚かになっていく、わが国民の姿」、木村を「森先生の立場を代弁」するものと読み解く。峰はその解釈に納得できない様子で「その男（木村――引用者注）は知識を披露するだけで、批判めいたことは言わないでしょう。」と反論する。しかし荷風は食堂の描写にも注目し、「食堂の汚さは、私たちの棲む世界そのものの醜さ」で、「学問や論理が軽んぜられ、妄想や迷信が支配する世の中で、食べるという命の営みを続けるやり切れなさを描いた」「寓意小説」と読む。だが峰はそれを否定し、「『沈黙の塔』で、誤解を受けたようだから、その誤解を解くために、人物描写に徹したんです。三人三様に発言させて、誰にも肩入れしてませんよと、作者の立場を示したんです。」「もし寓意なのだとしたら、あまりにも腰が引けすぎていて、寓意の役目を果たしていない。」と断言する。荷風と峰の解釈は平行線を辿り、一つに収斂することはない。ただし峰も荷風も林太郎の書く姿勢や意図を見出そうとしている点では同様である。

林太郎はここまで、自らの書く目的や意図を語らず、解釈を読者に委ねており、実際に登場人物たちは様々にそれを読み取ってきた。しかし「4」では、その委ねられた読者の一人である荷風が、自らが読んだ「作者の立場」を林太郎本人に開示し、そのことで林太郎に影響を与えている。大逆事件の判決を嘆く荷風はこう語る。

荷風　このところ、僕は不思議に思っていたんです。先生は、いったい誰に向けて小説を書いておられるのだろうかと。『沈黙の塔』も、『食堂』も、一般読者には極めてわかりにくい小説です。ただ、ある特定の人が読んだときには、なぜパアシイ族の話にしたのか、なぜ食堂があんなにも汚いのか、たちまち読み解けるのではないでしょうか？　なぜなら、その当人、山縣有朋公こそが、このように社会を支配する権力者であり、寓意によってしか、批判できない相手であり…

そして「山縣公は、もう相当に脅えていると思いますよ。陸軍軍医総監として会う森林太郎は、どこまでも従順で微笑みを絶やさない。その同じ人間が森鷗外になったとたん、自分だけを狙い撃ちするかのように密かに銃口を向けてくる。」と続け、彼が読んだ「作者の立場」は、目前の森林太郎という人物の解釈につながっていく。林太郎は「いや、大した想像力だ。もしそうだったら、俺も捨てたもんじゃないんだが、残念ながら、そうではないねぇ。」と「作者」として否定するが、荷風は「どうか日本の知性を、言論と思想の自由を死なせないようにしてください。」と告げて去る。そこに「作者」の否定の言を受け入れた様子はなく、荷風の解釈は揺らがずに林太郎に主張されている。

荷風が去った後、林太郎は山縣への嘆願書とおぼしきものを書き始める。荷風の作品解釈、そして森林太郎という人物に対する解釈が示された後、林太郎の心は動き、行動が生まれている。次いで現れた賀古は林太郎に、既に「パアシイ族の話であって、日本の話ではありません。もちろんこの中に、山縣公はいらっしゃいません…」と山縣に釈明しただろうと言うが、林太郎は「やっぱりいましたと言ってやるよ。あのとき言えなくてすいません。みっともなくてすいませんと。」と答える。この言葉によって林太郎が「沈黙の塔」を書くにあたり、山縣の姿を織り込んだという荷風の読みは裏付けられる。しかし重要なのは山縣に批判を向けるという「作者の立場」が、作中では荷風の読みを経て、事後的に開示されることである。もちろん「沈黙の塔」というテクストを書いた時点の林太郎に、山縣への批判という意図が全くなかったわけではないだろう。しかしそれまで林太郎が明確にすることのなかった山縣への批判が、読者である荷風の解釈を聞くことで確固たるものとして表出され、行動につながっている。書かれたものが読んだ者に影響を与えるという一般的なプロセスとは反対に、ここでは読まれること、そして読んだ者の解釈を聞くことが、書き手である林太郎に影響を与えるのである。ここでの林太郎は、荷風の解釈にふさわしい自己になろうと行動しているといっても過言ではない。

賀古に「止めることはできなかったかもしれない。だが、反対を表明することはできたはずだ。」と語る林太郎の姿は、国家の抑圧に声を上げられずにいた個人がそれを克服し、変化しようとする姿でもある。賀古が去った後、一連の会話を盗み聞きしていたしげは「今夜は少し、あなたという人の謎が解けたような気がする。」と言い、その姿を「本物の鷗外」として見出す。その「本物の鷗外」は、しげが結婚前に「舞姫」から見出した姿[17]と対比されている。この場面のしげの台詞では「恋人を捨てる罪の意識」で「乱れる」豊太郎を読み、「森鷗外が書く男性は、ひときわ人間的な魅力をたたえていて、いつかこういう人と巡り会えたら」と思ったこと、見合いで林太郎と会った時も「少しも夢敗れることはなかった」ことなどが語られた後、「でも、何にもわかってなかったわね。さっき、パッパの声を聞きながら、やっと本物の鷗外に出会ったと思った。」と対比的に「本物の鷗外」が見出される。ただ、しげが「本物の鷗外」と見做すものも、始めから確固として存在したというよりは、荷風という読者の解釈の開示を経て、確固たるものになったのであり、それを「本物」と捉えるのもまた、しげの解釈であるといえる。

だが結局「本物の鷗外」として見出された林太郎の談判は中止された。変化しようとした林太郎は変化できずに、物語は幕を下ろす。だが、そうであるにも関わらず、「5」のしげは「パッパは精一杯やりましたよ。私にはわかってる。」「もう『半日』の敵討ちをする気は消えてしまったの。だから、『一日』は焼き捨てました。あの夜のパッパの姿は残りません。私の胸だけに生きている。」と納得した様子である。それは「1」で「丈夫な男の子を産む」ことを望んでいたしげが、男子を産み、家庭内の地位も峰との仲も改善したという現実的な事態に起因する部分もあるだろうが、「本物の鷗外」と見なすものを「私の胸だけに」抱く満足感も含まれているのではないだろうか。

一方で林太郎は心の中のエリスに「やっぱり、こういう顚末になったよ。」と呟く。「やっぱり」とは、かつてエリーゼ・ヴィーゲルトと共に生きるという選択肢があったにも関わらず、それを選ばなかった自身の臆病さをふまえたものと考えられ、林太郎は臆病さを抱えたままの自己に、複雑な思いをもっていることが窺える。この対比的なしげと林太郎の姿について、最後に「怪談」という語とともに考察したい。

3 「鷗外〈の〉怪談」をめぐるいくつかの可能性

「鷗外の怪談」の「怪談」とは何だろうか。劇評でも「鷗外の二面性、あるいは多面性と解釈し、それは結局〈不思議さ〉に通じているように思っている。」[18]「特定秘密保護法の施行迫る日本の現実。（中略）過去に学ばぬ社会こそ真に恐ろしい「怪談」なのだと気付かされた時、この芝居は完結するのかもしれない。」[19]「そこが「怪談」の怪談たるゆえんなのだけど、結局『舞姫』のエリスに対する、裏切り者っていう……。」[20]と、多面性・過去に学ばぬ社会・エリスの言葉など多様に解釈されている。多義的な「の」という言葉が選ばれている以上、本質的に複数の解釈が可能なタイトルだが、本論ではこれまで着目してきた書く／読むことと関連させ、「怪談」の意味についていくつかの可能性を示してみたい。

「怪談」の語義は、「不思議な話。あやしい話。気味が悪く、恐ろしい話。特に、化け物、幽霊などの話。」[21]などが一般的であり、現実を超越した恐ろしい話という側面が大きいだろう。本作の非現実的で恐ろしいものが現れる場面といえば、まずは林太郎の幻聴がある。一つはエリスの「Verräter（裏切り者）」という声で、これについては林太郎が「4」でしげに「エリスという名は、俺の弱さ、俺の狡さの証なんだ。」「裏切り者……エリスとは、俺の内部に棲みついて、そう囁く声なんだよ。」と述べており、自らの弱さとそれに伴う後悔を象徴するものであることがわかる。もう一つは幼い日に津和野で見聞きしたキリシタンの様子を暗示する「キリシタンの祈る声」「蘇る鞭の音、悲鳴」である。林太郎はスエから大逆事件の被告人の一人・ドクトル大石を助けてほしいと訴えられた直後に、その幻聴を聞いて「身体を縮めてしゃがみ込」む。キリシタンの声は権力者に抑圧される犠牲者の象徴であり、大逆事件の被告人たちと重ねられたからだろう。これらの幻聴は非現実的なものを聞き、それを恐ろしく感じたという点で「鷗外の＝〈が体験した〉怪談」だが、この体験にはエリスを裏切り、抑圧される人を前に行動できなかった自身への後悔の認識が関わっている。

また作中には「恐ろしい」とされる対象として、大逆事件そのものもある。「あんな恐ろしい大陰謀を企てる輩」（峰）と言われるが、一方で「新聞は逮捕者の名前を並べ立てて騒ぐだけで、陰謀の中身は一切書かない。」（しげ）「爆弾も未完成、いつ、どこで、どうするといった計画そのものがない。まだ陰謀にもなり切れない淡い夢のようなもの」（平出）ともあるように、実体がないままに恐れられてもいる。ここには、何かを恐ろしいと見なす根拠は、必ずしも実体そのものではない可能性が示唆されている。特に近代以降、怪談とは人間の認識や解釈と結びつき、本当に怪異が存在しているのか、はたまた人間の認識がそうさせるのか……という揺れを保ちながら流布してきた。三遊亭円朝の怪談「真景累ヶ淵」は、はじめ江戸時代に作られたが、明治に入って以降、タイトルに「神経」をかけた「真景」を加え、その筆記の冒頭には「神経病」としての怪異——「例へば彼奴を殺した時に斯う云ふ顔付をして睨んだが若しや己を怨んで居やアしないか　と云ふ事が一つ胸に有つて胸に幽霊を拵らへたら何を見ても絶えず怪しい姿に見えます」[22]と認識が「幽霊をこしらえ」る可能性が言及されている。大逆事件をめぐる実体のない恐怖は、「鷗外の＝〈の周囲にある〉怪談」であるが、ここでも恐ろしさが生まれるプロセスには、それを感じる側の認識や解釈が関わっている。

この実体のないものを、個人の認識と解釈によって「恐ろしい」ものとする怪談の眼差しは、本作に登場する、林太郎という人物を解釈するプロセスとも似通っている。「4」で荷風が解釈した林太郎像には「山縣公は、もう相当に脅えていると思いますよ。」と、山縣公をも脅えさせる林太郎が含まれていたが、実際の山縣の考えはわからない以上、これも荷風の認識と解釈が作り上げた林太郎である。荷風の作品解釈と人物解釈は、林太郎の山縣への批判を確固たるものとし、それに倣った行動へと駆り立てるまでに影響した。しかし、その解釈の中にも、実体があるかは不明ながら、山縣をも脅えさせる恐ろしい林太郎像を作り出す…という「怪談」的な眼差しが含まれていた。そして「5」の場面になると、林太郎が自らをめぐる解釈と、自己との深い懸隔を感じている様子がみられる。

「5」では平出が幸徳秋水の手紙を見せ、「鷗外先生の物」に対する解釈を伝える。「(文芸は――引用者注) 人生と没交渉で画に描ける女を見るようでは、少年はとにかく、」「大人を動かすに足りません。日本の文学でも、鷗外先生の物などは、さすがに素養力量があるうえに、年も長じ、人間と社会とを広く深く知っておられるので立派なものです。私はいつも敬服して読んでいます……」という文面は、実際の幸徳秋水書簡（平出修宛、一九一一年一月一〇日）[23]に基づくものだが、ここでの林太郎は「そんなことはない！　俺など、そんなふうに言われる資格は……」とその解釈を否定する。だが平出は「でも、幸徳は、そう思ったんですよ。」と、その解釈が林太郎の意図を超えてなお、認められるべきものであることを告げている。ここでの林太郎は、幸徳の解釈に沿う自己ではないことを明言しており、その解釈は林太郎本人の実感とは乖離したものとして存在する。

林太郎とは対照的に、しげは結末に納得している様子があったが、そこにはもう一つ、「4」で語られた「舞姫」を読んだ経験も無関係ではないと思われる。ドイツに留学した太田豊太郎が、舞姫エリスと恋仲になったことで職を失うも、天方大臣から共に帰国することを勧められ、「この手にしも縋らずば、本国をも失ひ、名誉を挽きかへさん道をも絶」つという恐れからエリスを捨てる結果となる森鷗外「舞姫」は、実在の森鷗外を追って日本を訪れたエリーゼ・ヴィーゲルト(24)との関係がモデルであることは疑いを容れないが、あくまで小説であり、豊太郎の経験を森鷗外のものとは断定できない。しかし「鷗外の怪談」では豊太郎が倒れる場面を、林太郎が「今夜のような降りだった……」「エリスは、優しく看病してくれた。俺は、そのまま何日も熱に浮かされて……」など自身の体験として振り返る。林太郎は経験を作品とし、それを通してしげは林太郎という人物を読む。このしげの読む姿勢は、「半日」を語る時(「2」)の「あの人がどんなに優しくしてくれても、私はつい胸に刻まれた文字の方を読んでしまう。」という台詞にも表れていた。

最後に談判を諦める林太郎の姿は、かつてエリスと共に生きる決断ができなかった林太郎、および「舞姫」の太田豊太郎と同じ位置にある。だがしげはそもそも、そうした豊太郎に「人間的な魅力」を見出し、見合いの席でその「魅力」を林太郎に重ねていた。今回も林太郎は談判を中止するが、そうした姿もしげの「舞姫」解釈をふまえれば、豊太郎同様の「人間的な魅力」という側面から理解しうるものになる。しげは「舞姫」という作品から読み取れる「人間的な魅力」という枠組みで林太郎の弱さを受け止め、加えて新たに見出した「本物の鷗外」を自分だけの胸にしまうことで満足する。その「本物の鷗外」と呼ばれた振る舞いも、荷風の林太郎解釈から引き出されたことを鑑みれば、本当に「本物の鷗外」といえるかは定かではない。しかし「パッパは精一杯やりましたよ。私にはわかってる。」と告げ、「あの夜のパッパの姿は」「私の胸だけに生きている。」と語るしげは、自ら解釈した林太郎像に満足した様子をみせ、一人、エリスに後悔を呟く林太郎はその満足を共有しない。幸徳やしげは恐ろしい林太郎像を見出すわけではないが、認識と解釈によって、実体があるか不明な林太郎像を作り出す点において、やはりそこには「怪談」に似た眼差しが作用している。そして林太郎はそうした眼差しによって作り出された周囲からの解釈と自己との懸隔を感じながら生きる。そのような未来が示唆されるこの物語はまた、「鷗外の＝〈にとっての恐ろしい〉怪談」

という側面も持つのではないだろうか。

【注】

（1）磯貝英夫「森鴎外」『日本大百科全書』小学館、一九八八年

（2）東京公演に先立つ九月二八日に埼玉県・富士見市民文化会館キラリ☆ふじみメインホールで上演された後、一〇月二日から二六日まで東京芸術劇場・シアターウエストで上演。その後、全国公演も行われた。演出は永井愛。出演者は金田明夫（森林太郎）・水崎綾女（しげ）・内田朝陽（平出修）・佐藤祐基（永井荷風）・髙柳絢子（スエ）・若松武史（賀古鶴所）・大方斐紗子（峰）。本論執筆に際してはＮＨＫ「プレミアムステージ」（二〇一五・一二・七放送）の映像を参照した。

（3）永井愛は初演年の業績により、第六五回芸術選奨文部科学大臣賞も受賞している。また二〇二一（令和三）年の再演でも、主演の松尾貴史が第五六回紀伊國屋演劇賞（個人賞）、第二九回読売演劇大賞（優秀男優賞）を受賞した。再演は一一月七日に埼玉県（注2と同じ劇場）で上演された後、一一月一二日から一二月五日まで東京芸術劇場・シアターウエストで上演。その後、全国公演も行われた。一部日程は松尾貴史の肺塞栓症のため中止されている。演出は永井愛。出演者は松尾貴史（森林太郎）・瀬戸さおり（しげ）・渕野右澄（平出修）・味方良介（永井荷風）・木下愛華（スエ）・池田成志（賀古鶴所）・木野花（峰）。本論執筆に際しては「観劇三昧」（https://kan-geki.com/tvods/detail/200）の配信映像を参照した。

（4）山本健一は「諸家の研究をタネにしながら、劇的想像力を膨らませ、喜劇調の独自な評伝劇になった。」（「文豪の矛盾　笑いと苦さで」『朝日新聞』夕刊、二〇一四年一〇月九日）、今村忠純は「鷗外小説の言葉を次々と劇の言葉に生かし磨きあげていく、これにはほんとうに感心しました。」「公人と私人とのあいだで激しく動揺する、しかし愛すべき鷗外像がつくられているのです。」（「劇の言葉を磨く」『悲劇喜劇』六八巻四号、早川書房、二〇一五年五月）と述べた。

（5）『鷗外全集』三五巻、岩波書店、一九七五年

（6）中村文雄『大逆事件と知識人　無罪の構図』論創社、二〇〇九年

（7）森潤三郎『鷗外森林太郎』丸井書店、一九四二年

（8）山崎一穎『森鷗外 国家と作家の狭間で』新日本出版社、二〇一二年

（9）高橋豊は「特定秘密保護法を含め、現在の政治状況の問題をリアルに考えさせるのだ。」（「「菜が居合い」が鮮やかに斬った鷗外と時代の心」『悲劇喜劇』六八巻四号、早川書房、二〇一五年五月）、みなもとごろうは「大逆事件の言論弾圧というものと今日の特定秘密保護法の成立との間に、時代的な相似性を見つけて、演劇を通して、社会に対して警告したいということだと思います。」（七字英輔・みなもとごろう「演劇時評」『悲劇喜劇』六八巻一号、早川書房、二〇一五年一月、引用部は対談形式の劇評におけるみなもとの発言。）と述べた。

（10）「鷗外に重ねる、時代の空気　永井愛が主宰の「二兎社」、40周年公演　14年に初演の自作、新キャストで」『朝日新聞』夕刊、二〇二一年一一月四日。引用は記事内の永井のインタビューより。

（11）小藤田千栄子「「鷗外の怪談」三つのポイント」『悲劇喜劇』六八巻四号、早川書房、二〇一五年五月

（12）鹿島茂「演劇界は将来有望」『悲劇喜劇』六八巻四号、早川書房、二〇一五年五月

（13）「危険なる洋書」は実際に一九一〇（明治四三）年九月一六日から一〇月四日まで『朝日新聞』に断続的に連載された。鷗外・志げへの批判は第六回（九月二一日）にあり、「森鷗外先生は日本に於けるエデキントの最初の紹介者」「青年の性欲発達史めいたものを書いて発売禁止を受けさせられた而して博士の夫人は頻りと婦人生殖器に関する新作を公にされる」などとある。

（14）佐藤春夫「「半日」のことなど　附「魔睡」、「一夜」」『鷗外研究』（鷗外全集月報）、一九三六年六月。「鷗外の怪談」にも林太郎が「自分で自分を天下に訴えてごらん」と勧めたと述べる箇所がある。

（15）藤木直実は「作家の妻が書くとき――森しげをめぐるテクスチュアル・ハラスメントの構図――」（『日本文学』五四巻一号、日本文学協会、二〇〇五年一月）で、森志げ作品への同時代評と死後の評価を調査し、同時代から「揶揄するもの」「（女流として――引用者注）カテゴリー化するもの」「「鷗外」に言及するもの」など正当ではない評価がみられつつも作品自体を肯定的に評価するものもあったが、特に死後になって批評の内容は「鷗外との関連にほぼ一元化され、ついにその執筆主体が鷗外に属するとされるに至る」ことを報告している。

（16）深町博史「「お鯉さん」解題」『森志げ全作品集』嵯峨野書院、二〇二二年

（17）森志げが太田豊太郎に恋をした思い出は、鷗外の娘・茉莉が「ドッキリチャンネル」（『森茉莉全集』六巻、筑摩書房、一九九三年）で語っている。

（18）注（11）に同じ。

(19) 西本ゆか「二兎社「鷗外の怪談」「何か違う平穏」恐ろしい」『朝日新聞（名古屋版）』夕刊、二〇一四年一一月一四日
(20) 注九の「演劇時評」に同じ。ただし引用部は、対談形式の劇評における七字の発言。
(21) 『日本国語大辞典』小学館、二〇〇一年
(22) 三遊亭円朝「真景累ヶ淵」『円朝全集』五巻、岩波書店、二〇一三年
(23) 『幸徳秋水全集』九巻、明治文献資料刊行会、一九八二年
(24) エリーゼ・ヴィーゲルトの素性・来歴は、六草いちか『鷗外の恋　舞姫エリスの真実』（講談社、二〇一一年）において、調査報告がなされている。

※永井愛「鷗外の怪談」は『悲劇喜劇』六七巻一一号（早川書房、二〇一四年一一月）に森鷗外の作品は『鷗外全集』（岩波書店、一九七一～七五年）、森志げの作品は『森志げ全作品集』（嵯峨野書院、二〇二二年）から引用した。旧字は新字に改め、特殊な読みを示すルビ以外は省略した。

chelfitsch ／岡田利規 note.com. https://note.com/chelfitsch_note/
フレデリック　ジェフスキ作曲「不屈の民」
https://note.com/takuyaotakipiano/n/n38c38d62ecd6
ジョーンズ.バジル.ハンドスプリング人形劇団ウエブサイト2014. 61-69.
金氏徹平　「セノグラフィ」https://x.com/chelfitsch/status/1789581352549151146
黒谷都.フエースブック Genre.G https://www.facebook.com/GenreG/
Genre:Gray『トリタゴジ、三日間』の舞台写真掲載（2024.09.24の時点で）.
———.「genre:Gray 利己的物体と奉仕的肉体によるグロテスク」https://genre-Gray.com/
———.『循環畸系：ku in ka progressive note 4』DVD 2007.
———.「トリタゴジ、三日間」プログラム2024.
モートン・ティモシー・『自然なきエコロジー』以文社2018.
日本人形玩具学会編『日本人形玩具大辞典』201.
日本人形玩具学会第35回研究発表大会「現代人形劇の100年」1021. 2023 .
「Object Theatre」ワールド・エンサイクロペディア・パペトリ・アーツ（WEPA）.
岡田利規「海外進出で見えてきたもの　岡田利規の最新インタビュー」パフォーミング・アーツ・ネットワーク・ジャパンPANJ　2010.0319.　https://performingarts.jpf.go.jp/article/6972/
———.「『超リアル日本語』を操る劇作家・岡田利規の冒険」(聞き手：岡野宏文) PANJ 国際交流基金.2005.1022. https://performingarts.jpf.go.jp/en/article/6863/2005
岡田利規、金氏徹平等.「チェルフィッチュ x 金氏徹平『消しごむ石21』」SHUKYU 2020.(『消しゴム山』の台本と舞台写真を掲載). https://performingarts.jpf.go.jp/en/article/6863/
静岡パフォーミング・アーツ・センター（SPAC）ウエブサイト
https://spac.or.jp/『ギルガメシュ叙事詩』
ティリス・スティーブ.『パペットの美学へ：演劇的芸術としての人形劇』プレーガ出版 1992.
山口瑤子「物に対する新しい視点―― 人形劇祭の現状、2023年の演劇」
『シアターアーツ68号』AITC、2024春：58-64.
山中海瑠　発表「現代人形劇の新たな『身体』」：岡本芳一と黒谷都の実践.

ノンヒューマンの扱い

澤は幾つかの人形・オブジェクトを操演しますが、肝心な点はノンヒューマンなフンババと森の表現であり、製作の段階でフンババを擬人化しないための対策について宮城と澤は相談を何度も重ねました。結局、人間のような頭を付けなければ、司令塔が特定できずノンヒューマンな印象になることが確認できました。

フンババが倒された姿からも悉く人間らしさが排除され、薔薇の花弁が散乱しているようにも見えます。このように擬人化を避けた表現が印象的です。SPACの『ギルガメシュ叙事詩』は人形劇ではありませんが、人形演劇といえますし、オブジェクト・シアターともいえます。このように普段人形劇にかかわらないアーテイストでも人間中心主義に批判的なオブジェクト・シア—ターを取り上げることがあります。

本研究は、日本における脱人間中心主義に基づくパフォーマンス活動の本質を明らかにすることを試みました。オブジェクト・シアターやマテリアル・パフォーマンスと呼ばれるものは、パフォーミング・アーツを生態学、環境学、人類学、その他多くの分野やプロジェクトと学際的に結びつけ、人とノンヒューマンが共存する世界について理解を深め、相互の福祉に如何に貢献できるかを少なからず示してくれます。

［文献表（アルフアベット順）］

"Anthropocentrism." ブリタニカ国際大辞典.

ベル・ジョン.「世紀末のパペット、仮面、とパフォーミングオブジェクト」.「TDR（ザ・ドラマ・レビュー）」43巻3号（秋）1999、15-27.

ボイド眞理子.『日本の人形演劇の現在』上智大学出版、2020.

ブルック,ピーター.『なにもない空間』サイモン＆シュスタ 出版1968. https://tdm98.tome.press/wp-content/uploads/sites/465/2019/02/Brook-The-Empty-Space-1.pdf..

チェルフィッチュ

———.「体と関係のない時間」https://chelfitsch.net/activity/2006/09/kadaratokankeinonaijikan.html

———.『体と関係のない時間』https://www.mirai-kougaku.jp/laboratory/pages/240202.php

———.「写真の半透明化」https://www.miraikougaku.jp/laboratory/pages/240202.php

注意点

進化したヒトはタイムマシーンで去っていったようです。残った人たちは舞台上で衣装を着替えます。(この行為はヒトが死んで幽霊になったことを示すようです。)見捨てられた「残念なヒトたちの幽霊」はオブジェクトを選び即興でアートのようなモノを作ります。ミラーパネルを使いコミュニケーションをとる幽霊もいます。(ビデオやライブビデオの使用)

ヒトがいなくなったおかげで時間は開放され、潮目の変化が感じられ、モノは自由にゆっくりと変容して朽ちていきます。

観客はいません。

全体として、奇妙な歩き方や話し方は限定されています。

岡田自身の言葉を借りると、「人間の人間による人間のための演劇というのから、さらに先へとその描く対象の梢、機能の梢を伸ばした演劇」になっているでしょうか。我々が人間である以上、脱人間中心な視座を一貫して取ることは難題です。少なくとも努力を惜しまずに進むことでしょう。

『ギルガメシュ叙事詩』

次の事例は『ギルガメシュ叙事詩』(2022)静岡パフォーミング・アーツ・カンパニー(SPAC)上演。

この作品は人間中心主義の指導者の条件を問うものです。SPAC芸術監督の宮城と澤のコラボレーションは古代メソポタミア(現在のイラク)文明最古の文学作品とされている『ギルガメシュ叙事詩』に挑みました。大筋はウルクの王ギルガメシュは都市国家を建設するために親友のエンキドゥと組み、広大なレバノン杉の森の門番、フンババという怪物を殺し、大木を多く伐採し、見事な都市国家を建設します。名誉は勝ちとったもののエンキドゥは自然破壊の罪悪感から死に、ギルガメシュは不老不死を追求し出します。

物語の教訓は指導者の自己顕示欲がために、再生不可能なまで資源(杉の木)を消費すると土壌環境が永久に崩壊し、土地は砂漠化します。この資源の枯渇から負の連鎖が広がり究極的には文化・文明の衰退をもたらします。焦点は指導者の資質と不死身に拘ることにあります。テーマは肉体は朽ちても名誉は永遠に続く人間中心的思考のもたらす横暴といえます。

キャンピングに行く予定で立ち寄れません。故障して止まっている洗濯機に急に愛着がわき、それに話かけたりする「わたし」はお弔いの詩歌を書きます。

連休の間はコインランドリーで洗濯をします。数人の人がランドリーにやってきて、やはり同じように洗濯機が故障したから来たといいます。

別の日に修理業者が家にやって来ますが、洗濯機は処分しないで、寝室に移動する手伝いをするだけになります。「わたし」は趣味の散歩で履き潰した穴のあいたソックスも全部取って置く習性があるようです。

注意点

洗濯機がツールとして機能しなくなったら、「わたし」はそれを擬人化しペットのようにかわいがる自己中心的な人間のようです。穴の開いたソックスも取っておくのは使い捨てするよりいい事か悪い事か。「わたし」の家は放っておくとゴミ屋敷になりそうです。

パート2

オブジェクト：タイムマシーン

ヒト：「わたし2」、ロススス、大河内氏、鵜飼氏、郡山氏、財前氏

「わたし2」の帰宅途中にある児童公園に無数の穴のあいた大きな物体が置いてありました。ロスススはタイムマシーンだと教えます。「わたし2」も知っているはずですが、一般にはメディア規制していると。

ロスススと4人の政府官僚の会議が進行中。未来からの移民がタイムマシーンで地球に到着する予定のため対策を相談しています。

時間についてロスススが説明します。ヒトが時間を作ったが大問題になったと。今や、時間なしでは社会が廻りません。

パート3

オブジェクト：たくさんある

「残念なヒトたちの幽霊」

ヒトはいない

観客もいない

『消しゴム山』

これより、岡田主宰 チェルフィッチュ×美術家金氏『消しゴム山』について検証します。

『消しゴム山』は東日本大震災を扱った岡田の作品の一つであり、それは「消しゴム」シリーズに育っていき,マテリアル・パフォーマンスと呼ばれるようになります――劇場版『消しゴム山』、美術館版『消しゴム森』(2019)、日常空間版『消しゴム畑』(2020)、という具合に。なぜそのようなイメージを選んだのでしょう。岡田は、2017年に岩手県陸前高田市を訪れた時、津波被害を防ぐ高台の造成工事のため、周辺の山々の上部が切り崩され、高台を10メートル以上持ち上げるものであったことに気が付きました。山を人間の都合で消してしまったわけです。これこそ、人間中心主義の理論で行われたと理解できます。(チェルフィッチュ　ウエブサイト；下線は筆者)

『消しゴム山』の世界初演は2019年10月、ロームシアター京都サウスホールにて(https://www.keshigomu.online/)。構成は、三部構成 パート1、2シーンズ；パート2、5シーンズ；パート3、1シーン。トピックは、日常のモノや文明に埋められていく人類。テーマは、絶滅に瀕した人類の「半透明な」生き方(https://chelfitsch.net/works/eraser-mountain/)。

なお、舞台にパズルのように並べてあるオブジェについて、「観客が何かに見立ててしまうような状態を避けてできた配置で、ヒトに使われるという本来のモノの機能を無効化させています。」(金氏)

https://x.com/chelfitsch/status/1789581352549151146

このようなヒントを頼りに、舞台と粗筋を検証します。

粗筋と注意点

パート1.「わたし」の家

オブジェクト:「わたし」の家の洗濯機とバックフィルター、その他オブジェクト多数。

ヒト:「わたし」修理業者「わたし2」その他数人

「わたし」は洗濯機が故障し、修理業者を呼ぶと取り換え用の部品の有無の確認が必要だとわかります。十連休には、「わたし」は家にいます。業者は

です。岡田曰く：

> 「直接の届け先が人間の観客ではない演劇。モノとの演劇。用いられている尺度が人間のそれではないのかもしれない演劇。観客との関係に人間でも人間のためのものでもない何かが介在している演劇。人間が描かれる対象の中心でも、特別な存在でもないことをはっきりやる演劇。モノのための演劇。モノの演劇。人間ではないものによって、その世界が描かれているのかもしれない演劇。人間の人間による人間のための演劇というのから、さらに先へとその描く対象の梢、機能の梢を伸ばした演劇。」
>
> （チェルフィッチュ・ウエブサイト；下線は筆者）

観客について、現代演劇の基本の考え方は観客がいて初めて演劇と呼べることで、他者とのコミュニケーションが大切です。ピーター・ブルックは『なにもない空間』（1968）の中で、「演劇には3つの要素俳優、観客、と空間が不可欠」と述べています。日本では昔から神々が賓客で、上演は神と自然と人間のための祝祭の儀と考えられていました。今は普通にチケットを購入する消費者が観客。どちらでもない岡田は革新的な主張をしているように思えます。

岡田が推奨する「半透明」な生き方という概念は、コラボをしている彫刻家金氏が書いた川島小鳥の写真論に使われています。『消しゴム山』の英訳の中では「disappearing incompletely」（『消しゴム石』15）となっていますが意味上はtranslucent（透かす）もあります。実は写真の撮影用語にも「半透明化」があり、被写体が薄く透き通ったように見える現象を指します。

岡田が疑問視する「人はモノ化できるのか。」という点について、金氏は次のようにも述べます。「体の一部が意識の外側で勝手に動いている（ように見える）とき、それはなかば「モノ化」していると言えるのではないでしょうか。」（「モノ化する体 —— チェルフィッチュ的身体」参照）

では、比喩として、「半透明な生き方」とはどのような状態でしょうか。察するところ、強い人間中心的な主張を持たずに、また無気力でもないが、環境に溶け込んでいるというような感じでしょうか。

り、そのオブジェクトの性質と傾向に応じて遣い手と感応・融合し、音楽の奏でられるひと時をともに踊り、魂の情動のさまざまな編曲をみせてくれる作品です。

3　エコロジー系現代演劇

ここでは岡田利規と金氏徹平のモノとの関係性を探求しながら「超越する演劇論」へ向かう作品作り、及び澤と宮城聡の率いる静岡パフォーミング・アーツ・カンパニー（SPAC）のエコロジー系作品を検証します。

事例は、岡田と金氏の『消しゴム山』（初演2019）及び澤と宮城のスペクタクル『ギルガメシュ叙事詩』（初演2022）になります。

『消しゴム』シリーズへ

岡田利規（1973-）は劇作家、演出家、小説家、チェルフィッチュ（Chelfitsch 1997-）の主宰者。2025年度より東京芸術祭 アーティスティック・ディレクター、2026年度より東京芸術劇場 芸術監督（舞台芸術部門）に就任予定。

初期の代表作『三月の5日間』（初演2004年）ではアメリカ軍がバグダッドを空爆しイラク戦争が始まった2003年3月20日のその週の5日間、反戦デモを背景に若者カップルが渋谷のラブホテルでセックスマラソンを繰り広げるところから始まります。この劇は若者世代の現状を奇妙な身体表現や脈絡を失った会話の連続（超口語演劇）を通して鮮やかに披露し、第49回岸田國士戯曲賞を受賞しました。ところが話題性の高い受賞作は逆に岡田の創作活動のボトルネックになり、本人の満足のいく作品がなかなか書けなくなりました。

しかし、『三月の5日間』のお陰で、ヨーロッパの実験性の高い演劇祭に多く招聘され、海外進出が自分と団員の成長に合うことが判明。（PANJ インタビュー 2010）そのような状況に恵まれ、いずれ脱人間中心主義とエコロジー学にも精通し、オブジェクトと人間の新しい関係に開眼していくようになりました。

岡田の夢想するモノと演劇

曖昧ではありながら、人間の尺度では測れない何かを希求する姿勢は明らか割れてしまいそうな状態でした。会場は黒谷らがよく利用する空間のため、意図した不均衡だったのか本人に尋ねてみました。答えは「バルコニー側の掃き出し口を開放し、窓も開けたままにするつもりだったが、演奏が始まると途端に外部からクレームが寄せられたため、締め切ることになりました。」奏者本来の持ち味である咆哮のような切ない演奏を望んだ黒谷は残念がっていました。

「トリタゴジ」の隠れテーマ

全体として、台詞はなくても、音楽には勢いがありました。今回の演者とオブジェクト（音楽も含む）の関係性は以前のシリーズの昏く農密な雰囲気よりは自然光の中で育まれたような印象が強かったです。

特に第二幕について自分の作品をどう解釈すればよいのか、黒谷は迷っていました。が、それぞれのモノ語りに「一度崩れるが立ち上がる」というテーマが共通であることに気づき、三人の奏者に奏でる音楽の中に「不屈の民」というチリの抵抗歌を挿入するように依頼。フルートとアルト・サックス奏者らはその楽曲の演奏経験があり、すぐ受諾。続けて、フルートには、ドビュッシーのように美しく、サックスには短音で朴訥にと頼んだのです。箏の奏者は初めての曲だったため、楽譜を取り寄せ調弦が合うかどうか検討しくれました。本番では「をんな」（蝶々婦人）が身体を手に入れ、「探している人に巡り逢えず諦めてしまいそうなところで、微かに冒頭のフレーズ「団結した人々は決して屈しない」が流れました。」（フレデリック　ジェフスキ作曲　「不屈の民」）

テーマが決まり、今度は松沢担当の美術にもそれを反映する手順となりました。今現在のパレスチナ自治区に対するジェノサイドの象徴としてその旗に使われている白、黒、赤と緑を崩壊した住居を想像させるレンガや瓦礫に持たせたのです。たとえば、レンガの一面には青い靴を描き、反対側に4色と有刺鉄線を思わせるパターンを付けてあります。心の中ではその靴一足でもホロコーストの靴の山を呼びこす力があり、パフォーマーの間ではイメージの連鎖反応が起きます。この象徴性は観客にはなかなか伝わりにくく、黒谷自身も認めるように「お客さまに渡せていない物語です」。パフォーマー間だけでも共有できていたことは意義のあることと筆者は考えます。

このように各々の幕が赤目，蝶々さん、と水蜘蛛の精霊（顔人形）から始ま

タゴ 1: w#8「スピリト　デ　ラ　ストリータ　ドモ」（縞家の精霊～）

精霊（顔人形の赤目ちゃん）が瓦礫の中から見つかり、遣い手・代理母である黒谷と感応し、濃密な関係を通して身体と住家を獲得していくモノ語りです。黒谷によると：

> 「命なきモノに命の痕跡を見つけそのモノの生き還る束の間を遊ぶ、古来からの傀儡の有り様が息づき、自身と人形の命が行き来するやわらかな幻惑に特徴がある。」
> （genre:Gray 利己的物体と奉仕的肉体によるグロテスク）

そして、赤目ちゃんの人形製作の段階から命を預かっている姿勢がみられます。

> 「造形作家松沢佳代と人形遣い黒谷都の共働き「ku in ka」
> 千切ってまるめて縫い刺して、ソレがなりたい形になるように。
> 抱いて絡んで噛みついて、ソレがやりたいように遣われる…」
> （「循環畸系」DVDより）

フルート奏者の北沢直子のメロディーと音量はモノ遣いと釣り合っていました。

タゴ 2 w#9「コントラ・ラ・レギュロジ」（掟破り）

オランダのウルリケ・クエード社のために、黒谷のコラボレータであった渡辺数憲が製作した蝶々夫人のマスクに、松澤が頭を付け、装飾したものです。黒谷のキャリアの初期に入手した派手な着物をこの美しい顔人形に着せていきます。当初十七絃箏を持ち込み低音を使う予定でした琴奏者の佐藤康子によると、会場の音響が弱く、小さな音が響かないので、微音をリクエストした箇所も大きな音を出す方向になりました。二十五絃箏の響きには豊かながら重い情念のうねりを筆者は感じました。黒谷に応えていたようでした。

タゴ 3 w#10「ソピロ」（あこがれ）

纐纈雅代のアルト・サックスの音色を聞きながら、黒谷が8本袖の白衣装を着て水蜘蛛の顔人形を遣い、ダンスをする。この場面は30分程度でしたが、アルト・サックスの音量が圧倒的に大きく、狭い会場内では音楽がもう少しで

参照 WEPA）

Project 2000以降

オブジェクト・シアターは拡大解釈されながら普及して行きます。従来の劇人形と同じように遣い手の意志の通りに操作・操演を基本とするモノと誤解され、平等ではない扱い方・主従性がしぶとく残っていることがあります。そして、パフォーミング・オブジェクトという表現も劇人形と同義に使われる傾向も残念ながら見受けられます。

人形演劇の事例にはProject 2000で活躍をした黒谷の新作「トリタゴジ、三日間」を検証し、第三部では現代演劇の中から発生した脱人間中心主義に主眼を置いた2作品を取り上げます。

黒谷シリーズの中の　『トリタゴジ、三日間』

黒谷はgenre:Gray（2001）の旗揚げ以来、対等な関係として、モノの持つモノ語りを紡ぎ出し表象することに努めてきました。1990年代のソロ・トリタゴジから遠ざかり、1999年から造形作家の松沢香代と「ku in ka」のプログレッシブ・ノーツ（progressive notes）シリーズを開始、このダブルKのモノ語りを#0から＃9まで上演し、2018年に終了しました。2022年から次のシリーズバ二シング・ノーツ（vanishing notes）を始め、経過中です。

『トリタゴジ、三日間』（Tritagoji）の「タゴ」1, 2, 3はバ二シング・ノーツの＃8, 9, 10にあたります。トリタゴジは「三日間」の意味で、その由来は、「ジャズマンが同じライブハウスで3日間毎日異なる演奏者と組む企画をよく'3 days'」と呼ぶところにあります。目を引くのは「赤目ちゃん」と「水蜘蛛」の顔人形です。どちらも初めての登場ではなく、プログレッシブ・ノーツにも何回か登場しています。

黒谷はこの新シリーズでは松沢のみならず、演奏家、人形遣い、俳優らとのコラボレーションに没頭しました。全体で2時間半かかり、毎日一幕づつ上演する三幕物の人形演劇、黒谷と演奏者とオブジェクト（楽器を含む）が構成・上演する上で対等な立場であること、そして結果の良し悪しよりも実験性の高い創作過程を重視するもので、したがって演奏者が望むなら即興で自由に演奏できるような企画でした。

演「天国の森」に結実しました。

黒谷は2001年度日本人形劇団功労賞を受賞。

オブジェクト・シアターの特色

1．オブジェクト・シアターは人形劇に限った演劇ではなく、一般の演劇、ダンスやパフォーマンス・アートといった関連分野と共通するものです。

2．関係性の人形演劇：人形遣い、パフォーマー、オブジェクト等の平等な関係が前提。

3．空間の共有；中心の不在。向かい合った言動の展開は必ずしもありません。copresence>focus.

4．ニュー・マテリアリズムの視座を取り入れている．オブジェクトの自然態の観察、個性尊重、擬人化の不使用から始まり、「物質的、非物質的、生物学的、社会的な側面を、別個の存在ではなく、相互に関連したプロセスとして考える、より統合的なアプローチとして支持されている。」（ウイキペディア）

5．劇人形・舞台人形より found objects（自然態や既存のモノやガラクタ）を模索します。そのため、日常性と関係が強い。オブジェクトをそのままその性質に沿って使うこともできるし、変身（transformation /shapeshifting）へ誘導することもできます。

6．生きる／話す／演じるというパペットが選択されることで、すでに抽象化が暗黙の了解となっています。このジャンルは観客をイマジネーションへと誘います。隠喩、ユーモア、詩的思考が呼び起こされます。

7．現在のように背景なしのテーブルトップでオブジェクトを披露することもあれば、大きなスケールで、影絵、台詞、歌、楽器、ダンス、プロジェクション、音響、照明デザインなどのオブジェクトを織り交ぜ、舞台全面を占めるトータルシアターも可能です。

8．その他：結果として、ドラマツルギーが定番と異なり、個々のアーティストにより、変化に富んだ構成となります。なによりも、プロセスを大事にすること。即興も取り入れられ、また、観客対象が人間ではないこともありえます。

（オブジェクト・シアター・ワールド・エンサイクロペディア・パペトリ・アーツ

意識改革の方法

脱人間中心主義または環境学的視座を顕示するための具体的な方法は次の通りです。

1. 用語を変えながら、関係性を変革します。対等な立場を維持しつつ、ヒトとオブジェクトが交渉することもいとわない。
2. 「見える化」作戦、集客力、パフォーマンス、ワークショップ、祭りの立ち上げ、ツアー、そして参加。
3. 人形劇のテーマや物語性はもちろん、素材の扱い方、資源のサステナブルな活用にも注意します。炭酸ガス排出量や粗大ゴミを大量に出さないように気を付けるなど環境にやさしい制作を心がけます。
4. オブジェクトの擬人化を回避します。

人形演劇用語の改革

標準的な人形劇用語は人目を引くもので置き換え、従来の人形劇との違いを際立たせようとしました。黒谷らは人形遣いを「モノ遣い」や「傀儡女（くぐつめ）」または「遣い手」に改め、人形は「ヒトガタ」（人型）又は「モノカタ」（モノ形）；紡ぐ物語を「モノ語り」に変えました。

用語改良の大きな成果は「人形劇」の代わりに「人形演劇」を使うようにできたことと考えられます。黒谷によると、人形劇研究者加藤暁子が国立劇場の資料から「人形演劇」が既に使用されている事例を見つけ出したおかげであるとのこと。意味の枠が広がり、人形遣いも役者も舞台に同時に登場するような演劇の可能性を秘めています。

考案された造語の普及率は定かではありませんが、日本人形玩具学会の活動では「ヒトガタ」、「モノ」、「モノ遣い」、はもちろん「人形演劇」も「劇人形」（即ち舞台人形）も一般的に使われています。今でもパペットも人形も言葉として普通に使いますが、意識は変化していると考えたいところです。

Project 2000プログラム

宮沢賢治（1896-1933）を中心とする童話作家の小説を使ったセミナーやワークショップ、勉強会などが1999年に開催されました。舞台上演参加者はオーディションを経て15名が選ばれ、同年11月、シアターXにおける公開公

Jurkowski 1927-2016）が来日し、各地で講演を行いました。ユルコフスキの言説は多岐に渡りますが、その目標は人形、人形遣い、役者の平等な関係の促進にあります。この考え方の基底には「人間中心主義」に対し、「脱人間中心主義」という思想上の対抗勢力を立て、さらに、脱人間中心主義の実践は環境学的見地へと導くことがあると判明します。

勿論、人形劇に必要な視座だけではなく、すべてにおいて他者の視点から生態系、日常、または、類としての人間の立場を認識する事が地球の維持発展に必要です。

プロジェクト2000

20世紀末には幾つかの国内イベントがユルコフスキ言説の再検討（意識改革）を促しました。Project 2000（オルタナティブ&マテリアルシアタープロジェクト（1998-2000）の目標は人形遣い、アクター、オブジェクトの関係性の改善であり、企画運営チーム代表の黒谷都の推薦よりチェコ国立芸術アカデミー演劇学部（DAMU）のピーター・マターセク（1944-2017）と澤則行（プラハ在住）が教授陣として招聘され、シアターXを活動拠点とした。協力体制には日本UNIMA等。また、多くの新な人形団体が結成され、代表的な3団体を紹介します。

先ずはオブジェクト・パフォーマンス・シアター（オプト、OPT、1999-、現在休眠中）。オプトの演出家は木村繁、美術監督には福永朝子が指揮を執り、オプトの意気込みはその過激なスローガンの痛烈なトーンに現れています。パペットは「人間の従属物ではない！」「人間と対等である」「オブジェと人間の融合で想像力を掻き立てる！」等。

次にITOプロジェクト（2001-）https://itoayatsuri.com/。中心核にはマリオネット・ミノムシ主宰飯室康一とココン主宰兼からくり人形製作者の山田俊彦、及び［少年］王者館の主宰・劇作家・演出家の天野天街（1960-2024）が2008年初演の『平太郎化物日記』から演出に参加しました。

そして黒谷のgenre:Gray（利己的な物体と奉仕的な肉体によるグロテスク）（2001-）https://genre-gray.com/about/。

人形演劇研究家のジョン・ベルによると、パフォーミング・オブジェクトは、パフォーマンスで使用されるすべての物質的イメージを表す言葉であり、人形や仮面は世界中のパフォーミング・オブジェクト演劇の中心となっています。しかし、パフォーミング・オブジェクトという用語はより広い範囲に及び、通常の人形劇とは呼ばれないパフォーマンスの技法も含まれますが、それでも基本的なアプローチは同じです。（ジョン・ベル1999）「基本的なアプローチ」とは従来の人形劇では共有スペースにおいて人形遣いによるリアルタイムの操作を必要とすることを指します。ベルの最後の注意点は21世紀ではコンピューター・グラフィクスやデジタル技術が、「パペット」の概念を大きく広げていることを示唆します。それは「上演のために意図的に作られた従来の人形や仮面、次にはその物の本来の性質に従って、あるいは人間によって与えられた意図に従って行動する、人間が作ったかそうでないかにかかわらず拾い集めたガラクタも含む、物質的イメージの膨大な数からなります。」（Ibid.）パペットとパフォーミング・オブジェクトは、どちらも一般的に使われている重複した用語です。

舞台人形の意味の拡大

通常、人形には次のような特徴があります。それは、動きの可能性を決定する物理的構造（素材、重さ、関節、重心など）の設計と、人形遣いの表現作業（動き、ジェスチャー、感情）に由来する操作です。操られることによって、人形は「生命の意味づけの場」（バジル・ジョーンズ、2014）となります。また、知覚と想像力に同時に訴え、それによって人形は「物と命の関係についての観客の理解に快く挑戦する」（スティーブ・ティリス、1992）。

2　オブジェクト・シアターへのパラダイムシフト

人形劇のパラダイムシフトの起爆剤になったのは1990年代に日本に紹介された東欧のオブジェクト・シアターであり、より包括的な「パフォーミング・オブジェクト」や「人形演劇」への移行が起こりました。

1999年にポーランドの人形演劇研究の大家、H. ユルコフスキ（Henrik

道具的価値においてのみ価値を持ちます。（『ブリタニカ国際大百科事典』）

この論考の主要概念である脱人間中心主義は1938年頃ヨーロッパで芽生え、物質と自然中心の価値観を示し、活動と運動を推進しています。環境学の発達、特にエコセントリズム（ecocentrism、1949〜）と同様に、「人間が本質的価値の唯一の担い手である、あるいは、人間がより大きな存在である、と主張するのに十分な実存的区分が存在することを否定する。」（ウイキペディア）1950年代に東欧ヨーロッパでオブジェクト・シアターの名の下でその脱人間中心主義のテーマや手法が人形演劇として舞台化されるようになりました。

新物質主義について

演劇分野に深入りする前に新物質主義についても考察します。2000年頃からの新物質主義は物質の不活性に対する理解の変容を基本にしています。哲学的なアプローチであり、物質世界を不活性なものとすることに挑戦し、この再概念化を通じて従来の主体／客体の区別を解体するものです。このアプローチは、脱人間主義的な主体の分離であり、世界観が構築されるプロセスにおいて人間が中心的な役割を果たすのではなく、動物、物体、技術、社会、政治体制など、他の「ノンヒューマンな行為者」との集合体（アサンブラージ）における「行為者」のひとりと見なされます。そして、行為者はすべて何らかの効力（agency）を持ちます。ノンヒューマンの領域を人間との集合体の中に位置づけることで、それが示唆する倫理的要請は明らかです。たとえば、人間の行為に由来する気候変動・温暖化により他の生物や鉱物に及ぼされる被害等に対してノンヒューマンを救出する使命が人間にあるとするのです。

そして、行為者はすべて何らかの効力を持ちます。人間と同質ではありませんが、それなりの思考力・意志疎通能力を発揮できます。J.ベネット（J. Bennett）の言うバイブラント効力（vibrant agency）やB.ラトール（B. Latour）の効力とネットワークの考え方は物質の定義の変化を示します。

パフォーミング・オブジェクト（performing object）

ここでパーフォーミング・アーツ分野の「パフォーミング・オブジェクト」という新な用語を紹介します。この総称は一般社会でも、定着しつつあります。

の人形劇はいち早くオブジェクトシアターにパラダイムシフトし、また一般の演劇からは思想的テーマとしてのエコロジー系パフォーマンスが浮上しました。

1　脱人間中心主義への動向

現代演劇には三つの潮流が見受けられます。芸術志向と創作活動が拡大するもの；多様性の受容に伴い、グローバル化、ボーダレスな世界へ向かう傾向のもの；そして、デジタル・テクノロジーの開花により、アナログからニューメディアの導入へ、実験を行いながら、その表現の可能性を探るもの。

芸術志向は1960年代頃より、パフォーミング・アーツ全体における実験的探求の機運の高まりがあり、固定観念、世界観や美学を「解体」する表現形態を模索し、観客に「リアルとは何か」と挑戦し、社会問題やポストヒューマンな可能性を大人が妥協せずに探求するものとして成長しました。演劇活動・研究は演劇以外の研究分野の視点、概念、学説等を批評ツールとして学際的に発展がありました。

多様性については、1980年代からポップカルチャーを中心とした若者の都市文化の発達が見られ、漫画、アニメ、アクション・フィギュアなどの動く物体（パフォーミング・オブジェクト）のブームが巻き起こり、大人（特に男性）が人形に夢中になることは不自然ではなくなりました。デジタル・テクノロジーはアナログからデジタル化により、ソーシャル・メディアや没入的なVR（仮想現実）、AR（拡張現実）、や3Dアニメーション等が驚異的な進歩を遂げています。

「人間中心主義」（anthropocentrism）とは

- 人間中心主義は多くの西洋の宗教や哲学に組み込まれている基本的な信念です。
- 人間中心主義では、人間は自然から切り離された存在であり、自然よりも優れた存在であるとみなされます。
- 人間だけが道徳的価値や本質的価値を持ち、他のすべての存在（動物、植物、鉱物など）は人類の利益のために正当に利用される資源、つまり

現代演劇に於ける脱人間中心主義の台頭とポストヒューマンとの関わり

ボイド眞理子

英文概要／Abstract

This article investigates the rise of de-anthropocentrism in Japanese theatre/performance and its ability to embrace and promote new material perspectives in engaging with a posthuman world.

The essay first clarifies anthropocentrism and de-anthropocentrism, then new materialism, performing objects, ecocriticism and other related concepts to highlight the significance of this "material turn" in providing artistic and performative interpretations that indicate the value of ecological and other material approaches.

There are two major manifestations of this trend in the Japanese performing arts: object theatre as a paradigm shift from puppet theatre, and the emergence of ecological performance as an ideological theme in theatre in general.

概要

現代日本演劇に於ける脱人間中心主義（de-anthropocentrism）の台頭とポストヒューマンな世界との関わりにおいて、新物質主義（new materialism）に立脚した環境学的視点を受け入れた演劇が出現したことを検証します。

まず、人間中心主義から、脱人間中心主義の価値を示す芸術的上演形態を提供する意義を解説します。生態学（ecology）、地質学、人類学、都市計画、災害対応、公衆衛生研究、気候変動、教育、レジリエンスなど、さまざまな分野を学際的に関連付ける幅広いネットワーク力を示す演劇です。

その現われ方は大きく分けて二つあります――初めから人形（物体）が対象

W2: I'm okay. If you like, you could see his face.
W1: I'm okay, too.
M6: Then we'll be going.

The cart starts moving slowly.

W1 [*Turning back to MAN 5*]: What about you?
M5: I'd like to attend the funeral.
W1: But why the umbrella?
M5: It is raining outside.
W1: I see, it's raining outside…

Everyone slowly leaves the stage to 'A funeral march.'

Notes

(1) The play was first staged by The Natori Office (*Natori Jimusho*).

(2) See Yuasa, Masako. ***Four Plays of Minoru Betsuyaku***. Tokyo: Shakai Hyoronsya, 2023, for further information.

(3) Tanya Lees was introduced to the plays of Minoru Betsuyaku over 30 years ago as a post-graduate Theatre Student at the University of Leeds, where she participated as an actor and stage manager in several productions directed by Masako Yuasa, sparking a lifelong interest in his work. A writer of historical fiction, she lives and works in the rural north-east of England.

W4: Just to stop doing things in a roundabout way…in any case, we've decided to play rock-paper-scissors now. So, what'll you show?

M3: But if I don't know for what purpose I'm playing rock-paper-scissors…

W4: Even if you don't know why you play rock-paper-scissors, you can decide what to show.

M3: Yes, I can, but I still want to know why I'm playing.

W4: You are impossible! I can't have any confidence in marriage with you. [*Exits Stage Right*]

M3: But why? I don't understand what you've been talking about at all. [*Follows her off Stage Right.*]

The noise of demolition is heard.

W2: What would you show if you play rock-paper-scissors now?

W1: Paper.

W2: Then I won.

W1: Why?

W2: I was going to show scissors.

W1: I don't understand why you should remember the face of that man.

W2: I don't remember his face for that kind of reason. His face looks very much alike my fiancé, so, I remember his face, even though I don't want to.

W1: Why did you decide to marry a man like him?

W2: I wonder why…?

"A funeral march" suddenly starts to play. At the same time, MAN 6, who looks like an undertaker, enters slowly. He leads MAN 7, who pushes a cart on which a coffin is placed. MAN 5 follows them a little apart, carrying a black umbrella.

M6: Are you the bereaved family of Shinji Katsuyama?

W2: Yes, I'm his wife.

M6: The preparation for the funeral is ready.

M7: Would you like to meet the deceased?

W2: Meet?

W1: It means seeing his face.

M2: I don't know. Why on earth did I come all the way...?
M1 [*Pointing Stage Right*]: This way, please.
M2: We brought it from that direction before.
M1: We are putting it away in the basement. This hall is going to be demolished.
M2: Then, this won't be here anymore?
M1: No. Today was the last day.

MAN 1 and MAN 2 exit Stage Right with the folding screen. The noise of demolition begins.

W2: They've started demolishing the building.
W1: Darling...
W2: What is it?
W1: I wonder if you'll remember someday?
W2: About today?
W1: Not about today, but about your bridegroom-to-be.
W2: Well, I've been trying to remember his face for some time, but it hasn't become clear.
W1: It doesn't matter about his face.
W2: I think it matters because we can't tell who's who without knowing their face. When I tried hard, I remember the face of that man.
W1: What man?
W2: The man who we mistook for my fiancé.

WOMAN 4 and MAN 3 enter Stage Left.

W4 [*Stopping and turning back*]: Why don't you say anything?
M3: Why don't I say anything? I'm thinking about what to say now.
W4: That's what I hate about you. Say something instead of just thinking.
M3: But what am I supposed to say?
W4: I've been telling you it doesn't matter, whatever it is.
M3: But it's impossible just to say something without any hints because now we are...
W4: If you were to play rock-paper-scissors right now, whatever you show... you can say something like that, can't you...?
M3: 'Play rock-paper-scissors right now'? What for?

W1: At this late stage, are you telling me that you knew what would happen in the end? But the old fortune teller told you that you were going to die, didn't she?
W2: So it's the same as the story that you told me when we were coming in here. The man, who was predicted to kill his own father and sleep with his own mother, tried hard not to let it happen but, in the end, fulfilled the prophecy.
W1: What's the same?
W2: I didn't try to run away from that old woman's prophecy, though.

WOMAN 3 and MAN 4 enter Stage Right.

W3: Stop being silly! I was the victim.
M4: What has been stolen from you?
W3: A mourning kimono. I was going to attend a funeral after this.
M4: Were you planning to steal incense money there next?
W4: Don't talk nonsense to me. There is no proof that I'm a wedding gift money thief, is there?
M4: No, but wait a second.

Both exit Stage Left.

W2: Hey!
W1: What is it?
W2: Can you guess? What's in the sleeve of this kimono?
W1: Yes, I can. It's money, the wedding gift money which that woman took from the wedding gift money envelopes and slipped into it.
W2: What should I do?
W1: You can't do anything except keep still.

MAN 1 and MAN 2 enter Stage Left.

M1: I think they'll be all right.
M2: What do you mean by all right?
M1: They will be found soon since all the exits are closed. [*Going to the folding screen*] Will you hold that part, please?

M2: But we should do something about it, as the detective said, shouldn't we?
M5: Why don't you run after her?
M2: But… if I can catch her up with, what am I supposed to do?
M5: Just tell her not to run away.
M2: I see, tell her not to run away. [*Exits Stage Left*]
M5 [*Pointing at the rush mat*]: Can I take this?
W1: Please go ahead.
M5: Some other things around here as well?
W2: Sure.
M5: People always let me do so.
W1: It was you, wasn't it?
M5: What was me?
W1: The person who handed her the kitchen knife and taught her how to kill.
M5: Yes, I gave her the knife, as it was left behind by that uncle who came to look for the groom.
W2: And it was you who taught her how to stab, wasn't it?
M5: She didn't know what to do, so...
W1: But why?
M5: I don't know, only I have a daughter about her age, who can't marry anyone either, in my home country.

MAN 5 picks up the things around him and exits Stage Right. WOMAN 1 and WOMAN 2 light their cigarettes.

W1: Have you got it?
W2: Yes, I have.
W1: Have you really understood what I meant by "Have you got it?"
W2: Yes, I truly have. You asked me if I realised who that woman killed, didn't you?
W1: That's right…
W2: Shinji Katsuyama, my groom-to-be.
W1: When did you know?
W2: That's what I've been thinking about. It might be just now, or a bit before, when I realised I was wearing a kimono like this, or much earlier than that…it could be when I had my palm read by the old woman fortune teller. Isn't this cigarette a little strong?

M4 [*Offstage*]: Please stay there.
W4: Stay here? What does he mean by that?
M5: He won't be able to catch her; he'll be back here one way or another.
W2: Do you know her?
M5: That woman?
W2: Yes.
M5: No.
M2 [*To WOMAN 4*]: Where did you find it?
W4: This?
M2: Yes.
W4: Well, where was it? [*Putting the kitchen knife on the table*] My hands have got stiff.
W1 [*Quickly picking it up*]: Someone, quickly, please hold this woman. Quickly!

All the others, WOMAN 4 included, freeze in blank amazement.

W1: Why? She was saying she'd commit suicide with this.
W2: Hey…
W1: What is it?
W2: You might leave your fingerprints on it.
W1: Eh? [*She drops the kitchen knife.*]
M5 [*Picking it up*]: I think you've already done so. [*He puts it back on the table.*]
W1: Would it be better to clean it?
M5: I think it's best to tell them honestly what you did just now.
W4: I think I'll go.
M3: Where to?
W4: To somewhere.
M3: But that detective told you to stay here.
W4: You think that I won't go because I'm told not to do so. [*She exits Stage Left.*]
M3 [*Running after WOMAN 4*]: It's not me who says it, but the detective. [*He exits Stage Left as well.*]
M2: She's running away.
W2: It doesn't matter, does it?

M2: Oh, yes, I think perhaps that's the one…
W4: Don't come near me…
M2: Sorry. [*To MAN 4*] She says, don't come near.
M4: She's been like that for a while. According to your explanation, you've been looking for it since that time.
M2: Yes. That looks like the one that I've been searching for. I've said this many times, but I went to look for it, because you told me to. Then, instead of the kitchen knife, I found these.
M4: In a small room over there?
M2: Yes.
W1: She isn't around.
W2: Who?
W1: The woman who was here and was dressing you.
W2: True. [*To MAN 5*] Do you know where she's gone?
M5: No, I don't.
M4: What's the matter?
W1: She isn't around, I mean, the woman who has been helping us dress her.
M1: Who is she?
W2 [*To MAN 3*]: Is she your aunt?
M3: No, she isn't.
M2 [*To WOMAN 2*]: Isn't she your relative…?
W2: No, she isn't. [*To WOMAN 4*] Is she your relative by any chance?
W4: No, she isn't.
M4: So, what has she done?
W1: No, nothing really, but, only, I remember she said that she had been to the room he mentioned.
M1: That's right. I drove her out of the room.
M4: Why didn't you tell me that earlier?
M1: But then I didn't know these had been hidden there.
M4: It's all right. Now, please close the exit on that side, as I'll do on this side.
M1: Yes, sir. [*Exits Stage Right*]
M2: What am I supposed to do?
M4: You don't need to do anything. [*Exits Stage Left*]
M2: But it's me who found the envelopes!
M3: Uncle.
W4: What about me?

M1: "Someone among the people here"? Was it a person you didn't know?
W4: Yes, it was.
M5: He was a nice person, I mean, his uncle was.
M4: Perhaps, you just might have got the feeling that you heard someone telling you so.
M5: Of course, I didn't know him so well, or rather, I should say, we only passed by each other momentarily, but what can I say about him…gentle-hearted… [*To MAN 3*] why don't you say anything? Wasn't he a good uncle to you?
M3: Yes, he was, but I still can't believe that uncle of mine is…

MAN 2 comes in, holding a bunch of envelopes for gift money in his hand.

M2: Hi, everyone.
M3: Uncle…
M2: I found these envelopes for gift money. Of course, the money inside has been completely removed, but these might be evidence. [*Handing the envelopes to MAN 4*] You might get the fingerprints of the thief.
M4: Where did you find them?
M2: In the storeroom over there.
M1: It is marked 'No Entry'?
M2: It said so on the door, but I couldn't think of anywhere else.
M3: What couldn't you think of?
M2: Well, the place where I would be able to find a kitchen knife.
M4: A kitchen knife?
M2: Yes, kitchen knife! You told me to go and find it. When I brought it here a moment ago, [*To MAN 1*] you said that I shouldn't borrow it without permission. Then, I was taken to somewhere else by you, Inspector; after that, I went to find him [*pointing to MAN 3*] and left the kitchen knife somewhere…

During MAN 2's speech WOMAN 3 exits the room in a casual manner.

M1 [*Pointing at the kitchen knife which WOMAN 4 is holding*]: You mean that?

A short silence.

W1 [*To MAN 3*]: Were you stabbed?
M3: No, I wasn't. If I was stabbed, I should've noticed it.
M5: Must be your uncle.
M3: My uncle?
M5: His uncle was wearing the same outfit.
M4: Anyway, the fact of the matter is that she stabbed someone because there is a body over there, [*To MAN 1*] isn't there?
M1: Yes, there is.
W4: I stabbed this man.
W3: You stabbed him thinking that it was him.
W4: No, I didn't stab a man thinking that it was this man. I stabbed a man because it was this man. [*To MAN 3*] Do you understand the meaning of this?
M3: Yes, I do understand it, but…
W4: And yet, you still want to marry me?
W1: Wait a minute…
M3: Even so, there is no option to break off the engagement.
W4: Why not? Stabbed! I stabbed you.
M3: Whatever this is, if I break off the engagement now, people will say that we did so because there was an event of that kind.
W2: Is it so bad if people say you broke off the engagement because there was an event of that kind? Of course, I'm not saying this because I think that it'll be better if you break off the engagement. You are her fiancé…and the matter is irrelevant to me. I mean I'm not hoping that when you break off the engagement to her, something will grow between you and me.
W1: You don't need to worry. No one thinks anything like that. [*To WOMAN 4*] Anyway, the man you stabbed is not your…well, this man's uncle.
W4: Even so…
M1: He was stabbed from the back, a thrust into his heart.
W4: Somebody told me, if I held this knife and threw myself against the man, I could kill him.
W3: Who was it?
W4: Someone among the people here.
M5: I'm sure the stabbed man was his uncle.

W3: Well, well…
W4: Who are you?
W3: I…I'm no one.
M1: What I want to talk about is [*looking at the rush mat*] this.
M4: What is it?
M1: This mat. Because something like that isn't supposed to be here.
M5: It's mine.
M1: So, why is your mat here?
M3: It's because I was asked by this gentleman.
W4: You again?
M3: Again? This is the only thing that I did. What's more, I returned to him quickly. I went to return it to you, didn't I?
M5: Yes, you did.
W1: And then, I borrowed it again.
M1: You?
W1: I was told by her [*pointing to WOMAN 3*] to borrow it again.
W3 [*To MAN 1*]: It's your fault.
M1: My fault?
W3: When we were about to dress her in a small room over there, you stopped us.
M1: You can't go in there, as the room is marked 'No Entry.'
W1: So, I had to borrow this mat from this man again, and ask him to carry it in and spread it here. That's why it's here.
M1 [*To MAN 4*]: Have you understood?
M4: About what?
M1: Why this is here.
M4: It's no need to know why the bloody mat is here! What we're investigating now is a murder!
W2: There was no murder.
M4: No murder?
W2: Look, because the man in question [*pointing at MAN 3*] is alive.
M4: But [*To WOMAN 4*] you stabbed him, didn't you?
W4: Yes, I did.
M4: Who did you stab?
W4 [*Pointing at MAN 3*]: Him.

W4 [*To MAN 3*]: You…
M3: Yes?
W4: You aren't her fiancé, are you?
M3: No, I'm not.
W4: Then, why don't you tell her so clearly? That's what I hate about you.
M3: I've been saying it clearly for some time, haven't I?
W1: It's all right. [*To WOMAN 2*] You agree, as well? [*To WOMAN 4*] We think this man is your groom. [*To WOMAN 2*] It seems that way, no matter what we may think, doesn't it?
W2: It's fine by me.
W4 [*To MAN 3*]: You…
M3: Eh?
W4: Why don't you thank them for their kind understanding?
M3: Thank you.
M4: It seems the problem's sorted… now then [*To MAN 1*] Hey.
M1: Did you call me?
M4: Yes, you, you made a phone call, didn't you?
M1: Yes, I did.
M4: What did they say?
M1: Who do you mean?
M4: Who? You called the central police station, didn't you?
M1: Yes, I phoned the central police station.
M4: And? What did they tell you?
M1: They asked me if you had taken the person into custody.
M4: Umm.
M1: Then, I answered, "Yes, he has."
M4: No, I haven't.
M1: Have you not?
M4: Look at me, it's obvious. I haven't restrained anyone.
M1: But… [*pointing at WOMAN 4*] it's about this woman, isn't it?
M4: That's right.
M1: Then, I was right, wasn't I? Since she is here.
M4: Well, she is here with me… that's true.
W4: But I'm not sure how long I'm going to stay.
M3: But considering the circumstances…
W4: I've told you not to come near me, I'm not married to you yet.

A short silence.

M5: Didn't you kill him?
W4: Yes, I did. This is the man I've been talking about.
W1: But he is alive…
M3: Of course, I am alive. [*To WOMAN 4*]: So, listen to me…
W4: Don't come near me.
M3: What's the matter, really?
W2: You are this woman's…groom?
M3: Yes, I am. I'm sorry… I made a mistake earlier.
W3: But you met and talked with her then.
M3: Yes, I did, but…
W4: He is that kind of person; it doesn't matter whom he's going to marry.
M3: That's not true.
M4: Hang on a sec. In that case, is this man your fiancé? In other words, your groom?
W4: I've been telling you so for a while.
M3: I made a mistake. The roads were very congested. I was late, lost my head and then got dressed in a hurry. When I came out of the changing room, these people were here.
W4: That's not what you are wrong about!
M5: Well, well…
W4 [*To MAN 5*]: Who are you?
M5: I'm no one, but…
W4 [*To MAN 3*]: What did you say to me on the phone last night?
W3: Well, let's leave that for the time being. [*To MAN 3*] Are you really this lady's…groom?
M3: Yes, I am.
W3: But a man who is someone's uncle was here.
W2: That was this man's uncle.
W3: But he knew you.
W1: We met him only a little while ago.
W3: In that case, after all, this man is not your…
W2: So, I was trying to say… [*To WOMAN 1*] You haven't got a picture of my fiancé, have you?
W1: No, I haven't.

M4: Even so, if you told him no…
W4: I told him no many times, again and again, over and over…
W3: Why don't we stop this? There's no point arguing about it here.
M4: I only wanted to say…
W4: Is this an interrogation?
M4: No, it isn't.
W1: Then, let's stop… [*To WOMAN 4*] But how did you do it?
M5 [*To MAN 4*]: Now she is asking about the modus operandi.
W4: So, I…
M4: Stop it! All of you, who do you think you are? You have no right to ask her things like that.
W2: We're just making small talk in the ordinary way.
M4: I'm not sure if you can describe it as small talk? Regardless, this lady has killed a human being. Ordinary people like you mustn't talk to her now.
W1: Ordinary people?
M4: You are ordinary people, aren't you? You have no qualification whatsoever.
M5: But you've got a cigarette from her.
M4: Yes, I have. Eh? Is this like a bribe or something of that sort?
W1: No, it isn't. So, if you want to ask her something, why don't you do so?
W4: I have no intention of talking to him.
W3: That's why we are listening to you instead of him.
W2: But are you okay if he hears you?
W4: Yes, I am, as it can't be helped.
W1: All right, then, to start, you must tell us how you killed him.
W4: I…

MAN 1 is heard offstage. "Stop! You mustn't," then MAN 3 runs on noisily from Stage Left.

M3: Keiko-*san*!

MAN 1 runs on in pursuit of MAN 3.

W4 [*Standing up absent-mindedly*]: Who is that?
M3: Who? It's me!

M4: Please stop it, will you! Do you understand the situation we are in here now?

M5: Inspector, I think you want one too?

W2: Want a bridegroom?

M5: No, a cigarette.

M4: Don't be ridiculous.

W1: Don't you smoke?

M4: Well, yes, then, I'd like to have one, please. I'm sorry, I've just run out of cigarettes.

M5 [*To WOMAN 1*]: Would it be all right to give him one, too?

W1: Sure.

M5: She said yes.

W1: Feel free.

M4 [*Taking a cigarette from the packet*]: Listen, let me repeat this to you once again; the detectives from the homicide division will be arriving here soon. Then, things won't be as same as they are now. They are very rough. Needless to say, they won't punch or kick you, but they are truly relentless. See, so, before their arrival, you should tell me all about it.

W3 [*To WOMAN 4*]: Why did you kill him?

M5 [*To MAN 4*]: She's asking for the motivation in the case now.

W4: Because I didn't want to marry him.

M5 [*To MAN 4*]: Now we know her motivation.

M4: Shut up!

M5: She killed him because she didn't want to marry him.

M4: Didn't you hear me telling you to shut up?

W2: But you didn't have to kill him, did you?

W4: If I didn't, he wouldn't give up on marrying me and would never accept that I didn't want to marry him.

W3: Never ever?

W4: Never.

W1: In that case…

M5: No, no, even so…

M4: That's right. I've been telling you this for a while. Even so, if you don't want to marry him, you just don't marry him.

W4: But that man kept saying that no matter what, he would never give up on marrying me.

M5: No, not at all.
W1: Yes, you are. [*To WOMAN 2*] Isn't she?
W 2: Compared to me, yes. I'm an old woman when I stand next to you.
W3: That's why…
M4: Well, well, this is not the place for that sort of thing.
W2: But you told us to stay normal.
M4: Yes, I did, but…
M5 [*Offering a chair to WOMAN 4*]: Won't you have a seat?
W4: Thank you.
M4: Wait a minute.
M5: Can't she sit down?
M4: Oh, yes, she can. [*To Stage Left*] What is he doing?
W4: Are we moving?
M4: No, we aren't. But a homicide detective is on his way...
W1: How about a cigarette?
W4: Thank you so much, I'll have one.
W2: Give me one too. [*Taking a cigarette and turning to WOMAN 4*] Who did you kill?
M4: Please don't talk about that because she is still in shock and not up to it.
W4: Oh, no, I'm all right.
W3: Can I have a cigarette, too? [*Taking a cigarette from WOMAN 1*] Who did you…?
W4: My groom.
W1: You've done in your groom? Oh, what a waste!
W2: What are you talking about?
W1: But, after all the effort…
W4: He isn't a man who you'd want to cling to. When you see him, you'll understand.
W3: But you've killed him, haven't you?
W4: Well, yes, I've done it…
M5: Can I have one, too?
W1: Oh, sure. [*Giving the cigarette packet to MAN 5*] If you had told us about it, we would have taken him, I mean, your groom. Did he look healthy?
W4: Yes, it was the only thing he could be proud of.
W3: That wasn't good enough...

Look, Miss, we don't need to think about other people on this occasion. Let's just talk between the two of us. Once we talk it over, we'll know why you've done this sort of thing.

W1: What sort of thing?

W4: You'll never understand.

M4: I will.

W4: But you are a detective sent for a wedding gift money theft case, aren't you?

M4: There's no difference between the cases of a wedding gift money theft and a murder.

W2: A murder?

W1: Who did she kill?

M4: Look, please stop interrupting! Hello!

M5: Did you call me?

M4: Yes, I did. Go and get him, will you?

M5: The groom…?

M4: No, not him…we can't call the groom over here, can we? I meant the man in charge of the place. He's calling the central police station now, so ask him what's the present situation.

W4: You mustn't move, all of you. If you do, I'll…

M4: Don't!

W1: What will you do?

M4: Commit suicide, that she was going to say.

W4: Oh, I'm not sure…

M5: What should I do?

M4: You stay there. [*To WOMAN 4*] Even if this man doesn't go, a detective from the homicide division is going to… The man in charge of here is making a phone call now as I asked him to do so… So, before their arrival, you'd better...

W4: Don't come closer.

M4: All right.

W3: Listen, committing suicide isn't good.

W4: Why not?

W3: Why not? [*To WOMAN 1, asking for her assent*] Don't you agree?

W1: Yes, I do. You're still young and…

W4: I'm not as young as I look…

W2: I see.

They begin to dress WOMAN 2, but as they are distracted by WOMAN 4, they do not realise the wedding kimono has been changed to a mourning kimono.

M4: Hello, Miss…
W4: Please don't come any closer.
M4: Of course not; I only want to talk to you…
W4: I haven't got anything to say to you.
M4: I guess so, but why don't you give me the kitchen knife just for now?
W4: But I still need it...
M4 [*Anticipating WOMAN 4 stabbing her throat with the kitchen knife*]: Don't do it!
W4: What?
M4: No, no, it's all right… I only had a feeling that… Everyone, please stay calm, too, it was nothing.
W1: What happened?
W2: Has something bad happened?
M4: No, it hasn't.
M5: Can I go now?
M4: No, you can't. Stay here.
W3: Whatever it is, let's get it over quickly.
W4: Who are these people?
M4: They are all on your side. Everyone is worried about you, hoping that you don't stumble into a situation worse than it is now.
W4: What is a situation worse than it is now?
M4: Ah, it's… I mean, it's 'a situation worse than it is now.' Look, the problem must've been sorted out, since you've already done it.
W2: Already done it?
W3: Shh! Don't move.
M4: Needless to say, it is not a good thing to do. I'd never say it's good, but it's over now.
M5: Did she kill someone?
M4: Stay quiet! Listen, I don't want you to interrupt our conversation. At this moment this lady and I are talking, just the two of us. [*To WOMAN 4*]

WOMAN 4 enters absentmindedly from Stage Left, wearing a wedding dress. She holds a kitchen knife with the handle wrapped with an old blood-stained newspaper.

W1: Was it her who came to find her groom?
M5: Yes, it was.

WOMAN 4 walks absentmindedly around the people. MAN 4 chases her from Stage Left.

M4: Everyone, please don't make a commotion, for she is right on the edge. [*Following WOMAN 4, pretending he was not doing so*] Act normal… don't get tense…please keep doing whatever you were doing as if nothing unusual were happening.
W1: Do what we were doing?
M4: Yes, what were you doing here before?
W3: We were dressing this lady.
M4: Then, get on with it. Do it like you were doing it before…don't get so nervous.

We notice that WOMAN 4 is humming a tune, something like a nursery song.

M5: What am I supposed to do?
M4: You, too, do the same.
M5: Am I helping to dress a woman?
M4: Do the same thing as before.
W3: But this man wasn't doing anything.
M4: Then, don't do anything.
M5: Okay. But what is not to do anything?
M4 [*To WOMAN 4*]: Hello?
W2: Yes?
M4: Not you, the bride.
W2: I'm a bride, as well.
M4: I mean the other bride.

WOMAN 1 returns from Stage Right with MAN 5, who carries the rush mat in his arms.

W2: Where is he?
W1: He?
W2: My…?
W1: Oh, he's gone somewhere to meet his uncle. So I explained the present situation to this man and asked him to let us borrow his rush mat one more time.
M5: This is my mat.
W1: We know, didn't I tell you? Spread it out around here.
W3: Where did he go, I mean, this lady's bridegroom?
W1 [*To MAN 5*]: Where did he go?
M5: I don't know. He said he was going to find his bride because he got separated from her.
W1: Got separated from the bride?
M5: Yes.
W2: So, he did not think I was his bride after all.
W3: But he was sitting here as if he was your groom until a moment ago, [*To WOMAN 1*] wasn't he?
W1: Yes, he was. [*To MAN 5*] You thought so too, that that man was this woman's groom.
M5: Which man are you talking about?
W1: Well, the man who came to return this mat to you.
M5: Oh, that man. Whose bridegroom is he?
W3 [*Pointing to WOMAN 2*]: This lady's.
M5: Is that so? Only, a bride came to find her groom beforehand and I thought that bride's groom was that man, I mean, the man whom you are saying this lady's groom. So, when I heard he had got separated from his bride, I pointed in the direction where the bride had gone. By the bride, I mean, the woman who came to me to find her groom first, not the bride here.
W1 [*To WOMAN 2*]: Did you hear that?
W2: Yes, I did.
M5: Eh? Well, then, if that man is your groom, he went to look for the wrong bride.
W3: Wait a minute.

W3: That's right. Now we've got to dress her in here.
M1: Has the groom arrived?
W1: Yes, he's been here for some time.
W3: Hurry up, please.
W1: Oh, yes. [*She exits Stage Right.*]
M1 [*Gathering the tea things together*]: Then, when he comes back, please tell him to come to us immediately. Since the groom didn't show up, it's been chaotic in the other room. [*He goes off.*]
W3: Is it so wrong to borrow a room just for a second? I don't see why, since there are empty rooms.
W2: Umm, excuse me.
W3: What is it?
W2: This might sound strange, but did you see the man who was here, I mean, my groom?
W3: Yes, I did.
W2: How was he?
W3: How was he?
W2: Didn't you think something was not right with him?
W3: Not right?
W2: I couldn't look at him as I was like this, but how was his reaction when he saw me?
W3: When he saw you?
W2: Yes.
W3: I didn't see anything unusual about it, but is something wrong with him?
W2: No, not really…I'm not sure, but I feel something about him is different.
W3: Different?
W2: From the man I'm going to marry.
W3: How could it be? He was talking to us in a normal way.
W2: Yes, he was, but we've met only once after being introduced at a marriage agency.
W3: I'll ask him for you, as he's coming back here soon.
W2: Asking him directly?
W3: There's no other way, isn't it? What is his name, I mean, the name of your bridegroom?
W2: Shinji Katsuyama, age forty-five.

Left] in the back, I saw a small room, like storage…we'll dress you there… while we're doing it, you…
M3: Me?
W3: Yes, you, you must return the mat to him. [*She exits Stage Left.*]
M3 [*While rolling up the rush mat*]: But, really…
W1: Any problem?
M3: No, no, it's not that, only, I'm wondering what to tell him.
W1: Shouldn't you just say you're sorry?
M3: Yes, I should, but really… [*Exits Stage Right.*]

WOMAN3's voice, "Ladies!" is heard from Stage Left.

W1: Coming! [*To WOMAN 2*] Let's go.
W2 [*Following MAN 3 with her eyes*]: Listen!
W1: What is it?
W2: Is that the one?
W1: Is that the one? What's one?
W2: My groom?
W1: Well, isn't he? I can't tell because this is the first time I've met him.
W2: You've seen a picture of him.
W1: Yes, I have, but is he not him?
W2: I think he should be him, but I feel somehow, he looks younger.

MAN 1's voice is heard offstage, "No, you aren't supposed to be..." WOMAN 3 enters clutching a kimono and being chased by MAN 1.

M1: Please don't go into the wrong room. Didn't you see the 'No Entry' sign?
W3: Yes, I did, but I must dress this lady.
M1: Why must you dress her in a place like that?
W1: We loosened her *obi* a little as it was too tight.
M1: Even so… [*looking around*] who on earth served tea in here? It shouldn't be here, as this room is a photo studio.
W3 [*To WOMAN 1*]: Darling, please fetch that person here?
W1: Suzuki-*san* the dresser?
W3: No, not her, the groom. And the rush mat as well.
W1: The rush mat?

M5: To the man who was here a moment ago. I think he was a detective.
W1: But he is investigating a case of a wedding gift money thief, not a murder.
M5: A wedding gift money thief?
W2 [*To MAN 5*]: Have you only got blood-stained pyjamas in your paper bag?
M5: Not really. I've got [*taking out and showing*] old newspapers, some underwear, instant noodles and…
W3: Stop! You mustn't start such a scene here.
M5: But I rather want these to be seen.
M3: Did you come back here to report it to the inspector?
M5: No, I didn't come for that. I came here for a thing… like this shape… that I left by my handcart…
W1: Whatever it is, please go. I've even given you a cigarette.
M5: Don't you have to see them? [*He starts putting his belongings away in the paper bag.*]
W1: No, we don't, as it's clear that you aren't the thief of the wedding gift money.
M5: Then, excuse me. [*Exits.*]
W3 [*To MAN 3*]: It's you.
M3: What's me?
W3: The rush mat. He was telling us that his mat had been stolen.
M3: I didn't steal it, I simply borrowed it; it had been left by the handcart.
W2: In that case, did he come here to find it?
W3: Give it back to him, please.
M3: Right now?
W2: What am I supposed to do?
W1: You must quickly put the kimono on.
W3: No way, it'll take time.
W2: Will it take time to put on?
W3: Of course it will; it can't be as easy as taking it off. While we're dressing you, he might come back and make a scene. We don't want that. [*Holding the kimono which WOMAN 2 took off in her arms*]: You must get off the mat, too. [*Pointing at a pair of zoris*] Put those on.
W2: What are we doing? [*While stepping off the mat.*]
W1: We are going to the dressing room, aren't we? [*She is about to go.*]
W3: No, not there. If we go there, Suzuki-*san* will see us, [*pointing to Stage*

M3: I think you'd better stop.
W3: Really, you'd better stop.
W1: So, I'm giving him one. [*Handing it over*] Take this and go away, will you?
M5: I will. [*He's about to go*] Ah, but have you got a light?
W1: Oh, you are right. It's no good to hold a cigarette without fire. [*She lights his cigarette.*]
W3 [*Pointing at the paper bag*]: What's in that?
M5: Pyjamas. Do you want to look at them?
W3: No, I don't. That's not what I meant.
M5: But there's blood on them.
W2: Blood?
M5: Yes, so I thought you'd better see them.
W1: No, thank you. We don't want this, so please go.
M3: But why is there blood on the pyjamas?
M5: I have no idea. But I hear someone died here a moment ago.
W2: Is the blood from that?
M3: Someone's bridegroom collapsed, not died. So, it can't be his blood.
W3 [*Noticing that MAN 3 is picking up something with his fingers*]: What are you picking up?
M3: Well, I've found something in my tea.
W1: It's a cherry blossom petal. It's cherry blossom tea.
M3: What am I supposed to do with this?
W3: Just eat it as it's salted.
M5: Died…
W2: Who died?
M5: That collapsed bridegroom. Can I use this ashtray?
W3: Help yourself. But I think you'd better go now.
W2: Wait a minute. Are you saying that the blood on your pyjamas is the blood of the collapsed bridegroom?
M5: No, I'm not, but…
W1: What the hell are you saying?
M5: It bothers me because something like that happened.
W3: Please leave.
M5: But…don't I have to report this?
M3: Whom?

a cigarette to WOMAN 2] Did you hear that? They're looking for a wedding gift money thief.

M3: Are you doubting my uncle?

W1: No, of course not.

W2: Don't look this way.

M3: I'm sorry.

W3 [*To WOMAN 2*]: Can I have one, too? They do hang around a place like this.

W1: You mean a wedding gift money thief?

W3: Yes, occasionally.

M3: My uncle is not such a person. He's a…

W2: We know that because he was here before your arrival.

W1: He didn't carry anything, either.

W3: Of course not. Those people don't carry anything, even if they've stolen something. Oh, no, I don't mean this gentleman's uncle is a thief, no, not at all.

MAN 5 enters absentmindedly again, carrying a paper bag in his hand. He is searching for something.

W2: Hey, you, what's the matter?

M5: What's the matter? Nothing.

M3: Weren't you told not to come here?

M5: Yes, I was, but…

W1: Do you want something?

M5: No, I don't, but…

W3: You mustn't come in here... where did you get in from?

M5: That… [*pointing to Stage Right*]

W3: Oh, you mustn't, you mustn't walk in from a place like that.

M5: But…

W1: Fag?

M5: What?

W1: You want this, a cigarette, don't you?

M5: Yes.

W2: Don't be so stupid.

W1: But that's what he's come here for.

M1: It should be a wedding gift money theft, Inspector. People are given wedding gift money in a wedding hall like this, not condolence money.
M4: Oh, that's right.
M2: So, are you saying that I stole it?
M4: No, I'm not but this place is a little crowded right now, so I want to hear your story in the other room.
M3: He is my uncle.
M1: We'll be listening to his story for a while. That's all.

MAN 5, looking like a homeless person, enters absentmindedly from Stage Right with a paper bag in his hand. He is searching for something.

M1: Who are you?
M5: No, I'm no one.
M1: You can't come into the place like this. [*To all*] None of you are his acquaintance? [*To MAN 5*] Now, please get out.
M5: I'm sorry. [*Exits.*]
M4 [*To MAN 2*]: Please come with me.
M2: All of you, please say something for me, tell him that he's mistaken, I'm not what he thinks.
W2: I think it's true that we said, "Anything would do if it can cut, if it's a bladed thing."
M4: I see.
M3: Can I come with him?
M1: Please don't. All of you, please stay here together. It's getting very difficult to know where to find you as you move around in the building.

MAN 4 exits Stage Left with MAN 2. MAN 1 follows them.

W2: Is anything wrong with you?
W3: No, I'm fine. Once this bit is untied. How is it?
W2: Ahh… better… it's like I've come back to life. Is it okay to have a cigarette?
W1: Of course. [*Taking out a cigarette packet, and turning to MAN 3*] Is it all right with you?
M3: Yes, of course.
W1: We have tea here. [*Handing a cup of tea to MAN 3, and then*

M2: I was asked to find a kitchen knife somewhere. You told me to, didn't you? You?

W3: Me?

M2: Yes, you.

W3: I don't know anything about it.

M2: You can't say that…a moment ago you…

W1: Don't look this way.

M2: Sorry.

M1: In any case, you've taken it without permission.

M2: Yes, I have, but…

M3: Uncle, why would you do such a thing?

M4: Do you admit that you carried it here without permission?

M2: But there was no one around.

M4 [*Writing in his pocket notebook*]: Well, it seems this is irrelevant to the case.

M3: A case?

M1: I think it's relevant. Because, at the least, it's a bladed object. It might even kill someone.

W2: I think he meant…?

W1: What?

W2: Remember? You were looking for something to cut that cord a moment ago.

W1: We meant a pair of scissors.

M2: That's it. You said some bladed tool, so I…

M4: I've understood the circumstances. But as a first step, we need to hear your story, so will you please come with me?

M2: But I told you all just now. That woman asked me to find a cutting tool.

W1: I didn't say I needed a kitchen knife.

M1: In any case, you stole it.

M2: I only borrowed it.

M3: You said a case; Is it about the incident in which a bridegroom collapsed somewhere around here?

M4: No, not that…well, of course, we can call that a case as well…but what we are investigating is a condolence money thief.

W1: A condolence money thief?

W2: It's him.
W1: Who…?
W2: A moment ago, we saw a bride running away, rejecting her groom.
W1: Ah.
W3 [*To WOMAN 2*]: How is it?
W2: What?
W3: Oh, dear, we've been doing this for you. Are you feeling better?
W2: Oh, that! Yes, I feel much better, but will it be all right to loosen this one too?
W3: I think so. This one?
W1 [*To MAN 3*]: In that case, you can stay here, but you must keep looking in the other direction.
M3: Yes, I will. I've been doing so for some time, haven't I?

MAN 2 enters carrying a tray of teacups filled with cherry blossom tea, saying, "Sorry that it took some time,".

M2: The staff of this hall are useless, so I've brought tea for us. [*Putting the tray on the table*] It's cherry blossom.
M3: Uncle.
M2: Oh, you are here?
M3: She is changing costumes at the moment.
M2: I know, so I was…

MAN 1 enters, bringing in MAN 4.

M1 [*Pointing at MAN 2*]: It's this man.
M2: What am I?
M1 [*To MAN 4*]: He took the kitchen knife just now.
M3: A kitchen knife?
M4 [*To MAN 2*]: Do you have a kitchen knife with you?
M2: Yes. [*Taking out the kitchen knife from a band inside his jacket*] But, this is not. I've brought this for these people.
W1: Don't look at her. She is changing costume now.

MAN 1 and MAN 4 say, "Sorry," and turn their backs to the women.

W1: Uuuu…
W2: What's the matter?
W2 [*Moving her mouth away*]: Untied.
W3: Untied?
W1: Yes, at last. But will it be all right to have untied this?
W3: Before doing that, as the gentleman has brought this, please move over here keeping things just as they are.
W1: Keeping things as they are?
W3: That's right. Try not to drag the hem. [*To MAN 3 who is wiping the mat*] Move away, please…
M3: Sure.
W2: At one point I was worried what would happen.
W1 [*To MAN 3*]: Please look the other way.
M3: Oh, sorry.
W2: Do you want me to take off the *zori*?
W3: Yes, please, since the mat has been wiped down with a damp cloth. [*To MAN 3*] Have you done it?
M3: Yes, I have. Though, as I was in a hurry, I only did it about to there.
W2: Don't look this way.
M3: Sorry.
W3: About here…?
M3: Yes.
W1: Darling, how about asking your groom to stay in the waiting room until this is done?
W2: That might be a good idea.
M3: Unfortunately, I can't.
W 1: Can't you?
M3: No, I'm afraid. Something's going on there.
W3: Something? What's going on?
M3: I don't know much, but it seems someone collapsed.
W2: Collapsed?
M3: That's right. So, we've been told not to move around and to stick together group by group.
W1: I wonder who's collapsed?
M3: They said that it was a bridegroom of another party.
W1: A bridegroom?

W2: I think I'll go back to the changing room after all.
W3: No, you shouldn't. She'll not bite you, just this knot.
W1: Here?
W3: Yes, it's a little loosened around here.
W2: Are you sure that the kimono can be put back to the original state for the photos?
W3: Yes, I am. Because this lady remembers it well.
W1: Me?
W3: It'll be fine, as I remember it well too. Here…
W1: But it's very difficult to bite.
W3: How about turning your face sideways?
W1: I'm not wearing dentures, but I do have a false tooth, here in the front.
W2: Why don't you take it out for the time being?
W1: In this place?
W3: It'll be all right. You should bite with your non-false teeth. Do it quickly. If Suzuki-*san* sees us, we'll be in big trouble.
W1: This bit, isn't it? [*She bites at the section.*]
W3: Yes, it is.
W2: Ouch!
W1: Oh… [*She moves her mouth away.*]
W3: Where did you bite?
W2: It hurt, not from being bitten but from being pulled.
W3: Be patient while we're doing this. [*To WOMAN 1*] It's all right.
W1: It is so tight. [*She bites at the knot.*]

MAN 3 enters with a rolled-up rush mat, saying, "I only found this!"

W3: No, not that sort of thing, a thing made of Japanese paper for spreading in a place like this.
M3: Japanese paper? You want a paper thing?
W3: That's right, but this will do fine. Where did you find it?
M3: Next to a handcart in the basement.
W3: Next to a handcart in the basement? Is it clean?
M3: Should be all right. Here's a damp cloth to wipe it down with.
W1 [*Still biting*]: Uuuu… [*Trying to speak.*]
W2: What is it?

WOMAN 4, wearing a wedding dress, runs noisily from Stage Left to Stage Right.

W3 [*Watching WOMAN 4 leave, then coming back to the obi*]: Look at this! It's tied as hard as a stone.
W2: It hurts a little.
W3: I'm not surprised. It must be the power of Suzuki-*san's* obsession.
W2: Suzuki-*san's* obsession?
W1: The woman who dressed you in your kimono.
W2: I know, but…
W3: When she starts dressing a woman in a wedding kimono and sees the woman gradually becoming a bride in a beautiful wedding gown, she thinks that she won't allow the wedding to take place. [*To WOMAN 1*] Haven't you got scissors?
W1: Are you going to cut it?
W3: It'll be fine; this cord is quite long.
W1: I may have a small pair of nail scissors. [*She feels inside her handbag.*]

MAN 2 returns, looking back Upstage Left and mumbling, "What a fuss!"

M2 [*Turning around to WOMAN 2*]: Oh, what's happened?
W1: Please look the other way. She is changing her clothes.
M2: Oh, I'm sorry. [*Looking away*] Is she changing her costume?
W1: No, it's not a change of costume. You don't have a pair of scissors by any chance, do you?
M2: Scissors? No, I'm afraid I don't.
W3: Anything would do if it can cut, if it's a bladed thing.
M2: A bladed thing? Must be something like that somewhere… Is a kitchen knife all right? [*Exits.*]
W1: A kitchen knife? [*To WOMAN 3*] Is a kitchen knife all right?
W3: A kitchen knife? Yes, it should be. Oh, I might be able to manage this. [*To WOMAN 1*] Are you wearing dentures?
W1: No, I'm not.
W3: Then, try to bite here a little.

W1: Are you ready?

As WOMAN 1 pulls a part of the obi, it comes undone and droops.

W3: Oh, dear…
W2: What happened?
W1: But you said that it'd be all right to pull.
W3: Yes, I did, so it's fine. I meant to do this. [*To WOMAN 2*] How are you feeling? Are you better?
W2: Yes, I am, but not around here.
W3: I knew it. There are a few more waist-cords tied underneath around here. I'll loosen them for you, too.
W1: I think we need to spread something out over here. Otherwise, the kimono might get dirty.
W3: Yes, it might. [*To MAN 3*] Hello!
M3: Did you call me?
W3: Yes, I did. Will you fetch something?
M3: Something?
W3: Something to spread over here. Can't you see?
M3: "Can't I see?" [*He turns around.*]
W2: Don't look at me.
M3: I'm sorry. [*He turns back the other way again.*]
W1: She is changing her clothes now.
M3: Is she making an outfit change?
W3: Who on earth would ever change kimonos in a place like this during a wedding? Don't be daft! How many years have you been working here? Oh, forgive me, you are the groom.
W1: To avoid getting these things dirty, we need to spread something out here.
M3: I see, spread out there! But where can I go to find it? [*Exits.*]

A young woman's scream and a banging noise are again heard from behind.

W3: What are they doing on the other side?
W1: We hear that their bride does not want to marry her groom…

W1: I see.

MAN 1 enters carrying a feather duster and a damp cloth in a bucket in his hand.

M1: Has the groom arrived yet?
W1: He is here…
M1: Oh, forgive me. [*Dropping the things that he has brought with him*] Then I'll go and tell her.
W1: Who are you going to tell?
M1: The bride. [*Exits.*]
W1: But she's here, the bride is here…
M3: What the hell is he doing! We are here for commemorative photos, aren't we?
W1: Yes, we are. At the very least, they could serve us tea or something…
M3: Shall I go and tell them?
W3 [*To WOMAN 1*]: Excuse me.
W1: Yes.
W3: Would you mind trying to pull this part a little?
W1: Is it okay to do that?
W3: Yes.
W1: But, if I did so, I'm afraid the obi could be untied completely?
W3: It'll be fine because we're trying to untie it. Untie it first, then retie it. That's why you need to remember how the obi has been tied to retie it properly.
W1: You mean me?
W3: Of course, I'll remember it, but if you do too, it'll be very reassuring, won't it?
W2: I think I'll go to the changing room after all.
W1: No, you won't. You wouldn't be able to walk dressed like that.
M3: Is there anything I can do?
W3: No, there isn't. You'd better not poke your nose in. Even without your interference, we are very much…oh, sorry, I forgot that you are the groom. [*To WOMAN 1*] How's the thing? Have you memorised it?
W1: Yes, somehow.
W3: Then, please pull.

uncomfortable. It's Suzuki-*san*, isn't it?
W2: Me?
W3: No, not you. I mean the dresser who dressed you in this kimono.
W1: You're right. I'm sure people called her that.
W3: That's why. Because she always ties the obi too tight, while the other dresser, who's called Karasawa-*san,* doesn't do so. That small and plump woman Suzuki-*san* who's dressed you, she says she is stung with a desire to tie the obi tight on a bride, because she couldn't marry anyone. I wonder how this obi has been done?
W1: Shall I get Suzuki-*san* here?
W3: I think it's better not. If she sees us doing this, I don't know what she'll say.

MAN 3 says offstage, "Excuse me, please," then enters in the attire of a bride groom.

M3: I'm sorry, I'm late.
W3: You shouldn't.
W1: Pardon?
W3: You shouldn't be seen by your groom when you are like this.
W1: Oh, I'm sorry about this. Will you please not look this way and sit here?
M3 [*Sitting down*]: Is anything wrong?
W2: It's nothing. I'm getting my obi loosened a little now.
M3: I see.
W3 [*To WOMAN 2*]: Please keep still.
W2: But, are you sure?
W3: Yes, I am.
W1 [*To MAN 3*]: Have a cigarette. [*Passing the ashtray and table to MAN*] They won't take long.
M: I don't smoke.
W1: Oh, you don't. [*She is about to take out a cigarette but withdraws her hands*.]
M3: It is not good for your health.
W1: So people say.
M3: Worst of all is that it causes more problems for people other than the ones who smoke.

W3: Even so. You see, [*To WOMAN 1 and 2, asking for their agreement*] I think a wedding is once in a lifetime experience for women; [*glancing at WOMAN 2*] there might be some exceptions but…

W2: This is my first marriage.

W3: Of course it is. I am not saying the artificial flowers are wrong, but these are old and dirty.

M2: They'll bring a feather duster in a moment.

W3: In that case, why didn't you dust them before you brought them in.

W1: He isn't.

W3: He isn't what?

W1: He isn't the person in charge.

W3: Oh, the bridegroom?

M2: No, I'm not.

W2: He's the uncle.

W3: Oh, whatever shall I do, you are a relative! I'm terribly sorry. As you were arranging the flowers here, I simply thought you were…

M2: Even so, he's taking his time. He hasn't brought a duster, nor the damp cloth. [*Exits Stage Left.*]

W3: What is he going to do with the damp cloth?

W1: Can you see that part of the folding screen? There are some stains. He's going to wipe them off with it.

W3: Oh, dear, is that blood?

W1: I don't think so. [*To WOMAN 2*] What is it?

W2: It's the obi.

W1: What about the obi?

W2: Too tight.

W1: What are you saying? You said the wig was tight just now.

W2: Yes, the wig was tight and the obi is tight, too.

W 3: That's possible. Do you want me to loosen the obi a bit for you?

W1: Can you do such a thing?

W3: Yes, I can. I may not look like it, but I have some knowledge of this. Oh, yes, it should be so, you look like your uncle very much.

W2: But that person isn't.

W3: He isn't what?

W1: He is the uncle on the groom's side.

W3: I see. It's true, the obi has been tied too tight. It's natural for you to feel she was suffering from it during the wedding ceremony and soon after it was over, she fell.

W1: What are you going to do in the ceremony?

W2: I'll put it on. I will put it on only for the photo taking and the wedding ceremony. Oh, I'm feeling so refreshed. It's not a big deal, in any case our wedding ceremony won't be a great one.

WOMAN 3 enters in formal attire, looking around the place suspiciously. When her eyes meet those of MAN 2, she bows. Then, when her eyes meet with those of WOMAN 1...

W3 [*To Woman 1*]: Hello, many congratulations on this happy occasion.

W1: Thank you so much. [*To WOMAN 2*] Darling.

W2 [*Hiding her head*]: Wait a moment. I'm sorry about this. [*To WOMAN 1*] Have you got anything?

W1: What sort of thing?

W2: So, a pair of sunglasses or ...

W1: Stop being silly, they won't make any difference. [*To WOMAN 3*] She is not wearing the wig right now as it was so tight.

W3: Oh, dear, the wig was tight! That's bad. Why don't you change to one that fits you better? Shall I go and tell them?

W2: No, it's all right. I haven't got time for that.

W1: She says that she'll put it on when it's necessary.

W3: I see. [*Feeling the inside of her handbag*] In that case, how about using this? [*She holds out a fan.*]

W1 [*Taking it*]: This?

W3: It's for hiding her head for the time being.

W1: Ah. [*To WOMAN 2*] Darling, this lady lent this to you.

W2: Oh, thank you. [*Taking the fan and hiding her head with it*] Excuse me for asking, but...

W3: My name is Kimura. Many congratulations on your wedding!

W2: Thank you so much. I'm sorry that I am like this...

W3: Please don't worry. I experienced the same thing.

W1: You too?

W3: Yes, but it was years ago. [*To MAN 2*] Aren't they the artificial flowers?

M2: Yes, they are; unfortunately, only these are available.

M2: You said that you'd wipe the stain off the screen, didn't you?

MAN 1 and MAN 2 exit.

W1: What's the matter?
W2: I've got a headache.
W1: Do you want to take aspirin?
W2: Have you got some?
W1: Yes, I do, I always have some tablets on an occasion like this. [*She feels around inside the handbag.*]
W2: But the problem is…
W1: What is it?
W2: The wig. It's very tight. Would it be all right if I take it off for a while?
W1: No, it wouldn't. Don't be silly, what are you saying in a place like this?
W2: This bit is throbbing with pain.
W1: Then, why didn't you say so earlier?
W2: I did, but the hair dresser told me that's just how it was.

MAN 2 carries in the artificial flowers.

M2: Is anything wrong?
W2: Her wig is too tight.
M2: Oh, that's terrible.
W1: She wants to take it off, but…
M2: Take it off, take it off, it's no good putting up with pain.
W1: But she's going to have commemorative photos taken.
M2: So, she can put it back on when the time comes. [*Placing the artificial flowers*] Do you need any help?
W2: No, no, we are fine.
W1: Shall I go and ask that woman dresser to come and help you?
W2: It's all right, as I only have to take off a wig.
M2: It must be hard, really, I have the same experience. [*He carries the flowers in front of the folding screen.*]
W1: Did you wear a wig too?
M2: No, not me, but my wife, my late wife did. [*Arranging the flowers*] There, once they are dusted… Of course, my wife didn't die of that. But

M2: Oh, I see; if that is so, I don't have to be here.
W1: But how about… since you're here, you stay, and [*To WOMAN 2*] how about having a photo taken of everyone together, as well as the wedding photo of the two of you?

MAN 1 says offstage, "Excuse me, please!" and enters.

M1: I'm sorry, could you lend me a hand?
M2 [*Light-heartedly*]: Sure. [*He goes to Stage Left with MAN 1.*]
W1: What's the matter?

MAN 1's voice is heard offstage, "Will you please hold that end?" Then MAN 1 and MAN 2 enter carrying an old gilt folding screen.

M1: About here should be good. Thank you so much for your help.
M2: That's all right. But this one could be very old, couldn't it?
M1: That's right. We haven't used it for a while. [*Unfolding the screen*] But it'll look brand-new in the photo.
M2: That…what is that black thing?
M1: Oh, I'll wipe it off in a minute.
W1: Isn't that blood?
W2: Never…
M2: Yes, the bride and the bride groom sit about here [*To MAN 1 who is about to exit Stage Left*] Hey!
M1: Yes, sir.
M2: Don't you think that there should be some flowers or something around here?
M1: Some flowers?
M2 [*To WOMAN 1*]: What do you think?
W1: Well.
M2 [*To MAN 1*]: I saw some in the corner of the corridor where this folding screen was stored.
M1: They are artificial flowers and quite dusty.
M2: They should look all right in a photo. I'll get them. You can bring a damp cloth and a feather duster too.
M1: A damp cloth? What for?

MAN 2 enters in formal attire.

M2: Umm…is it in here?
W1 [*To WOMAN 2*]: Darling.
W2: Eh? But…
W1: Oh, you aren't the groom?
M2: No, I'm not.
W1: Are you the uncle of the groom?
M2: Yes, I am. Where is he?
W2: He's in the changing room now.
M2: Ah...
W1 [*Offering a chair*]: Please, have a seat. They said he'd be here soon.
M2: Thank you so much. [*Sitting down, but as if remembering something, standing up again*] I must wish you joy of the occasion.
W2 [*Also standing*]: We greatly appreciate it. It's a pleasure to meet you.
M2: The pleasure is all mine. We were all saying that he shouldn't stay single for so long. [*Sitting down*] But he hadn't been interested in that sort of things at all…when I was about his age, I was so much into…well, what is his age now?
W1: We hear it's forty-five, right, darling?
W2: Yes, it is. He's forty-five.
M2: That can't be! Well, it's not that bad, but despite his age, he hasn't had any gossip of any sort about relationships. [*Suddenly noticing*] Wait a minute. [*Standing up*] This chair, isn't it for him?
W1: Yes, it is, but don't worry, I'll ask them to bring in one more. Please sit in it until then.
M1: Oh, then, thank you.
W1 [*To WOMAN 2*]: Darling, about the guy in charge of us, where has he gone? Don't you think that there aren't enough chairs here, even if we don't have that many wedding guests?
W2: Forgive me for asking you this, but uncle of my husband-to-be, is it agreed that you are to attend the wedding ceremony?
M2: Yes, it is.
W2: In that case, will you please wait in the antechamber? I'm sure there must've been some misunderstanding. We are going to have our wedding photo taken, just the two of us here, and then go to the ceremonial hall.

W1: Why?
W2: It would be depressing to be with a man as indecisive as him. And, things are not ready here yet.
W1: But you're going to live with him hereafter.
W2: When the time for that comes, it comes. Look, can I have something to drink?
W1: There must be a vending machine somewhere. [*Feeling around her handbag for a change purse*] What do you want to drink?
W2: Wait a minute. I've changed my mind.
W1: Why?
W2: The dresser told me earlier that I was not supposed to go to the toilet.

MAN 1 enters carrying a small table.

M1: Your groom said he'd be here soon. [*Putting the table down and placing the ashtray on it*] Hasn't Yoshida been in here yet?
W2: Who's Yoshida?
M1: He's a photographer.
W1: A photographer…? Don't we have a photographer?
M1: Yes, you do. I think by the time when this room is ready, he'll come and greet you.

A young woman's scream: "Nooo!" is heard from the back.

W1: What's that?
M1: It's nothing! Sounds like things are not working out as expected.
W2: For the photographer?
M1: No, not the photographer. That was the bride of the other couple.
W1: What's not working out with the bride?
M1: Well, it appears that she does not want to marry the man who is here to be her groom. I'll bring in the gilt folding screen as one last item. [*Exits.*]
W2: Sounds very old-fashioned.
W1: What is old-fashioned about it?
W2: If she doesn't want to marry the man, she could just leave…
W1: That's true, but…

W1: And he, I mean your groom-to-be, accepted it all.
W2: He's in no position to say anything to me as he's getting remarried and bringing his child with him.
W1: What is he like?
W2: You've seen a picture of him.
W1: I didn't mean his appearance…
W2: He is exactly as you see him, stingy and cautious, although I've met him only once myself.

MAN 1 carries in two chairs and an ashtray.

M1: Here you are. Please use these. To tell you the truth, smoking is not allowed here but there's no official regulation against it. [*Placing the chairs and the ashtray accordingly*] We are very sorry about this but the other studio has been fully booked.
W1 [*Looking at the ashtray on the chair*]: Should the ashtray be here?
M1: Well…
W2: Don't you have a small table or something like that?
M1: Yes, we do. I'll bring it. Has the groom arrived?
W2: I think he has. Please check his changing room.
M1: Certainly. Quickly, I'll prepare for the other things too. [*Exits.*]
W1: What other things?
W2: The other things.
W1: What a wedding hall!
W2: We didn't have any other choice. Things happened so quickly and what's more it's an auspicious day today, so everywhere else was already fully booked.
W1: I think you're right. Something smells in here.
W2: Doesn't it? I wonder if there's a dead mouse or something, somewhere over there… The other studio is a proper one, so this room could well be a storeroom or something like that.
W1: Don't you think your groom is a bit late?
W2: He must be taking time to dress himself. He takes his time to do things; what's more, he tries to do things thoroughly, more's the pity.
W1: I'll go and get him.
W2: No, please don't.

MAN 1 enters carrying two chairs in his hands.

M1: We are very sorry that we are running late, but we'll be ready soon.
W2: Can I sit on this?
M1: Yes, please do.
W2 [*Siting on one chair and pointing out the other to WOMAN 1*]: Hey!
W1: But that must be for the bridegroom. [*To MAN 1*] Is there any other chair for me?
M1: I'll bring one for you in a minute.
W2 [*To MAN 1*]: We need two. [*To WOMAN 1*] Kitani-*san* is also coming, isn't she?
W1: I'm not sure. She told me that she'd be late even if she could make it, so I don't think she'll be in time for our commemorative photograph.
W2 [*To MAN 1*]: Two chairs, please.
M1: Oh, certainly. [*He is about to leave.*]
W1: And an ashtray, please.
M1 [*Stopping*]: Pardon?
W2: An ashtray.
M1: Oh, certainly. [*Exits.*]
W1: No one is coming from the groom's side?
W2: He told me his uncle might come. I wonder where I've left my handbag?
W1: You put it in the locker in the changing room. [*While feeling around in her own handbag*] Have you left anything in it?
W2: Cigarettes.
W1: I've got some. [*Taking out a cigarette packet from the handbag*] But, wouldn't it better not to smoke in here?
W2: Why? [*Taking a cigarette from the packet.*]
W1: Your groom would be astonished if he saw you.
W2: No, he wouldn't. [*Leaning to have her cigarette lit*] I've already told him all those things.
W1 [*Putting a cigarette in her mouth*]: All those things?
W2: All of them.
W1: Did you tell him about [*lighting her cigarette*] Yama-*san,* who you had a relationship with?
W2: Yes.

MAN 2 (M2)
MAN 3 (M3)
MAN 4 (M4)
MAN 5 (M5)
MAN 6 (M6)
MAN 7 (M7)
(*Character names are written as abbreviations in the parentheses in this text, except in the stage directions.)

A funeral march plays in the darkness. WOMAN 1 walks in slowly from Upstage, leading by the hand WOMAN 2, who wears a bridal kimono.

W1 [*Walking*]: Then, it was his real mother. To sum up, this man tried hard not to let it happen, but in fact he killed his father and had carnal communication with his mother.
W2: What's that "carnal communication?"
W1: Had carnal communication with his mother, you silly girl! You must lift the kimono bottom more.
W2: … [*Stops walking.*]
W1: What's the matter?
W2: I'm going to die.
W1: Going to die?
W2: I don't remember when, but I was told so by an old woman who read my palm, she told me I would die in a wedding hall.
W1: It doesn't matter, does it? You always said you would die happy if you could wear a bridal kimono.
W2: That's true. [*Walking again*] But, where are we?
W1: We are in a photo studio.
W2: A hot studio?
W1: A photo studio. We're going to have pictures taken here.
W2: Oh, photographic evidence.
W1: Say wedding photography, as we are not at a murder site.
W2: But don't you smell the blood around here? [*Stops.*]
W1: Everybody sheds blood here.

WITH A BROCADE DAMASK OBI

by Minoru Betsuyaku

translated by **Masako Yuasa**

The original text for this translation is taken from *Collected Plays of Minoru Betsuyaku: With a Brocade Damask Obi*, pp.147-224 (*Kinran-donsu no Obi Shimenagara: Betsuyaku Minoru Gikyoku Shū,* pp.147-224), Tokyo: Sanichi Shobo, 1998.

Minoru Betsuyaku (1937-2020) was one of the leading absurdist playwrights of Japan from the nineteen-sixties onward. In 2018, *Ah! And Yet, and Yet* (*Aa Sorenanoni Sorenanoni*) became his one-hundred and forty-fourth and last new play. (1)

With a Brocade Damask Obi, is Betsuyaku's one-hundredth play and contains in full the most representative elements of his theatre, like a good model sample play. It was written for the Atelier Group of the Bungaku-za Theatre Company, one of the companies which regularly produced his work, and staged by them in 1997. (2)

This play text has been proofread by Tanya Lees. (3)

CHARACTERS

WOMAN 1 (W1) *
WOMAN 2 (W2)
WOMAN 3 (W3)
WOMAN 4 (W4)
MAN 1 (M1)

日本近代演劇史研究会の歴史と研究成果

代表　井上理恵

一九七五年九月に研究会発足

創立メンバーは、藤木宏幸・曽田秀彦・西村博子・井上芳枝（現井上理恵）・松本伸子・福田宏子・みなもとごろうの七名。日本近代演劇史の見直し及び近現代戯曲と演劇の研究を学問的に成立させることが目的。早稲田大学演劇研究室で毎月1回開催され、井上が事務局を担当した。二年後に学会の分科会として認められ、藤木宏幸が代表。

研究会発足の経緯と第36回（七九年七月）までの月例会について、事務局長井上芳枝（現理恵）が学会紀要18号（七九年一〇月）に概要を記す。この号の特集「日本の近代演劇」は研究会の企画であった。

一九八四年五月に冊子「日本近代演劇史研究会　会報」第1号発行

藤木宏幸代表と馬場辰巳新事務局長の発案でＢ５版二段組８頁の会報が発行される。第37回から第79回までの月例会記録が載る。以後、年一回発行の「会報」には、巻頭言・研究・研究余滴・随想・劇評・書評・例会発表報告・訃報・例会記録等々が掲載され頁も増加した。

一九八七年五月から事務局が井上理恵に代り「会報」の発行も担当、「これまでの近代演劇に関する研究蓄積を見なおしながら、近代演劇の史的展開を跡づけ、検討し、このことを通じて究極的には近代演劇史の新たな像を創出することを目的とする」という究極に達していない反省が例会１００回を目前にした第4号「後記」に記され、以後研究成果の発表を目す。

一九八八年五月「会報」5号は「久保栄・三好十郎・岡本綺堂　没後記念号」

久保と三好は没後30年、岡本は没後50年。掲載記事：今村忠純「久保栄の道」、永平和雄「『仙太』から『おりき』へ」、西村博子「三好十郎」、田中単之「三好陣営から久保陣営へ」、井上理恵「戯曲『青酸加里』のこと」、藤木宏幸「岡本経一編『岡本綺堂日記』」書評。

この年は、三者三様の没後記念の催しがあり、日本社会文学会で「久保栄を偲ぶ——没後30年」（三月）、日本演劇学会で「シンポジューム——三好十郎をめぐって」（五月）、早大演劇博物館で「没後五十年　岡本綺堂展」（四月〜五月）等々があった。

初の研究大会と会員の研究成果

○第一回研究大会　宮城学院女子大学（一九八九年六月二四日）
研究発表：二階堂邦彦「坪内逍遥研究」、西村博子「久保栄の作劇術・小考」
特別講演：藤木宏幸「日本近代演劇史研究の展望」
シンポジューム：「岸田国士をめぐって」——
——今村忠純・阿部好一・鈴木敏男・井上理恵・みなもとごろう（司会）。

○会員の研究成果特集——書評　「会報」第7号一九九〇年六月掲載
巻頭言・藤木宏幸「会員の研究成果」、永平和雄『久保栄の世界』（井上理恵著）、田中單之『実存への旅立ち』（西村博子著）、林廣親「私がカルメン　マダム徳子の浅草オペラ」（曽田秀彦著）、阿部好一『岸田国士全集と岸田戯曲連続上演』（今村忠純編集協力）、藤田富士男『学校の現在』（鈴木敏男著）、今村忠純「ロジカルとパセティックと」（井上・西村著書）、みなもとごろう『ビバ！エル・テアトロ』（藤田富士男著）

研究成果刊行１（日本演劇学会分科会日本近代演劇史研究会編、以下同）

『築地小劇場検閲上演台本集全10巻』日本近代演劇史研究会編ゆまに書房一九九一年四月、共立女子大学図書館所蔵台本の複製、編集及び解題：藤木宏幸・西村博子・井上理恵

研究成果刊行２

『20世紀の戯曲　日本近代戯曲の世界』社会評論社一九九八年二月（二〇〇二年増補版出る）

一八七九年の河竹黙阿弥から一九四五年の森本薫までの51人の劇作家の戯曲を22名の研究者が執筆した。科学研究費補助金「研究成果公開促進費」を得た。発足から二二年経っていた。研究会代表西村博子「日本の近代戯曲一九七八〜一九四五」の序論、あとがきは井上理恵、索引・引用文献付。編集：西村博子・井上理恵

研究成果刊行３

『日本文学コレクション日本の近代戯曲』翰林書房一九九九年五月

一幕物戯曲と多幕物戯曲の部分を納めた教材用初出戯曲集。岩野泡鳴「焔の舌」、森林太郎（鷗外）「静」、有島武郎「老船長の幻覚」、木下杢太郎「和泉屋染物店」、長谷川時雨「ある日の午後」、岡田八千代「黄楊の櫛」、武者小路実篤「或日の一休和尚」、平澤紫魂（計七）「工場法」、菊池寛「父帰る」、鈴木泉太郎「谷底」、金子洋文「洗濯屋と詩人」、谷崎潤一郎「お国と五平」、秋田雨雀「骸骨の舞跳」、小山内薫「奈落」、三好十郎「首を斬るのは誰だ」、村山知義「志村夏江」、川口一郎「二十六番館」、久保栄「火山灰地」、森本薫「女の一生」、木下順二「夕鶴」。コラム・論文及び参考文献付。編集：西村博子・井上理恵・林廣親。

二〇〇二年五月「会報」第23号で終刊

例会の記載は一五九回（二〇〇二年五月一一日）迄、雑誌刊行を予定して終刊。『20世紀の戯曲Ⅱ』が二〇〇一年に上梓の予定であったこと、『Ⅲ』の原稿もほぼそろい、新しい作家を入れるかどうか検討中、……等々が後記に記された。

研究成果刊行4

『20世紀の戯曲Ⅱ　現代戯曲の展開』社会評論社二〇〇二年七月

一九四六年の堀田清美から一九七三年の筒井康隆まで、40人の新登場の劇作家と11人の戦前からの劇作家の戯曲、51作品を26名の研究者が論じた。序論は代表西村博子「日本の同時代演劇」、あとがきは井上理恵、索引・引用文献付。編集：西村博子・井上理恵・由紀草一。

研究成果刊行5

『20世紀の戯曲Ⅲ　現代戯曲の変貌』社会評論社二〇〇五年六月

一九七三年のつかこうへいから二〇〇〇年の中谷まゆみまで、劇作家の戯曲72作品を38名の研究者が論じた。序論は事務局長井上理恵「演劇の一〇〇年」、あとがきは西村博子、索引・引用文献付。編集：西村博子・井上理恵。

研究成果刊行6

『岸田國士の世界』翰林書房二〇一〇年三月

岸田戯曲の初期作品から、戦後作品までを論じた論文と岸田と関連事項との分析論、翻訳「葉桜」、海外における岸田戯曲などに関する論を収めた。序論は由紀草一「岸田國士入門」、あとがきは井上理恵。研究文献目録・海外研

究文献目録・戯曲上演記録・索引等々付。執筆者：西村博子・井上理恵・阿部由香子・林廣親・宮本啓子・日比野啓・斎藤偕子・伊藤真紀・寺田詩麻・小川幹夫・中野正昭・松本和也・嶋田直哉・ボイド真理子・湯浅雅子。編集：由紀草一・西村博子・井上理恵・阿部由香子。

◎二〇一〇年四月から研究会代表に井上理恵、事務局長に阿部由香子が担当し、事務局は吉備国際大学から共立女子大学に移る。例会は年五〜六回開催。劇作家を絞って研究を続ける。

研究成果刊行7

『井上ひさしの演劇』翰林書房二〇一二年一二月

井上戯曲14作の論文を掲載、その内「道元の冒険」は英訳を載せた。文献一覧・作品年譜付。序論は井上理恵「井上ひさしの〈演劇〉」、執筆者：中野正昭・秋葉裕一・鴨川都美・今井克佳・阿部由香子・林廣親・根岸理子・寺田詩麻・鈴木彩・関谷由美子・斎藤偕子・田中單之・ボイド真理子、カバー・イラストは舟崎克彦。編集：井上理恵・阿部由香子・田中單之・林廣親。

研究成果刊行8

『革命伝説・宮本研の劇世界』社会評論社二〇一七年二月

宮本戯曲の13作品について論じ、「花いちもんめ」と「明治の柩」は英訳を入れる。執筆者：菊川徳之助・今井克佳・阿部由香子・林廣親・伊藤真紀・宮本啓子・鈴木彩・斎藤偕子・根岸理子・内田秀樹・ボイド真理子・湯浅雅子・井上理恵。編集：井上理恵。

研究成果刊行9

『つかこうへいの世界——消された〈知〉』社会評論社二〇一九年二月

つかこうへいの戯曲13作品を論じた。序論は井上理惠「消された〈知〉」、執筆者：今井克佳・関谷由美子・林廣親・菊川徳之助・斎藤偕子・久保陽子・阿部由香子・内田秀樹・伊藤真紀・星野高・鈴木彩・宮本啓子・中野正昭。編集：井上理惠。

◎二〇二二年四月から事務局長が伊藤真紀に代り、事務局は共立女子大学から明治大学に移る。コロナ禍の二年間はｚｏｏｍで例会を続けたが、本年からは対面で開催。

◎二〇二四年六月　日本演劇学会全国大会で築地一〇〇年記念パネル参加

「築地一〇〇年〜その足跡の真の姿を探る〜研究会五〇年を記念して」明治大学駿河台校舎 六月九日

司会：井上理惠「築地小劇場の劇場について」、発表：阿部由香子「青年芸術運動としての築地小劇場」、林廣親「築地小劇場と『演劇新潮』」、熊谷知子「小山内薫改作『国性爺合戦』（一九二八）における国劇観再考」

◎二〇二四年九月から事務局長が今井克佳に代り、事務局は明治大学から東洋学園大学に移る。

研究成果刊行10

『演劇の過去と現在　日本近代演劇史研究会50周年記念論集』論創社二〇二五年三月刊行予定

執筆者：井上理惠・林廣親・今井克佳・寺田詩麻・大串雛子・熊谷知子・内田秀樹・福井拓也・伊藤真紀・久保陽子・鈴木彩・ボイド眞理子・湯浅雅子。日本近代演劇史研究会の歴史付。あとがきは井上理惠、編集：井上理惠、林廣親。

あとがき

本書に入れた研究会の歴史をみてもらえばわかるように、創立以来五〇年が経った。早いものだと思う。今でも鮮明に思い出す。一九七五年の夏、研究者になりたてのわたくしに、藤木宏幸（二〇〇三年没）、曽田秀彦（二〇〇四年没）、西村博子（二〇二二年没）の三人の先輩に神保町へ来るように言われ、行ってみると近代演劇の研究会を始めるから「イプセン会」の秋田雨雀の役割をして欲しいと告げられた。

曽田氏がこの会は〈先生〉呼称はやめて〈さん〉にしようと提案された。わたくしから見れば、三者は〈年長の演劇研究者で先生〉だったから驚いた。西村氏は早稲田の先輩で親しくさせていただいて、自然に〈ヨシエちゃん〉と呼ばれ〈ヒロコサン〉と応えるようになったが、お二人には面と向かって最後まで〈さん〉とは呼べなかった。

発起人に「福田宏子さんと松本伸子さんに声を掛けるけど、あなたは誰かいませんか」と藤木氏に問われ「源五郎さんがいます」と告げる。みなもとさんは演劇科大学院の演習を聴きに来ていて二、三年前から知っていた。こうして七人の日本近代演劇史研究会が早稲田大学演劇研究室で毎月一回金曜夜に始まった。演劇出版社を辞めた大笹吉雄さんがすぐに参加し八人になった。今からみれば七〇年代は〈場〉に定期的にメンバーが集まり議論する〈アナログ〉研究会であった。

しばらくして瀬戸宏、鈴木敏男、武田清、林廣親さんたちが参加、学生・院生にも門戸を開き研究室から会議室、教室へと〈場〉も広がっていった。

これを書いていて気づいたのだが『20世紀の戯曲』（全三巻一九九八、二〇〇二、二〇〇五年）の最後の三巻目を出し終わった時には創立時のメンバーは二人、西村と井上だけになっていた。しかし日本の近現代演劇を研究する研究者は当初の予想を遥かに超える数になっている。『20世紀の戯曲』全三巻の執筆者数がそれを証する。日本中にいる執筆者は研究会の場に毎回参加するわけではないが、自身の研究の場で確実に近現代演劇の研究を拡げていた。集まって研究するという形態への変化が九〇年代末位から始まり出したといえるかもしれない。〈場〉を共有し批判し合うことで「切磋琢磨」し互いに成長するという共同研究スタイルに変化がうまれたと言えよう。研究途上の新しい視点を発表し他者の批判を聴き練り上げるというスタイルから各自が自由に研究した結果の論文を発表するという学会スタイルになった。研究者と論文の増加という日本演劇研究にとって有難い現象と同時に、自己の研究成果に固執するあまり他者の批判を受け入れがたく感じる論者が登場するという、これまでにあり得なかった現象もうまれた。こうした状況を今後研究者たちがどう乗り越えるか大きな課題であるとみている。

さて、私たちの研究会では日本近代演劇史の見直しを一つの目的としてきた。それは『20世紀の戯曲』全三巻の各序論で西村博子は「表現」（一巻二巻）を射程に置いて論を構築し、井上理惠は「社会の中の演劇」（三巻）を基本視点に演劇の歴史を見なおした。これら三本の序論は「演劇」研究への新局面を拓いた演劇史論だと今でも考えている。

もう一つの目的は、好き嫌いの対象あるいは上演評と関連付けて検討されていた戯曲を明確に研究対象として上演から独立させて分析し論証すること、研究主体の思想で研究対象の「新しい読み」を発見することであった。これも『20世紀の戯曲』及びその後の固有な劇作家の戯曲論で可能になったと考えている。半世紀を過ぎた今、この会の初期の役目は終わったといってよく日本近代演劇史研究会の第一期は記念論集を上梓して切りをつけることにする。

第二期の課題は、観客と共有する舞台という場で演じられる芝居（演劇）とそれを映像で放映・記録する「画面上の舞台画像」との異なりを、いかように捉えればいいかの解明であろう。生の舞台、演者の息遣いを感じられる舞台とは確実に異なる「舞台画像」とは何なのか、映画とは確実に異なるそれを位置づけることが可能か否かを検討する必要があるとわたくしは感じているが、これはこれからのメンバーに考えてもらいたいと願っている。

なお、本書は文章表記の統一はしていない。近年、表記の統一を云々する場合が多いがわたくしはそれには組しない。なぜなら〈文章は思想〉だと考えるからである。特に年号や漢字またはひらがなの表記は執筆者の思想が大いに反映する。研究対象に対するこだわりを重視した。

記念論集出版に際し毛利三彌先生から論創社をご紹介頂き、斎藤偕子記念基金の出版助成も得ることができた。斎藤先生は研究会の一員で最後のお仕事はこの会で出した『つかこうへいの世界』に収めた「松ヶ浦　ゴドー戎」論であった（二〇一九年）。彼の地で今回の成果発表を喜んで下さっていると思う。論創社の松永裕衣子さんには種々面倒な注文に応えていただき感謝している。

本書が多くの演劇人並びに研究者そして観客の手に触れることを願ってやまない。

二〇二四年一二月二五日

井上　理恵

討している。共著に『久保田万太郎と現代』（平凡社、2023年）など。論文に「久保田万太郎「大寺学校」と築地小劇場」（『演劇学論集　日本演劇学会紀要』2024年6月）、「ひとりよがりな諸表現――志賀直哉「クローディアスの日記」から郡虎彦、武者小路実篤」（『近代文学合同研究会論集』2024年3月）など。

伊藤　真紀（いとうまき）

明治大学文学部教授。近代の日本演劇を中心に研究。能楽史に関する論文として「近代における『女流能』の成立と展開――女性の能と『芸術』という理想」（比較舞踊学会『比較舞踊研究』29巻、2023年3月）などがある。そのほか、戯曲研究に「シナリオ『つか版・忠臣蔵』――『滅私』型の自己表出」（日本近代演劇史研究会編『つかこうへいの世界――消された〈知〉』社会評論社、2019年2月）など。

今井　克佳（いまい・かつよし）

東洋学園大学教授。日本近代演劇史研究会事務局長。専門は日本近代文学・演劇。近代文学研究では大正期を中心とした詩の分野を取り扱い、演劇については、戦後の現代演劇を中心に研究してきた。共著として近劇研『井上ひさしの演劇』（翰林書房、2012年）、同『つかこうへいの世界――消された〈知〉』（社会評論社、2019年）など。演劇研究と並行して『第二次シアターアーツ』等に劇評執筆も行ってきた。AICT（国際演劇評論家協会）会員。

久保　陽子（くぼ・ようこ）

富山高等専門学校一般教養科・准教授。寺山修司を中心に、ジェンダーの観点から現代演劇作品の研究を行っている。近年では富山の文学・演劇研究にも取り組んでいる。共著に日本近代演劇史研究会編『つかこうへいの世界　消された〈知〉』（社会評論社、2019年）。論文に「観客の身体の拘束・挑発――寺山修司「観客席」論」（『昭和文学研究』87号、2023年9月）、「小寺菊子の労働観と小説「赤坂」における揺らぎの諸相」（『群峰』8号、2023年4月）など。

鈴木　彩（すずき・あや）

愛知教育大学国語教育講座・専任講師。泉鏡花の作品を中心に、日本近現代の小説｜演劇間の翻案（アダプテーション）作品や、小説家が書いた戯曲の分析を行う。著書に『泉鏡花の演劇　小説と戯曲が交差するところ』（花鳥社、2023年）。共著に日本近代演劇史研究会編『井上ひさしの演劇』（翰林書房、2012年）など。論文に「伝説から「海神別荘」へ・「海神別荘」から歌劇へ」（『昭和文学研究』81号、2020年9月）など。

ボイド　眞理子　（ボイド・まりこ）

上智大学名誉教授。専門は現代日本演劇、特に人形演劇。ミッションは上質の日本の現代演劇を海外に発信すること。単著には『静けさの美学――太田省吾と裸形の演劇』（2006年）と『人形演劇の現在　モノ、モノ遣い、アクター』（2020年）。共著は『二十世紀の戯曲Ⅲ：現代戯曲の変貌』（2005年）等がある。英訳には日本劇作家協会編『現代日本の劇作』10巻（1999～2009年）と「ENGEKI：21世紀の日本演劇」10巻（2016～2025年）。

湯浅　雅子（ゆあさ・まさこ）

演劇学博士（英国リーズ大学）。日本の現代演劇や近世演劇を英語に翻訳、翻訳翻案して上演。著書に『対訳　湯浅版近松世話物戯曲集』（社会評論社、2014年）。『Four Plays of Minoru Betsuyaku――湯浅雅子の訳した別役実の戯曲』（社会評論社、2023年）他。共著に『岸田国士の世界』（翰林書房、2010年）。2017年に「近松プロジェクト」の仕事に対して第52回大阪市市民表彰を受ける。

執筆者紹介

井上 理惠（いのうえ・よしえ）

桐朋学園芸術短期大学名誉教授。日本近代演劇史研究会代表、日本演劇学会理事。演劇学・演劇史・戯曲論専攻。『近代演劇の扉をあける』（社会評論社、以下同）で第32回日本演劇学会河竹賞受賞。単著：『久保栄の世界』『ドラマ解読』『菊田一夫の仕事』『清水邦夫の華麗なる世界』『川上音二郎と貞奴　全三巻』『村山知義の演劇史』他、共著：『宝塚の21世紀』『木下順の世界』『島村抱月の世界』『福田善之の世界』他。

林 廣親（はやし・ひろちか）

成蹊大学名誉教授。日本近代文学と演劇についての作品論を柱とした研究を専門とする。著書に『戯曲を読む術 ── 戯曲・演劇史論』（笠間書院、2016年）。共著に『木下杢太郎『食後の唄』注釈・作品論』（笠間書院、2020年）、『島村抱月の世界』（社会評論社、2021年）、『『源氏物語』と日本文学史』（風間書房、2021年）など。論文に「「濠端の住まひ」を読む ── 〈可哀想〉の遠近法による志賀直哉論の試み」（『国語と国文学』、2024年6月）など。

熊谷 知子（くまがい・ともこ）

早稲田大学坪内博士記念演劇博物館助手。専門は小山内薫を中心とした日本近代演劇。共編著に『築地小劇場100年 ── 新劇の20世紀』（早稲田大学坪内博士記念演劇博物館、2024年）、近年の論文に「築地小劇場の第1回宝塚中劇場公演（1925）」（『西洋比較演劇研究』21（1）、2022年3月）など。

寺田 詩麻（てらだ・しま）

龍谷大学文学部日本語日本文学科准教授。研究対象は、近代の歌舞伎の劇場における興行方法と上演作品。著書に『明治・大正　東京の歌舞伎興行 ── その「継続」の軌跡』（春風社、2019年）。共著に神山彰編『興行とパトロン　近代日本演劇の記憶と文化7』（森話社、2018年）など。論文に「河原崎座と九代目市川團十郎」（『歌舞伎　研究と批評』64号、2020年2月）など。雑誌「劇評」（木挽堂書店、月刊）で関西の歌舞伎評を担当（不定期）。

大串 雛子（おおぐし・ひなこ）

明治大学大学院文学研究科演劇学専攻博士後期課程。明治大学文学部助手。岡田八千代の作品を中心に、日本近現代の戯曲の分析を行う。論文に「岡田八千代脚色『灰燼』における父の不在 ── 徳冨蘆花原作からの変更点をめぐって」（『文学研究論集』57号、明治大学大学院、2022年9月）、「岡田八千代『黄楊の櫛』における櫛の呪い」（『演劇学論集』78号、2024年6月）。

内田 秀樹（うちだ・ひでき）

法政大学大学院人文科学研究科日本文学専攻博士後期課程満期退学。岸田國士の作品を中心に大正・昭和の演劇の研究を行う。共著に日本近代演劇史研究会編『革命伝説・宮本研の劇世界』（社会評論社、2017年）、日本近代演劇史研究会編『つかこうへいの世界 ── 消された〈知〉』（社会評論社、2019年）。論文に「『紙風船』論 ── 新しい演劇論の試み」（『山梨大学国語・国文と国語教育』、1999年）など。

福井 拓也（ふくい・たくや）

上智大学文学部国文学科助教。久保田万太郎を中心に、日本近現代文学におけるジャンルの諸相を検

演劇の過去と現在
――日本近代演劇史研究会50周年記念論集

2025年 3 月15日　　初版第 1 刷印刷
2025年 3 月25日　　初版第 1 刷発行

編　者　日本近代演劇史研究会
著　者　井上理惠／林廣親／熊谷知子／寺田詩麻／大串雛子／
内田秀樹／福井拓也／伊藤真紀／今井克佳／久保陽子／
鈴木彩／ボイド眞理子／湯浅雅子
発行者　森下紀夫
発行所　論 創 社
〒101-0051 東京都千代田区神田神保町 2-23　北井ビル
tel. 03 (3264) 5254　fax. 03 (3264) 5232
振替口座 00160-1-155266　web. https://www.ronso.co.jp
装　丁　中野多恵子
組　版　中野浩輝
印刷・製本　中央精版印刷

ISBN978-4-8460-2436-9　